恋の悩みの科学

データに基づく身近な心理の分析

松井 豊［編著］
相羽美幸・古村健太郎
仲嶺 真・渡邊 寛［著］

福村出版

はじめに

恋愛は、うれしさ、誇らしさ、愛おしさなど、ここち良い感情が伴う楽しい体験ですが、他方で、多様な悩みや問題の源でもあります。なぜ自分は恋愛ができないのだろう。憧れる人にどう近づけばよいのか。彼のことばかり考えている自分はヘンなのか。彼女に浮気をされたのは俺のせいかな。婚活に参加したいけど、気後れしてしまう。などなど。こうした恋愛にかかわる悩みや問題の解決には、友人やネット情報、占い師やカウンセラーに頼ることが多いと思います。しかし、現代の心理学では、これらの悩みに関するデータを蓄積し、科学的に分析しています。

本書では、現代の心理学がこれらの悩みや問題にどう取り組んでいるかを紹介しています。本書には、悩みや問題を解決する直接的な答えは書いてありませんが、ご自身や周囲の人の悩みや問題を考えるヒントがあちこちに潜んでいます。本書は、恋愛の悩みや問題をかかえた方に、最新の心理学がどう取り組んでいるかを知っていただき、ご自身の悩みや問題を理解する手がかりを提供することをめざしています。

恋愛に関してはたくさんの書籍が公刊されています。それらには良書が多いのですが、ほとんどの書籍が、アメリカやヨーロッパの研究に基づいて、さまざまな恋愛のテクニックを記述しています。たとえば、ドキドキするとそばにいる人に好意を感じてしまう「吊り橋効果」などが紹介されています。これらの本の執筆者は現在研究で活躍している方が多いのですが、不思議なことにご自身の研究はほとんど紹介していません。

本書は、恋愛テクニックや海外の実験結果をあまり紹介していません。恋愛という身近で大切な出来事について、日本の研究者たちがどのように取り組んでいるかを、一般の方に広く知っていただきたいと考え、恋愛にかかわるさまざまな悩みや問題に関するデータに基づく（今風にいえばエビデンスに基づく）国内の研究を中心に紹介しています。また、各章の執筆者は恋愛にかかわる研究を意欲的に展開している中堅や若手の方たちで、本書では、自身の研究成果を積極的に紹介しています。

心理学に関心をもつ学生や大学院生が読んでくだされば、身近な暮らしの中の現象を実証的に検証するやり方が学べるでしょう。

本書は3部構成をとっています。第1部は、恋愛に関する二つの幻想（第1章）から始まり、恋愛中のさまざまな悩みがどのように捉えられているかを紹介し（第2章）、自分の恋愛が下手だと感じている人を心理学がどう支援しているかを説明しています（第3章）。恋愛中に恋人に感じる感情の分析（第4章）や失恋後の心理状態について詳細に紹介しています（第5章）。コラムでは、恋愛のパターン（類型）に関する理論を紹介しています。

第2部では、恋愛中に起こる困りごとや問題に関する心理学を紹介しています。恋人や配偶者がいるのに他の人と交際を始めてしまう浮気（第6章）、恋人に対する暴力やストーキング（第7章）、恋人と良い関係を築くための教育（第8章）、結婚相手を探す婚活（第9章）を扱っています。

第3部では、恋愛にかかわる心理学研究の中で議論されているテーマを3つ紹介しています。ジェンダーから「恋愛」を捉え直してみるテーマ（第10章）、多様なセクシュアリティのあり方（第11章）、恋愛や性行動に関する最近の変化（第12章）について論じています。

そして「おわりに」では、恋愛や性行動に関して、歴史的に変化している部分と変化していない部分について仮説を呈示しています。

本書を通して、恋愛にかかわるさまざまな現象に心理学がどのように取り組んでいるかを知り、ご自身の悩みや問題解決のヒントを得たり、心理学の面白さを感じ取っていただければ、幸いです。

松井　豊

目次

第1部

恋の悩み

第1章　恋愛普及幻想、恋愛ポジティブ幻想

仲嶺　真／渡邊　寛

突然ですが、質問です。同年代の人がどの程度恋愛をしていると考えているかについてお聞きします。図1－1の質問に答えてください。なお、未婚ということばはいずれ結婚することを前提としているので不適切だという批判がありますが、本章ではその批判は受け入れつつも、読みやすさのために、一般に通用している未婚ということばを使うこととします。

もう一つ、恋愛にかかわるイメージについても質問します。図1－2の質問に答えてください。回答欄は一つしかありませんが、思いつく限り何個答えを書いていただいてもかまいません。

さて、回答できたでしょうか。これらの質問は、本章で紹介する恋愛普及幻想、恋愛ポジティブ幻想に関係する質問です。それぞれについて順に紹介していきます。

1. 恋愛普及幻想とは？

まずは図1－1の質問についてです。本書の読者層を20代から30代前半であると想定して、実際に

あなたと同年代の未婚の人々で、恋人がいる人の割合はどのくらいだと思いますか？
0から100の間の数字で答えてください。

＿＿＿＿＿＿＿＿％

図1−1　同年代未婚者の恋人がいる人の割合についての推測

◆恋人がいない人はどのような人だと思いますか？　恋人がいない人に対するイメージを、以下の文章を完成させる形で、お答えください。思いつく限り書いてください。

・恋人がいない人は、＿＿＿＿＿＿＿＿＿＿＿＿＿＿＿＿＿＿＿＿。

◆恋人がいる人はどのような人だと思いますか？　恋人がいる人に対するイメージを、以下の文章を完成させる形で、お答えください。思いつく限り書いてください。

・恋人がいる人は、＿＿＿＿＿＿＿＿＿＿＿＿＿＿＿＿＿＿＿＿。

図1−2　恋人がいる人、いない人に対するイメージについての質問

恋人がいる人の割合を見ていきます。国立社会保障・人口問題研究所（2017）の「第15回出生動向基本調査（独身者調査ならびに夫婦調査）」（調査年は2015年）によると、18歳から34歳の未婚者のうち、「恋人として交際している異性がいる」と回答した人は男性19・7％、女性27・3％でした。年齢幅を区切ると、18歳から19歳は男性13・8％、女性19・9％、20歳から24歳は男性22・9％、女性32・6％、25歳から29歳は男性21・6％、女性27・9％、30歳から34歳は男性16・5％、女性19・9％でした（表1−1）。読者のみなさんの回答（推測）はいかがでしたか。実際に恋人がいる人の割合（およそ20〜30％）と同じ程度だったでしょうか。それとも、過大、あるいは、

表1－1　未婚者の異性との交際の状況
（国立社会保障・人口問題研究所 2017をもとに作成）

	回答者総数	交際している異性はいない	友人として交際している異性がいる	恋人として交際している異性がいる	婚約者がいる	不詳
男性						
18～19歳	419	77.3%	5.7%	13.8%	0.5%	2.6%
20～24歳	923	67.5%	5.9%	22.9%	0.2%	3.6%
25～29歳	788	68.4%	4.4%	21.6%	3.2%	2.4%
30～34歳	575	69.7%	8.0%	16.5%	2.3%	3.5%
18～34歳	2,705	69.8%	5.9%	19.7%	1.6%	3.1%
女性						
18～19歳	381	68.8%	6.3%	19.9%	0.3%	4.7%
20～24歳	1,023	55.3%	8.2%	32.6%	1.1%	2.7%
25～29歳	754	56.1%	7.2%	27.9%	6.5%	2.4%
30～34歳	412	64.8%	9.0%	19.9%	3.2%	3.2%
18～34歳	2,570	59.1%	7.7%	27.3%	2.9%	3.0%

過小に見積もってしまったでしょうか。一人ひとりの回答を見ると、答えに近かったり、過大（過小）に見積もったりしているかと思いますが、みなさんの回答を集めて平均して、集合的に捉えると、ある現象が現れます。それが恋愛普及幻想とよばれるものです。

恋愛普及幻想とは何かについて、その現象に名前をつけた若尾（2003）の研究を紹介しながら説明していきます。若尾（2003）は、看護学生50名（女性40名、男性10名）に対して図1－1と同じ質問（回答者と同年代の未婚者において恋人がいる人の割合がどの程度であるかを0％から100％の間で推測してもらう）をしました。その結果、回答者全体の回答を平均すると、同年代の未婚者のうち恋人がいる人の割合は60・2％であると推測されていました。男女別に見ると、女性回答者全体においては62・1％、男性回答者においては52・8％と推測されていました。若尾（2003）が調査した当時、18～34歳の未婚者で実際に恋人がいる人の割合は女性

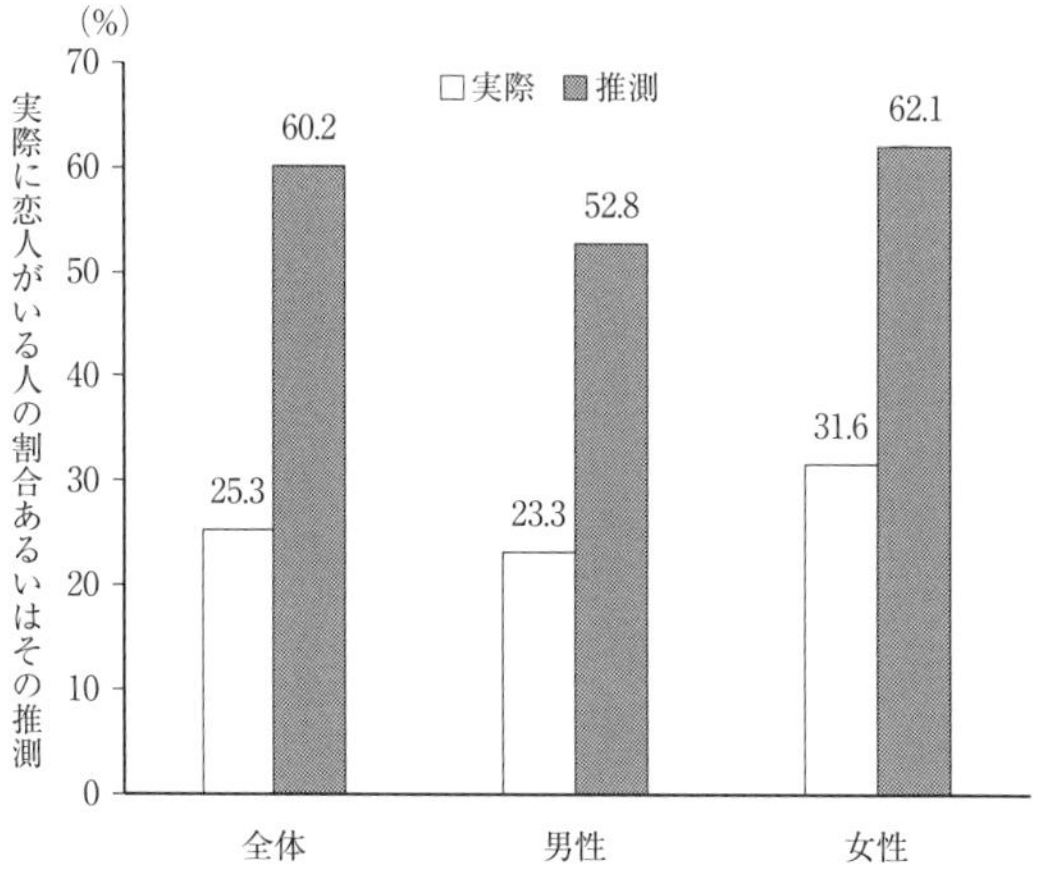

図1−3　恋人がいる人の割合の実際と推測（若尾 2003をもとに作成）

で31・6%、男性で23・3%だったので（国立社会保障・人口問題研究所 1999）、回答者全体（あるいは、女性回答者や男性回答者の全体）の回答を平均して、集合的に見れば、回答による恋人がいる人の割合は、実際に恋人がいる人の割合よりも過大に推測されていました（図1−3）。このような、「恋愛をすることが標準的だと考え、恋人がいる人を実際よりも多く見積もってしまう」現象が恋愛普及幻想とよばれます（若尾 2003）。

2. 恋愛ポジティブ幻想とは?

では、恋愛ポジティブ幻想とは何かというと、「恋人がいる人にポジティブなイメージを、いない人にネガティブなイメージをもってしまうこと」を指します。これも若尾（2003）によって名づけられた、回答者の答えを集合的に捉えたときに現れる現象です。すなわち、一人ひとりで見れば、「恋人がいる人にポジティブなイメージをもち、いない人にネガティブなイメージをもっている」人もいれば、その逆のイメージをもっている人や、あるいは、恋人がいる人といない人に対するイメージにとくに差がない人もいますが、回答者全体で均《なら》して捉えると、恋人がいる人にはポジティブなイメージがもたれやすく、いない人にはネガティブなイメージがもたれやすいということです。

この現象は、図1－2と同じ質問（恋人がいる人、いない人に対するイメージについての質問）をし、その自由記述の結果を分類することによって明らかにされました（若尾 2003）。たとえば、恋人のいる人には「魅力的」「外向的・明るい」「やさしい」といったポジティブな特性の印象が抱かれやすく、ネガティブな特性の印象は抱かれにくいのに対して、恋人のいない人には「内向的・暗い」「魅力の欠如」といったネガティブな特性の印象が抱かれやすく、ポジティブな特性の印象は抱かれにくいことが示されています（表1－2）。読者のみなさんはどのようなイメージをもっていたでしょうか。

もちろんこのようなイメージは正しくありません。正確にいえば、イメージどおりの人も存在するとは思いますが、イメージにそぐわない人も存在します。たとえば、「内向的で暗い」のに、恋人がいる人もいるでしょうし、「外向的で明るい」のに、恋人がいない人もいるでしょう。そもそも、恋人がいるかいないかというのは、一生続く属性（対象に備わる性質）ではなく、状態的なもの（時期によって変わるもの）です。そう考えれば、「やさしい」人でも恋人がいない時期はありますし、「人見知りで話し下手」な人でも恋人がいる時期はあります。もしかしたら、たとえば、「性格悪い」人が恋

表1－2　恋人がいる人といない人に対する特性イメージ
（若尾 2006より引用）

	恋人がいる人		恋人がいない人	
ポジティブな性格	魅力的	32.0%	自分を持っている	14.0%
	外向的・明るい	20.0%	まじめ	4.0%
	やさしい	18.0%	明るい	2.0%
	素直	4.0%		
	自信・落ち着き	6.0%		
	積極的	2.0%		
	良い	10.0%		
ネガティブな性格	わがまま	2.0%	内向的・暗い	28.0%
	依存的	2.0%	魅力の欠如	18.0%
			性格悪い	10.0%
			人見知り・話し下手	8.0%

人ができることによって、「素直」になったり「やさしい」人になったりすることはあるかもしれませんが、恋人ができたことで友だち付き合いが悪くなるという話もあります。すなわち、恋人がいる人といない人で、ポジティブかネガティブかに大きな差があるわけではありません。それを踏まえれば、恋愛ポジティブ幻想は一種のステレオタイプ（ある集団あるいは特定のカテゴリーに対する一定のイメージ）にすぎません[*1]。

ところで、読者の中には、若尾（2003）の研究では回答者が50名しかいなかったからこのような結果（恋愛普及幻想や恋愛ポジティブ幻想）が得られたのではないか、すなわち、このような現象は、50名の回答者だけに通じるたまたま得られた結果なのではないかと、疑問に思う方もいるかもしれません。しかし、若尾（2006）によれば、大学生数百名を対象にした複数回のその後の調査によって同様の結果が確認されています。そうであれば、恋愛普及幻想も恋愛ポジティブ幻想もたまたまの結果ではなかったと考えることができます。

3．恋愛普及幻想と恋愛ポジティブ幻想が示された当時の時代状況

では、恋愛普及幻想や恋愛ポジティブ幻想といった現象が調査において示されたのはなぜなのでしょうか。ここでは、当時の時代状況から読み解いてみたいと思います。

若尾（2003）の調査が行われたのは２０００年代前半でした。当時は「『恋愛せざるもの、人にあらず』といったある種苛烈な状況」（赤川 2002, p.168）が生じており、「『恋愛教』は現代最強の宗教である」（小谷野 1999, p.176）といわれるほど、恋愛に対して高い価値づけがなされていました。国民全員が恋愛したがっていることを表す「一億総恋したい時代」（梅原ほか 1992）という表現もあったほどです。それを反映するかのように、18歳から35歳未満の恋人（婚約者含む）のいる人の割合は１９９０年代前半まで上昇し、その割合の高さが２０００年代前半まで継続していました（図１－４）。

また、恋愛の価値づけの高さは、性をめぐる意識にも波及していました。ＮＨＫ放送文化研究所（2004）によると、１９７０年代までは「婚前交渉（結婚前に恋人と性交渉をすること）は不可」と回答する人が回答者の約半数を占めていたものの、２０００年前後にはその半分の約25％にまで減少していました。その代わりに、「愛情で可（愛し合っている男女なら性交渉してもよい）」の割合が約20％から約45％へと上昇していました（図１－５）。すなわち、性交渉を受け入れる条件が結婚から恋愛へと変

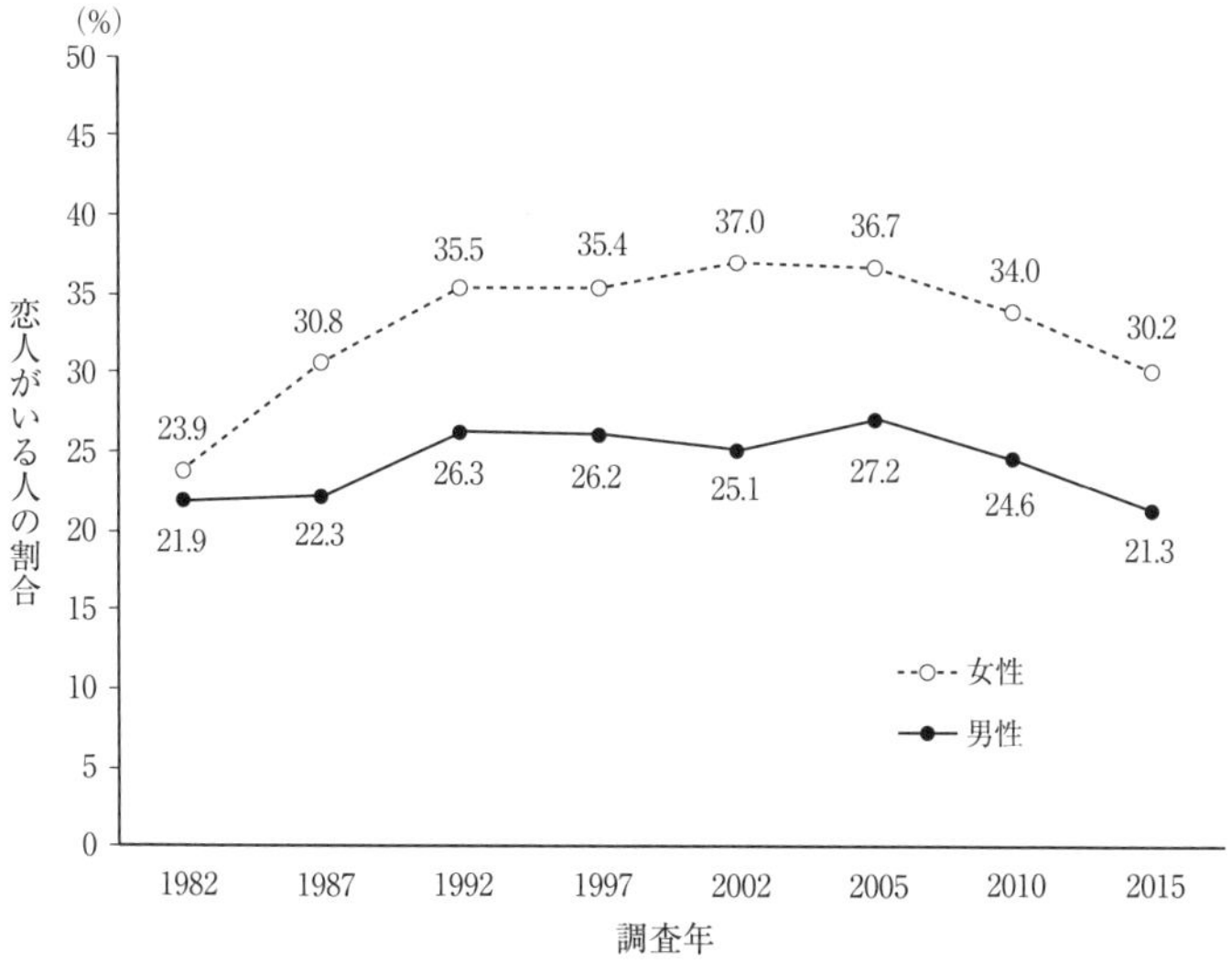

図1－4　18～35歳未満で実際に恋人がいる人の割合
（国立社会保障・人口問題研究所 1983; 2017をもとに作成）

わり、恋愛が重視されていた風潮がうかがえます。

以上のように、恋愛普及幻想や恋愛ポジティブ幻想が示され、それらの現象が何回も確認された当時（若尾 2003; 2006）は、恋愛至上主義社会（林 2006）とよべるほどに恋愛に高い価値が置かれ、恋愛が促進されていた時代でした。そのような時代においては、「恋愛をすることが標準的だと考え、恋人がいる人を実際よりも多く見積もってしまう」人が多くなったり、恋愛していることにポジティブなイメージを、恋愛していないことにネガティブなイメージをもち、その影響を受けて、「恋人がいる人にポジティブなイメージを、いない人にネガティブなイメージをもってしまう」人が多くなったりしても不思議ではありません。

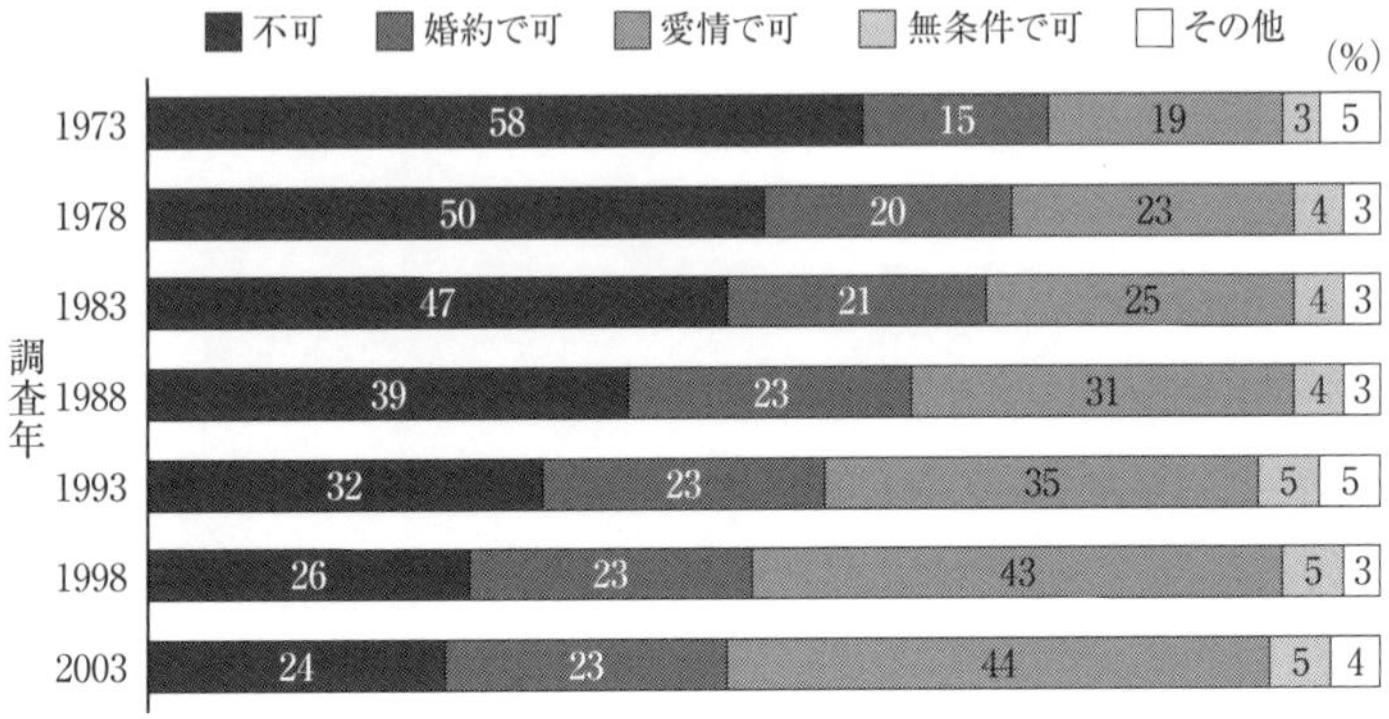

図1－5　婚前交渉に対する意見（NHK放送文化研究所 2004をもとに作成）

その結果、多くの人の回答を集めて均し、集合的に捉えると、恋愛普及幻想や恋愛ポジティブ幻想が示されたと考えられます。すなわち、恋愛至上主義という当時の時代背景があったから、両幻想は示されたと考えられるわけです。

4．恋愛を取り巻く現在の状況

当時の時代背景をもとに両幻想が示されていたとするならば、いま同じ調査をすれば、両幻想はどのように示されるのでしょうか。若尾（2003）の調査からおよそ20年たった現在においても、両幻想は以前と同様に示されるのでしょうか。それとも、以前とは異なり、消失してしまっているのでしょうか。それを考えるためには、2000年以降の恋愛を取り巻く状況を考慮する必要があります。

もう一度、図1－4をご覧ください。2000年代前半までは上昇を続けていた恋人がいる人の割合は、2000年代後半以降減少を続けていることが確認できます。また、表1

－1からは、女性の約6割、男性の約7割が「交際している異性はいない」と回答していることも確認できます。2000年代前半で「交際している異性はいない」と回答した人は女性で約4割、男性で約5割だったので、2000年代後半から異性交際の不活発化が進んでいるわけです（国立社会保障・人口問題研究所 2017）。また、異性交際（あるいは恋人）ができないという意味での不活発化だけではなく、恋人を欲しいと思わない、あるいは、恋愛をしないという意味での不活発化も近年は見られます。たとえば、大学生1350名を対象に調査を行った髙坂（2011）によれば、恋人が欲しいと思わない人は調査参加者の約2割にのぼりました。また、牛窪（2015）も、一部の若者に恋愛離れが生じていることを指摘しています。これらのことを踏まえると、恋人がいることや恋愛することへの社会からのプレッシャーは、2000年頃に比べると小さくなっていると考えられます。そうであれば、恋愛普及幻想や恋愛ポジティブ幻想は消滅している、あるいは少なくとも当時ほどは強い幻想が見られないと考えることができます。

ところが話はそう簡単ではありません。たとえば、2008年には「婚活」（結婚活動の略：山田・白河 2008、第9章も参照）ということばが誕生しました。このことばは、2009年の流行語大賞にノミネートされるほど流行し、婚活市場は今でもどんどん拡大しています（有薗 2020; 神林・児玉 2018; 杉浦 2020）。また、第20回（1978年）から第54回（2012年）までの日本レコード大賞および優秀作品賞を受賞した楽曲の歌詞を分析した大出・松本・金子（2013）によれば、恋愛にまつわる歌詞が含まれていた楽曲は2000年代で71％、2010年代に入ってすぐでは73％であったことが示されており、恋愛というテーマがいまだに多く取り扱われている様子がうかがえます。加えて、木村（2019）は、雑誌『non-no』の記事の分析を通じて、恋愛の価値がなくなったのではなく、恋愛の価値の内容が変化している（情熱的な恋愛から、コミュニケーションや関係性そのものを重視する恋愛への変化）と指摘しています。すなわち、社会的な風潮としては、恋愛に対する価値は減少しておらず、価値の内容（何を価値とするか）だけが変わったと考えることもできそうです。たとえば、近年、多様な恋愛のかたちが着目されることは（ジェンダーの章〈第10章〉、同性愛の章〈第11章〉を参照）、その表れと考えることもできるかもしれません。

以上を踏まえれば、恋愛に対する意味づけはさまざまなかたちで変わっている可能性はあるものの、恋愛に対する価値づけ自体は変わっていないことから、恋愛普及幻想や恋愛ポジティブ幻想は、2000年頃と同水準で存在すると考えることもできそうです。

5. 恋愛普及幻想と恋愛ポジティブ幻想の現在

これまで論じたように、恋愛を取り巻く現在の社会的風潮を踏まえれば、両幻想とも維持されているか、いずれも消失（あるいは減少）しているかのどちらかになると考えられます。では、実際には両幻想にどのような変化が現れているのでしょうか。

残念ながら、これらについての調査はまだ行われていないので、どちらであるとはいえません。ただ、この点を明らかにするために、現在私たちが少しずつ調査を進めています。ここではその調査の一端を紹介したいと思います。

まずは、20代や30代前半の人たちではありませんが、高校生115名（男性29名、女性85名、その他1名）を対象にした仲嶺（2019）の研究を紹介します。仲嶺（2019）は図1－1、図1－2と同じ質問を高校生に行い、恋愛普及幻想と恋愛ポジティブ幻想について調査しました（ただし、仲嶺2019では恋愛普及幻想の結果だけを報告しています）。同年代の恋人のいる割合の推測に関して、女性回答者全員の回答を平均すると、39・6％の人に恋人がいると推測されており、男性回答者全員の回答を平均すると、36・2％の人に恋人がいると推測されていました。「第7回青少年の性行動全国調査」（日本性教育協会2013）に基づけば、高校生の年代で実際に恋人がいる人の割合は、高校生女子で28・2％、高校生男子で20・9％だったので、実際よりも推測のほうが高い値でした（図1－6）。すなわち、調査が行われた2019年現在においても、恋人がいる人の割合が実際よりも過大視されており、恋愛普及幻想は示されたといえます。ただし、若尾（2003）では半数以上（約5～6割）の人に恋人がいると推測されていたのに対して、仲嶺（2019）では約4割程度でした。それを踏まえると、恋愛普及幻想は消失してはいないものの、幻想の強度が弱くなっていると考えられます。なお、「第7回青少年の性行動全国調査」の継続調査である「第8回青少年の性行動全国調査」（日本性教育協会2019）に基づけば、高校生の年代で実際に恋人がいる人の割合は、高校生女子で33・5％、高校生男子で25・4％でした。これを基準にすると、恋愛普及幻想の強度はより弱くなっている（あるいは、消滅に近い）と

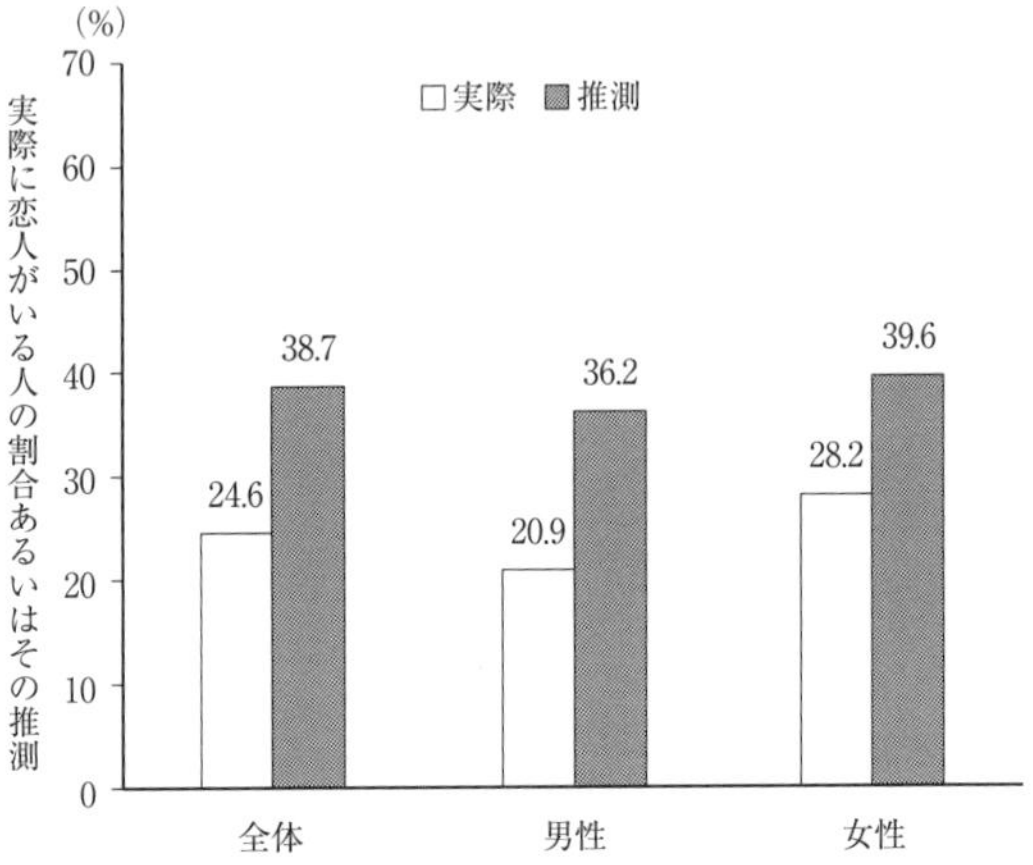

図1-6　高校生における恋人がいる人の割合の実際と推測
（仲嶺 2019をもとに作成）

考えることもできるかもしれません。

加えて、仲嶺の調査ではまだ報告されていませんが、そのデータを確認すると、恋人のいる人・いない人のイメージに関して、若尾（2003）と同様の結果が得られていました。すなわち、恋人がいる人に対してはポジティブなイメージが多く、恋人がいない人に対してはネガティブなイメージが多い傾向にあり、恋愛ポジティブ幻想が示されていました。ただし、恋人がいない人へのイメージに対して、「恋愛に興味がない」「アイドルを推している」「二次元が好き」など、若尾（2003）では見られなかったようなイメージもありました。これは、前述したように、恋愛に興味がない若者の増加や、恋愛のかたちの多様化など、恋愛を取り巻く現在の状況が反映されていると考えられます。恋愛普及幻想と同様に、恋愛ポジティブ幻想もたしかに維持されているものの、恋人がいない人へのネガティブイメージの強度は弱くなっており、恋愛ポジティブ幻想の強度もより弱くなっていると考えられます。

次に、18歳から24歳までの大学生410名（女性208名、男性195名、その他3名、無回答4名）を対象にした調査を紹介します（この調査はNakamine, Watanabe, & Kamijoとして投稿準備中です）。同調査でも、恋人がいる人の割合への推測と、恋人がいる人といない人それぞれのイメージについて調べています。恋人がいる人の割合への推測に関しては、女性回答者全員の回答を平均すると45・2％、男性回答者全員の回答を平均すると42・4％と推測されていました。本調査の大学生と同年代に相当する18～24歳の未婚者で、実際に恋人がいる人の割合は女性29・2％、男性20・0％、男女合わせると24・7％でした（表1－1：国立社会保障・人口問題研究所 2017）。したがって、実際に恋人がいる人の割合よりも高い割合で恋人がいると推測しており、高校生だけでなく、大学生においても恋愛普及幻想が示されました。ただし、仲嶺（2019）の高校生を対象にした調査と同様に、その幻想の強度は若尾（2003）に比べると弱くなっていると考えられます。

恋人がいる人といない人のイメージに関しては、KJ法（川喜田 1967）に準拠して分析を行った若尾（2003）とは異なり、KH coder（樋口 2014）を用いた分析を行いました。KH coderとは、テキスト型データを計量的に内容分析できるソフトウェアで、単語の出現頻度や、単語同士の関係性（テキスト内に同じタイミングで現れやすい単語はどれかなど）を調べることができます。その結果、恋人がいる人のイメージとしてはポジティブなもの（たとえば、コミュニケーション能力が高い、性格が良い）が現れ、恋人がいない人のイメージとしてはネガティブなもの（たとえば、コミュニケーションが下手、性格が悪い）が現れていました。ただし、恋人がいない人のイメージの中には、「恋愛に興味がない」「趣味などの他のことに没頭・熱中している」というイメージも現れており、高校生への調査と同様に、恋人がいる人にはポジティブなイメージがもたれやすいものの、若尾（2003）と比べて「恋人がいる人はポジティブ、いない人はネガティブなイメージがもたれる」と単純にはいえない結果が得られました。すなわち、恋愛ポジティブ幻想は示されてはいるものの、その幻想の強度は弱くなっていると考えられます。

以上で紹介した研究は調査人数も多くなく、暫定的な分析なので、もう少し精緻に調べてみる必要があります。また、高校生と大学生にしか回答してもらっていないので、それ以外の年代の人からも同じような結果が得られるかはわかりません。そもそも若尾（2003; 2006）は大学生を対象としていたので、恋愛普及幻想や恋愛ポジティブ幻想は大学生にしか示されない現象である可能性もあります。ただし、大学生よりも大学卒業後の人たちのほうが婚活に取り組むことが多く、婚活ということばが恋人探しのプレッシャーを強めていることも考えられます。このことを踏まえると、大学卒業後の20代後半や30代前半の人たちにも恋愛普及幻想および恋愛ポジティブ幻想が示される可能性はあり、もしかしたら、２０００年当時に両幻想が発見されたときと同じくらいの強度で、20代後半や30代前半の人たちには現在でも両幻想が示されるかもしれません。今後、検討を続けていきたいと思います。

6．恋愛普及幻想と恋愛ポジティブ幻想が示唆すること

　ここまで見てきたように、一人ひとりは推測やイメージが適切であったり、不適切であったりしますが、それらを集合的に捉えると、ある一定の傾向が示されることがあります。そして、それらの集合的な傾向が一つの「正解」のように機能してしまい、私たち一人ひとりの考え方や行動を縛ってしまうことがあります。たとえば、「恋愛をすることが標準的だと考え、恋人がいる人を実際よりも多く見積もってしまう」人（すなわち、恋愛普及幻想的な信念をもっている人）が周りに多ければ、恋愛普及幻想が立ち現れ、恋人がいない自分を「標準的でない」と考えてしまうかもしれません。あるいは、「恋人がいる人にポジティブなイメージを、いない人にネガティブなイメージをもっている」人（すなわち、恋愛ポジティブ幻想的な信念をもっている人）が周りに多く、自分もそのような信念をもってしまうと、恋人がいない自分を「ネガティブな人物」と思い込んでしまい、あるいは、周りから「ネガティブな人物」と見られたくないと思ってしまい、恋人など欲しくもないのに、無理に恋人をつくろうとしてしまうかもしれません。

　しかし、恋愛普及幻想や恋愛ポジティブ幻想が示唆するように、そのような集合的な傾向がそもそも「正解」ではないこともあります。それが正解かどうか、調べてわかること（たとえば、最近の同じ年頃の人たちはほとんどの人に恋人がいるのか、など）であれば、まず調べることが大切ですし、調べてもわからなそうなこと（たとえば、恋人がいる人は良い性質をもっていて、いない人は悪い性質をもっているか、など）であれば、本当にそれが正しいかどうか、一度立ち止まって考えたり、実際に観察してみたりすることが大事です。そうすることで、悩む必要のない悩みにとらわれることは少なくなります。

また、恋愛に対する意味づけや価値づけが時代によって変わることを踏まえると、恋愛普及幻想や恋愛ポジティブ幻想が示される背景にあった「恋愛することは望ましい」という価値観自体も、普遍的なもの（正解）ではなく、一定数の人が「当たり前」となんとなく思うことによって「正解」のように思えるものです。その「正解」が他者にとっては「正解」（たとえば、恋人がいるのは普通）でも、自分にとっての「正解」（たとえば、みんなに恋人がいるから自分も恋人をつくらなければならない）とは限りません。自分にとっての「正解」とはどのようなものかを考えることが、幻想にとらわれないカギとなるのであろうと思います。

＊1　たとえば、高坂（2011）では、恋人がいるかどうか（正確には、恋人がいる恋愛群、恋人はいないが恋人が欲しい恋愛希求群、恋人はいないし欲しくもない恋愛不要群）によって、特性（アイデンティティ、個人主義）が異なるかを検討し、恋人が欲しくない人は、恋人がいる人に比べて、自我同一性の確立の程度が低く、独断性が高い「ネガティブな印象を与えかねない結果」（p.156）を得ています。しかし、これをネガティブな結果、すなわち恋人がいるほうが望ましい特性をもっていると見るには一定の留保が必要であると考えます。たとえば、自我同一性は、社会から認められることによってその確立の程度が高く評定される部分がありますしかし、本章でのちほど

議論するように、社会から認められること（あるいは、社会に適応すること）が「正しい」かどうかはわかりません。また、独断性は、評定尺度の項目レベルで見ると、「他者が自分の考えを何と思おうと気にしない」「自分の信じるところを守り通す」「自分で考えたのが最良の決断である」など、「意志が強い」というように読み取ることもでき、一概にネガティブとはいえません。このような評定尺度の問題（心理尺度で何らかの特性を測定することができるのか）は、自我同一性にもあてはまります（なお、関連する議論として、恋愛を調査することについてジェンダーの視点から考えた第10章もご覧ください）。したがって、本章では、恋愛ポジティブ幻想はステレオタイプであると考えます。

＊2　ただし、この分析の仕方がＫＪ法に準拠しているといえるかどうかには異論もあります。詳しくは実際のＫＪ法とＫＪ法に準拠した分析とを比較してみてください。

第2章　恋愛で感じる悩み

相羽美幸

「好きな人に振り向いてもらうにはどうしたらいいの？」

「彼氏が私のこと本当に好きなのかわからなくて不安……」

こうした悩みは、恋をしたことのある人ならば一度は経験したことがあるのではないでしょうか。この章では、恋愛中に感じる悩みにはどんなものがあるのかについて紹介していきます。

1．大学生がもちやすい恋愛の悩みとは？

好きな人や恋人ができると、早く会いたいなとワクワクしたり、それまでつまらなかった日常がキラキラと輝いて見えたりするものです。このように、恋愛には、仕事や勉強を頑張れたり自己成長につながったりするなどポジティブな影響もありますが、その一方で、自分の時間が減ったり嫉妬や不安を感じて悩んだりといったネガティブな影響もあります（高坂 2009）。では、具体的に恋愛中にはどんな悩みを感じることが多いのでしょうか。

立脇（2005）は、これまで個別に検討されてきた嫉妬や不安などの恋愛中のネガティブな感情とそれらが生じる出来事の構造について検討するために、大学生を対象とした調査を行いました。その結果、ネガティブな感情は、「寂しい」「不安」「嫉妬」などの親和不満感情と、「いらだち」「怒り」「面倒」などの攻撃・拒否感情の2側面に分類されました。そして、親和不満感情は、交際相手への親和欲求や独占欲が満たされず、相手と距離があることを意識させられる出来事で生じ、攻撃・拒否感情は、交際相手から過剰に干渉される出来事や自分が不利益を被る出来事で生じることが明らかになりました。このように、恋愛中の悩みは大きく分けると2種類に分類されます。

相羽（2011）は、14名の大学生を対象とした面接調査からさまざまな恋愛の悩みを集め、その内容をもとに、交際前、交際中、別れ・交際後の各段階に分けた恋愛の悩みの項目を作成しました。次に、大学生288名に対して、それぞれの項目についてどの程度困ったり悩んだりするか（困難度）を尋ねて分析を行ったところ、大学生がもちやすい恋愛の悩みは、交際前では「自分からのアプローチ」「恋愛対象外の相手からのアプローチ」の2つ、交際中では「相手への支援のできなさ」「関係に対する不安感」「相手の過干渉」「自分の過失に対する相手の否定的反応」の4つ、別れ・交際後では「別れたくない相手との別れ」「別れの切り出し」の2つの合計8つに整理されました。

続いて、相羽（2017）はこれらの項目に改良を加え、各項目の困難度だけでなく、どのくらい経験する人が多いか（経験率）という視点も考慮して、困難度と経験率の2側面から悩みを捉えようと考えました。そして488名の大学生に調査を行った結果、最終的に交際前3つ、交際中4つ、別れ・

表2−1　恋愛の悩みの種類ごとの困難度、経験率、および具体的な内容
（相羽 2017をもとに作成）

		困難度	経験率（%）	項目数	項目例
交際前	自分からのアプローチ	3.36	70.63	5	好意のある異性と2人で会っているときに、相手が話しやすい話題を探す どのタイミングで告白を切り出すかを考える
	ライバルの存在	3.53	48.97	5	自分が好意をもっている相手に、恋人がいる 自分が好意をもっている相手が、自分の友人と交際している
	恋愛対象外の相手からのアプローチ	3.32	47.19	5	交際していない異性に恋人のような振る舞いをされる 好意のない異性から遊びに誘われたときに断ろうとする
交際中	関係継続に対する不安感	3.51	70.62	5	別れてしまうのではないかと、不安になる 相手が自分のことをずっと好きでいてくれるか不安になる
	相手への支援のできなさ	3.61	64.84	3	相手が落ち込んでいるときに、うまく励ますことができない 相手が困っているときに、うまくアドバイスできない
	価値観のずれ	3.07	65.48	5	相手と価値観が合わない 自分と相手の考え方が異なる
	相手の過干渉	3.21	26.82	5	自分が今日何をしていたかを、相手にしつこく聞かれる 相手に束縛される
別れ・交際後	別れの切り出し	3.27	47.87	5	交際相手を傷つけないように、別れを切り出す 別れた後に相手と気まずくならないように、別れを切り出す
	相手の未練行動	3.43	28.82	5	別れた後も、相手がしつこくメールや電話をしてくる 別れた後、相手が自分の家に急に会いに来る
	失恋	3.57	37.71	4	交際相手から別れ話を切り出されたときに、どうやってあきらめるか考える 交際相手から別れ話を切り出されたときに、どうしたら関係を修復できるか考える

注）困難度と経験率の数値は、平均値を表す。困難度は1〜5点の範囲で、得点が高いほど困ったり悩んだりする程度が高い。

好意の主体

自分 ⇔ 相手

関係段階	自分からの積極的な働きかけ	関係の維持	相手からのネガティブな行動
交際前	自分からのアプローチ ライバルの存在		恋愛対象外の相手からのアプローチ
交際中		関係継続に対する不安感 相手への支援のできなさ 価値観のずれ	相手の過干渉
別れ・交際後	失恋		別れの切り出し 相手の未練行動

図2－1　恋愛の悩みの枠組み（相羽 2017）

交際後3つの合計10個の悩みが、多くの大学生が経験する悩みと特定されました。表2－1は、それらの悩みの種類ごとの困難度、経験率、および具体的な内容を示したものです。困難度を見てみると、最も深刻な悩みは、交際中に恋人のことをうまく支えてあげられないと感じてしまう「相手への支援のできなさ」でした。続いて、別れ・交際後において恋人との関係を修復したいという「失恋」が2番目に深刻な悩みでした。経験率では、片思いの相手に好意をもってもらうにはどうしたらよいのかという「自分からのアプローチ」と交際中に2人の関係に対して不安になってしまう「関係継続に対する不安感」で70%を超えており、これらの二つはとくに多くの大学生が悩むことがわかりました。

さらに、これらの10個の悩みの構造を調べたところ、自分と相手のどちらが好意の程度が高いかという「好意の主体」によって、恋愛の悩みは「自分からの積極的な働きかけに関する悩み」「関係の維持に関する悩み」「相手からのネガティブな行動に関する悩み」の3種類に分類されました（相羽 2017）。この好意の主体の分類と、交際前から別れ・交際後までの関係段階の二つの枠組みで恋愛の悩みを整理したものが図2－1です。たとえば、「彼氏が私のこと本当に好きなのかわからなくて不安……」という場合、「交際中」の「関係の維持」で悩んでいることになります。さらに、その悩みと似たものとして「相手への支援のできなさ」や「価値観のずれ」があることもわかります。恋愛関係にはさまざまな悩みがありますが、このように整理すると、自分のかかえている悩みがどれに分類されるのか、また似たような悩みとしてどんなものがあるのか、ということが見えやすくなるのではないでしょうか。

2．恋愛の悩みを詳しく見てみると

ここまで、恋愛中にどんな悩みを感じることが多いのかを特定した研究について紹介しました。ここからは、さまざまな恋愛の悩みの中からこれまでに研究知見が蓄積されているものについて、もう少し具体的に見ていきましょう。本節では、関係継続に対する不安感と嫉妬について紹介していきます。

(1) 関係継続に対する不安感

「関係継続に対する不安感」は、先述した立脇（2005）では「親和不満感情」として抽出され、高坂（2009; 2010）においても、「その人の気持ちがいつも気になる」「漠然と別れることへの不安を感じ

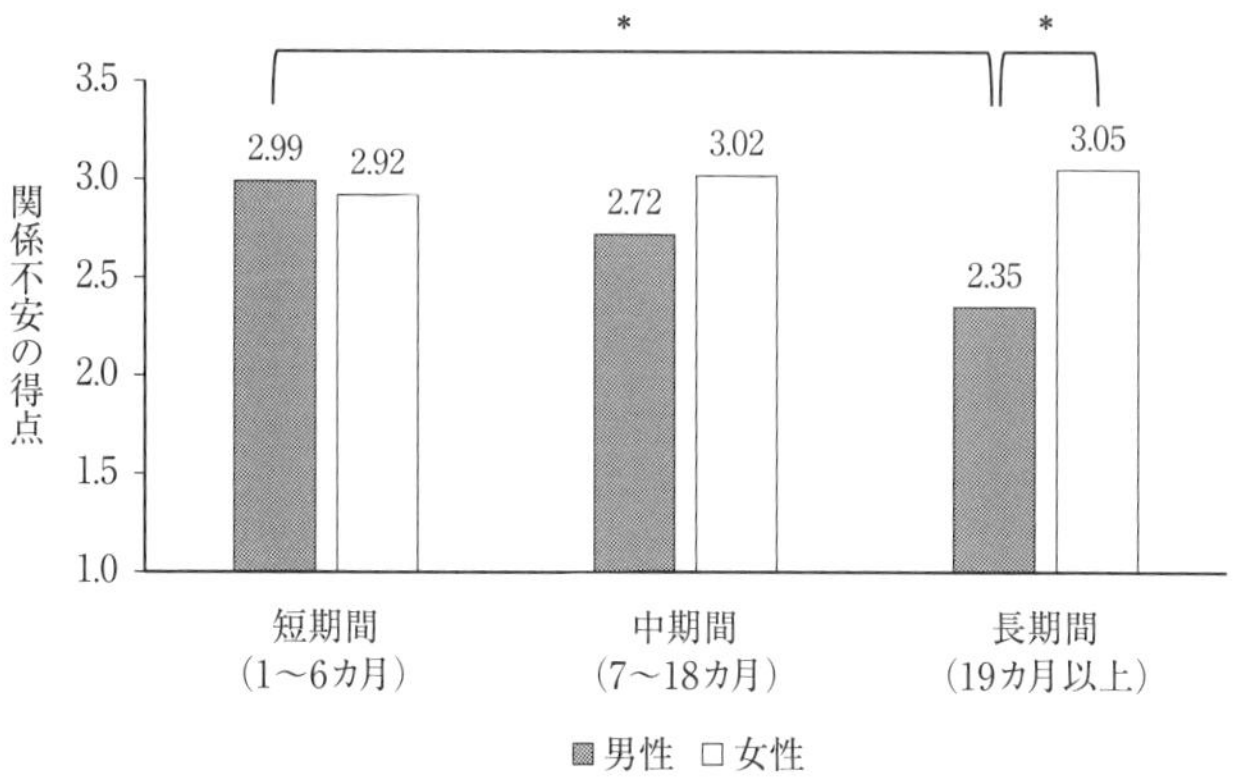

図2−2　性別と交際期間別の関係不安の得点（1～5点）
（高坂 2009をもとに作成）

注）＊は5%水準で有意な差が見られた組み合わせを示す。

る」といった「関係不安」が恋愛関係のネガティブな影響として抽出されています。また、先ほど紹介した相羽（2017）において、この悩みは困難度が4位、経験率が2位となっており（表2－1）、大学生のもちやすい恋愛の悩みの中でもとくに大きな悩みといえるでしょう。

関係不安に関して、髙坂（2009）では、女性においてのみ関係不安が高いほど関係満足度が低いことが明らかになっています。また、性別と交際期間の関連（交互作用）も見られ、男性では短期間群のほうが長期間群よりも関係不安の得点が高く、長期間群において女性のほうが男性よりも関係不安の得点が高いことがわかりました（図2－2）。つまり、交際期間が長くなるにつれて、男性は関係に対して不安に感じることが減っていくのですが、女性はむしろ徐々に関係不安が強まっていき、それに伴い関係満足度も低下していく傾向にあります。これは、男性は恋愛関係の初期に恋愛感情が高まるのに比べ、女性は恋愛関係が深くなってから恋愛感情が高まるという松井（1990）の研究結果とも合致します。高坂（2009）と松井（1990）の研究を合わせると、女性は付き合いたての頃は恋人に対する恋愛感情がまだ高まっていないため、男性からすると「本当に好きでいてくれているのかな」と不安になりやすいのですが、関係の進展に伴い、女性の恋愛感情が高まってくることで、男性のそうした不安は払しょくされていきます。一方で、男性は付き合い始めてすぐの段階から恋愛感情が高いため、女性は関係初期では不安をあまり感じずにいられます。ところが、交際期間が長くなり女性の恋愛感情が高まってくる段階では、男性の関係不安が下がってきているため、女性からすると「最初はあんなに好きって言ってくれていたのに、もう私のことそんなに好きじゃないのかな」と関係に対する不安や不満が強くなる、と考えることができます。交際期間が長くなってくると、男性は関係不安を感じなくなるのに加え、関係性自体もマンネリ化してくるため、どうしても愛情表現が減ってしまいがちです。男性側は関係が安定していると思っていても、女性側は不安や不満がたまっている可能性があります。男性が意識的に自分の気持ちを恋人に伝えるようにすることで、女性の不安や不満を和らげることができ、関係をさらに長続きさせることができるでしょう。

(2) 嫉　妬

関係継続に対する不安感と同様、これまでに研究蓄積の多い恋愛の悩みは、「嫉妬」です。心理学において、嫉妬とは「特定の他者との既存の望ましい関係が、第三者によって脅かされるときに生じる不快な感情」のことを指します（坪田・深田 1991）。英語では「jealousy」に該当します。一方、嫉妬に類似した概念として「妬《ねた》み」があります。妬みとは「他者が自分よりも何らかの点で有利な状況にあることを知って生じる不快な感情」のことで、英語では「envy」に該当します（澤田 2006）。つまり、恋愛における「嫉妬」とは、恋人が他の異性と親密にしていたり、他の異性に恋人を奪われそうになったりしたときに感じるものであり、「妬み」は、片思いの相手に恋人がいたときにその恋人に対してうらやましいと感じることです。

嫉妬の中でもとくに、恋愛関係や夫婦関係における嫉妬は愛情と憎しみの両価性をもつ最も激しく複雑な感情であるといわれています（三浦・奥山 2003）。坪田・深田（1991）やゲレロら（Guerrero, Trost, & Yoshimura 2005）は、さまざまな嫉妬研究をまとめ、嫉妬の中心的感情は、怒り、不安・恐れ、悲しみの3つであり、さらに羨望、性的喚起、罪の感情がそれらの中心的感情に付随すると指摘しています。怒り、不安・恐れ、悲しみといった嫉妬の中心的感情は、感情の中でも自律神経や内分泌などの身体反応を伴い急激に生じる「情動」とよばれるものです。

恋人の浮気現場にたまたま遭遇するなどして、こうした強い情動に揺さぶられたとき、人はどのような反応をするのでしょうか。とっさに隠れて見なかったことにする人もいれば、その場で恋人を責めたり問い詰めたりする人もいるでしょう。さらには、カッとなってビンタするなど暴力に出る場合もあるかもしれません。嫉妬したときにどんな反応が出やすいのかについては、嫉妬時に生じる感情や性別によって特徴があることがわかっています。たとえば、和田（2015）は、恋愛関係における嫉妬で生じる感情とそれに対するコミュニケーション反応との関連を調査しました。その結果、強い嫉妬を感じた場合、男女ともに怒りが強いほど相手を責める「非難・けんか」のコミュニケーション反応がとられやすく、女性でのみ不安・悲哀が強いほど相手の前で泣いたり傷ついたように見せたりする「相手の反応確認」のコミュニケーション反応がとられやすいことがわかりました。また、比嘉・中村（2003）や山際（2007）では、嫉妬の中心的感情の中でもとくに「怒り」は、泣くといったネガティブ感情の表出やライバルとの接触などのさまざまな行動を生起させやすいことも明らかになっています。このように、嫉妬したときに怒りが強いと、恋人を責めたてたり浮気相手に直接文句を言ったりと攻撃的な行動に出やすくなります。しかし、こうした攻撃的な行動は嫉妬時の反応全体から見るとそれほど出現率が高いわけではありません。三浦・奥山（2003）は、女子大学生が恋人に対して嫉妬したときにとる対処行動を調査し、「恋人からの連絡に応じない」といった恋人との接触を拒否する行動がとられやすく、恋人への暴力が最もとられにくいことを明らかにしました。同様に、山際（2007）においても、嫉妬を感じたときのコミュニケーション行動として、相手を責めずに自分の気持ちを告げる非攻撃的コミュニケーションが最もとられやすく、危害を加える、脅すなどの暴力的コミュニケーションや物への攻撃行動は低い値となっています。ときどき恋愛関係のもつれによる殺傷事件がニュースになったりすることがありますが、これらの研究結果から考えると、そこまでエスカレートするケースは非常にまれで極端な例といえそうです。

3．若者の恋愛はなぜ長続きしないのか？

「憧れの先輩に告白して付き合えることになったのに、いざデートをしてみたら、お互いに何を話したらいいかわからなくて、気まずい沈黙が続いてばかりで……。返信がちょっと遅いだけで勝手に不安になっちゃってつらいし、いつもどおりに振る舞えない自分がだんだん苦しくなっちゃって、結局自然消滅ですぐ終わっちゃった」

中学生や高校生にありがちなこうしたエピソードのように、若者の恋愛は長続きせず、数カ月で終わってしまうことも珍しくありません。実際に、国立社会保障・人口問題研究所が行った全国調査（岩澤・三田 2012）によると、年齢層が低いほど平均交際期間が短いことがわかっています（図2－3）。では、交際が長続きせずに終わってしまう若者が多いのはどうしてなのでしょうか。

大野（1995）は、発達心理学的立場から、大学生たちの手記をもとに青年期の恋愛の特徴を「アイデンティティのための恋愛」として概念化し、なぜ青年期の恋愛が長続きしないのかについて考察しています。アイデンティティとは、簡単にいうと、自分で思っている「自分」が他の人からもそう思われているという実感やそこから生まれる自信のことです。アイデンティティのための恋愛は、エリクソン（Erikson 1950＝仁科訳 1977・1980）による青年期の恋愛の指摘をもとに、「親密性が成熟していない状態で、かつ、アイデンティティの統合の過程で、自己のアイデンティティを他者からの評価に

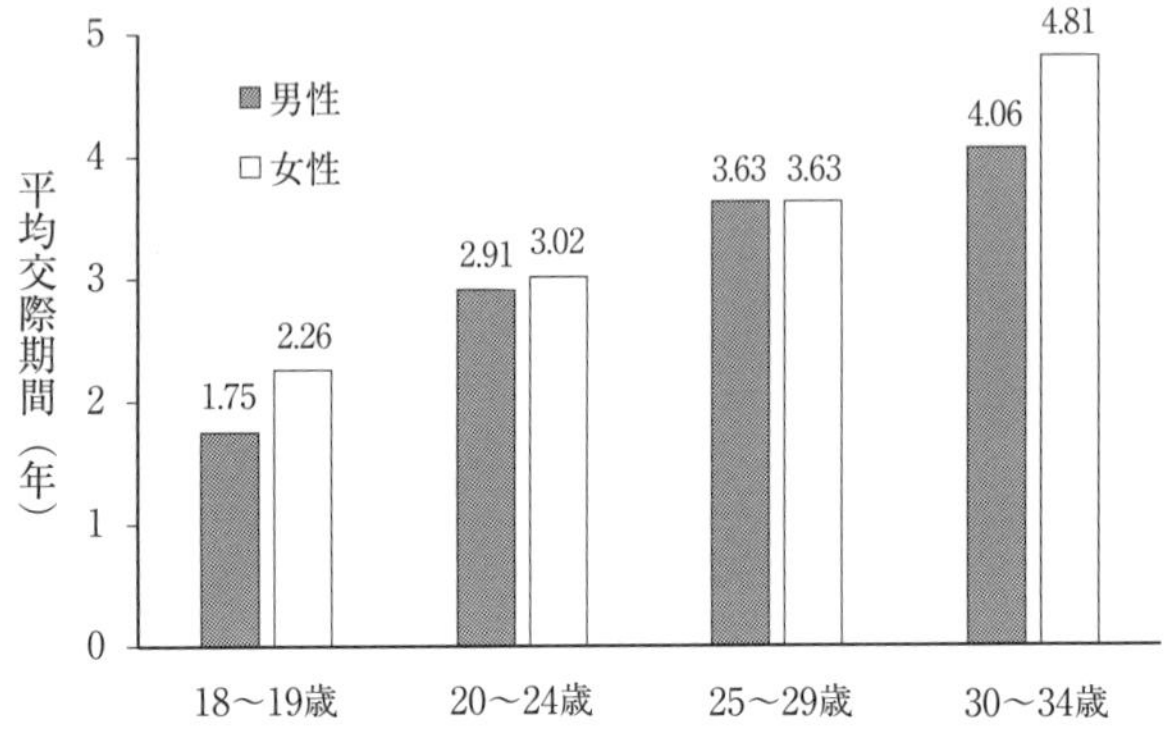

図2−3　交際相手のいる未婚者の年齢別の平均交際期間
（岩澤・三田 2012をもとに作成）

よって定義づけようとする、または、補強しようとする恋愛的行動」と定義され、図2－4のような特徴があるとされています。つまり、まだアイデンティティが確立していない青年は、自身の存在意義や自分らしさに自信がもてないため、「自分のどこを好きになってくれたんだろう」とか「本当に好きでいてくれてるのかな」と相手からの好意に確信がもてません。そのため、何度も恋人に愛情表現を求めたり自分への評価を尋ねたりすることで「自分は愛されている」と確認し、少しずつ自身の存在意義や自分らしさを実感し、自信を身につけていくということです。しかし、アイデンティティが確立していない者同士が交際した場合、お互いに「いつも自分のことを考えていてほしい、かまってほしい」と自分中心の考え方にとらわれてしまうので、相手を気遣う余裕がありません。そのため、「相手の支えになってあげたい」とは思うものの、どうしたらよいか考える余裕がなく、無力感や罪悪感が増していきます。そうした状況が続くと、だんだんその心理的重圧に耐えら

相手からの賛美、賞賛を求めたい
・「好き」と言ってほしくて「私のこと好き？」と聞く。

相手からの評価が気になる
・「私のことどう思ってる？」と聞く。
・こんなこと言ったら嫌われちゃうかな、と言いたいことを言えない。

相手の挙動に目が離せなくなる
・「今何してるの？　誰とどこにいるの？」と聞く。
・相手からの連絡がないと気になって他のことが手につかなくなる。

↓

しばらくすると、呑み込まれる不安（自分の存在の基盤が揺らぐような不安）を感じる
・気まずい沈黙が続く。
・会うたびに自分がなくなるような気がする。

↓

結果として多くの場合、交際が長続きしない
・嫌いになったわけではないけれど、重たくなった。

図2−4　アイデンティティのための恋愛の特徴（大野 2021をもとに作成）

れなくなり、結果的に別れてしまうということになります（大野 2021）。一方、アイデンティティが確立している者同士であれば、相手を気遣う余裕があるため、安定した長期的関係を築くことができます。このようにアイデンティティのための恋愛から一段階進んだ恋愛のことを、大野（2021）は「愛的交際への移行」とよび、表2－2のような特徴をあげています。

　恋人から嫌われたり別れてしまったらどうしようと関係不安を感じて相手の挙動や評価を気にしたり、相手の支えになってあげたいのにできないと悩んだ

表2-2　愛的交際への移行に見られる特徴とその具体的レポート
（大野 2021をもとに作成）

(a) 相互性
風邪をひいて寝込んでいる彼に手料理を届けてあげました。「おいしい」と喜んでくれる彼の姿を見て、私も幸せな気分になりました。
(b) 無条件性
彼にも欠点があることはわかっているのですが、もうあまり気にならなくなりました。欠点も丸ごと好きという感じです。
(c) 身体現象の消失
2人でいるのは当たり前のような感じになり、最近「ドキドキ」しなくなりました。
(d) 自己拡張
「そのことは任せておけ、もう心配するな」と私のことを自分のことのように心配してくれました。
(e) 時間的展望
最近、結婚した後の将来のことなども2人でよく話し合うことがあります。
(f) 防衛の消失
最近は気取ることもなく素で付き合っています。2人でお茶していると「年寄りのお茶飲みみたいだね」と言って笑っています。

りするといった特徴は、実際に相羽（2017）においても「関係継続に対する不安感」や「相手への支援のできなさ」として抽出され、とくに困難度や経験率の高い悩みとなっています。高坂（2013）は、こうしたアイデンティティのための恋愛をすることで実際にアイデンティティ確立につながるのかについて、恋人のいる大学生を対象に3時点の調査を行っています。その結果、「その人の気持ちがいつも気になる」「漠然と別れることへの不安を感じる」といった関係不安によって、アイデンティティが形成されまたは補強されることが明らかになり、とくにその影響は男性のほうが女性よりも強い可能性が示唆されています。

このように、まだアイデンティティが確立していない青年たちは、彼ら特有の悩みをかかえています。恋愛関係で悩みをもつことは、当事者としては苦しいかもしれませんが、それを乗り越えることで徐々に自己成長していき、愛的交際へと移行していくのです。

第3章　恋愛スキル

相羽美幸

前章では、恋愛中の悩みについて紹介しました。この章では、そうした悩みの解決策としてどんなものがあるのか、マスメディアで発信されている情報や心理学の研究知見など、さまざまな角度から紹介していきたいと思います。

1．マスメディアが発信する恋愛テクニック

「誰でも愛され女子になれる！　モテるために今すべきこと5選」

「男性にずっと一緒にいたいと思わせるたった3つの言葉」

インターネットを見ていると、こうした見出し広告を目にすることはありませんか。女性向けの情報まとめサイトやアプリではたいてい「恋愛」のカテゴリーがあり、モテるためのテクニックや恋人から愛され続ける秘訣などがまとめられています（図3－1）。

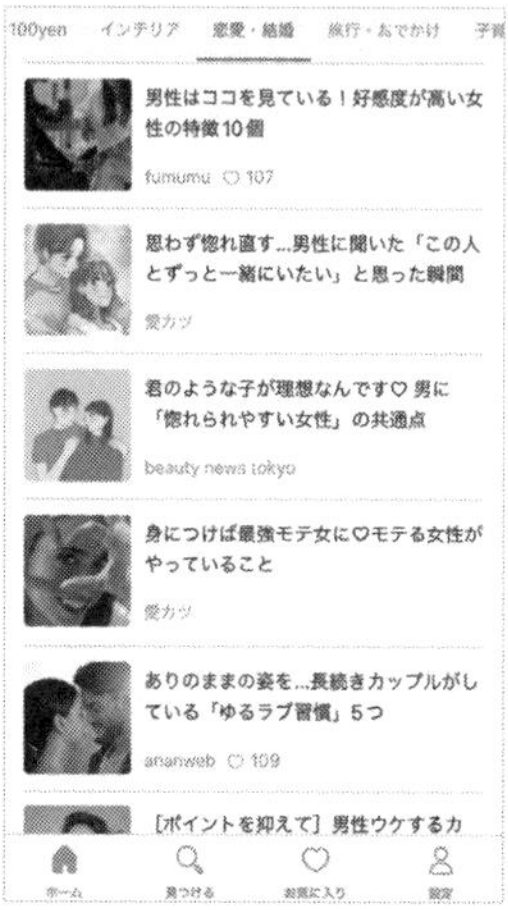

図3−1　女性向け情報アプリの恋愛記事の例（スマートフォンアプリLOCARIより抜粋）

(1) 恋愛マニュアルの歴史

このような恋愛テクニックを指南するマニュアル記事は、1980年代半ばに登場し、1990年代以降、本格的に量産されるようになりました（小谷野 2008）。その大きな要因は、結婚と恋愛の自由化と考えられています。1960年代末に見合い結婚と恋愛結婚の割合が逆転して以降、1990年代には恋愛結婚の割合が8割を超えました（別府・中村 2017）。恋愛結婚が主流となったことで、自由に結婚相手を選ぶことができるようになった反面、結婚するためには自分で恋愛相手を獲得しなければならない時代となったのです。さらに、「恋愛＝結婚」という固定観念から、「恋愛と結婚は別もの」という考え方へ人々の恋愛・結婚観がシフトしたことで（山田 1996）、結婚までに複数回の交際経験があることが珍しくなくなりました。このような時代背景により、とくに男性は恋愛で女性をリードすべきという風潮もあって、女性を手に入れるための男性向け恋愛テクニックの需要が高まっていったのです。そのため、1980年代からバブル期頃までは、男性が女性を口説くための恋愛マニュアルが『Hot-Dog PRESS』や『POPEYE』といった男性誌で多く掲載され、これらの雑誌は男性の恋愛バイブルとして絶大な人気を誇っていました。1990年代に入ると、『an・an』などの女性誌でも恋愛特集が多く組まれるようになり（桶川 2016）、恋人のいる人向けの情報も発信されるようになりました。そして、スマートフォンが普及した2010年代以降は、情報アプリでいつでもどこでも手軽に恋愛マニュアルを見ることができる時代になっていきました。

(2) 恋愛マニュアルは参考になるのか？

では、こうした恋愛マニュアルで紹介されている恋愛テクニックには、実際にどんな特徴があるのでしょうか。また、そうした情報を参考にすることで、本当にモテたり恋愛上手になれるのでしょうか。

相羽（2009a）は、恋愛テクニックが掲載された雑誌とホームページの内容を分析し、記述内容の特徴や記事の情報源について検討を行っています。記事内容を分類したものが表3-1です。分類の結果、記事の87%が交際前の恋人をつくるためのテクニックに関する内容であり、常に恋愛をしているべきという恋愛至上主義の傾向が強いことがわかりました。また、男性は積極的でストレートに、女性は受身的で気を利かせるといった伝統的性役割に即した行動が推奨されていました。こうした傾向は、女性誌や若者向け雑誌の恋愛記事を分析した諸橋（1993）や谷本（1998）、男性誌と女性誌との相違を検討した諸橋（2002）でも同様に見られました。さらに、雑誌やホームページといった媒体の違いにかかわらず、メディアで紹介されている恋愛テクニックには、恋愛至上主義の傾向が強く、男らしさや女らしさを強調するという共通した特徴があることがわかりました。そして、それらの情報源は、芸能人へのインタビュー、コラムニストやブロガーの持論、匿名の読者からの投稿といったもの

表3-1　カテゴリー別の恋愛テクニックの記述件数とテクニックの例
（相羽 2009a）

	カテゴリー		件数	%	テクニックの例
交際前	心構え		43	16.3	ポジティブな考えをもつ
	実際のデート		39	14.8	露骨な優しさは何度も繰り返す
	恋愛話術		33	12.5	自分の話はあっさりと終わらせ相手に話を振る
	電話・メールの仕方		23	8.7	電話番号を聞く目的を明確にする
	合コン・カラオケ		20	7.6	好みのタイプを限定しない
	好きな子と仲良くなる方法	M	16	6.1	物の貸し借りをする
	デートの誘い方	M	11	4.2	用事の「ついで」として誘う
	告白	M	7	2.7	どんな仕方でもOKしてもらえる関係を構築してから告白する
	イベント・プレゼント		6	2.3	花束を渡してすぐ立ち去る
	セックス	M	5	1.9	さりげなく自分や相手の部屋に関する話題をもちかける
	初対面	M	5	1.9	相手に合わせる会話をする
	ライバルがいる場合	M	4	1.5	躊躇せずにアプローチしてみる
	恋人の有無確認	M	3	1.1	素直に堂々と聞く
	おごり方・支払い	M	3	1.1	食事の終盤にトイレに行くついでに会計を済ます
	デートに断られる	M	2	0.8	サラリと引くことで変に気を遣わせることを避ける
	デートの誘われ方	F	2	0.8	過去のイベントに対して悔やんで見せる
	おごられ方・支払い	F	2	0.8	いつも感謝の気持ちを表す
	お酒・バー	M	2	0.8	1杯目はビールで2杯目以降はジン系がよい
	授業	F	2	0.8	筆記用具は常に2個ずつ用意しておく
	小計		228	86.7	
交際中	セックス		14	5.3	旅行に誘う
	長続きさせる方法		10	3.8	ありのままの自分を相手に見せる
	危機の脱し方	M	5	1.9	付き合う前や付き合い始めの頃を思い出す
	浮気・嘘	M	2	0.8	すべての証拠品を捨てる
	小計		31	11.8	
別れ・交際後	傷心から抜け出す方法		3	1.1	仕事に没頭する
	ヨリを戻す方法	F	1	0.4	キレイになってみんなに好かれるいい女になる
	小計		4	1.5	
	合計		263	100.0	

注）Mは男性向け、Fは女性向け。

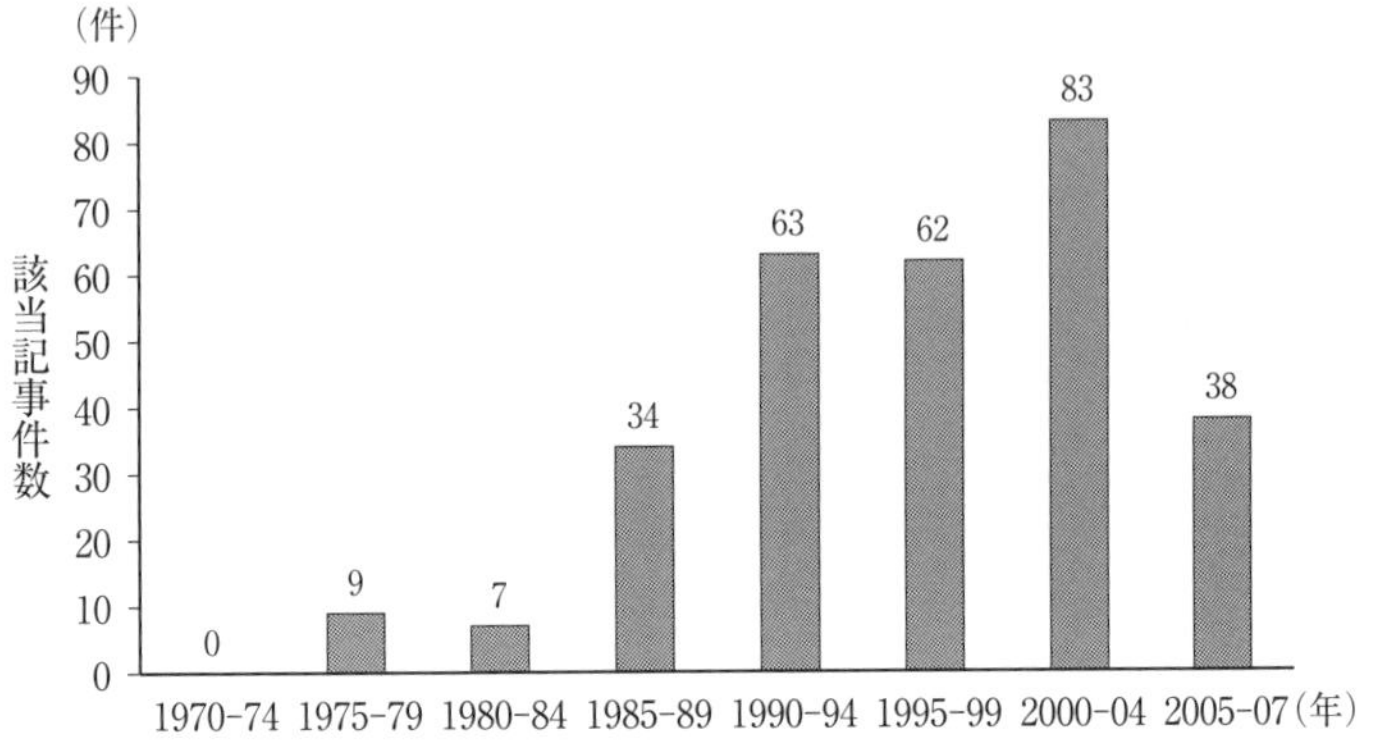

図3−2　年代ごとの恋愛の自己啓発の記事件数（桶川 2016をもとに作成）

注）恋愛記事の中でも自己啓発に特化した記事のみを抽出し、記事タイトル1つ（サブタイトルは含まない）につき1件とカウントした。また、2ページ未満の記事は除外した。2005-07年のみ記事抽出期間が3年間と短いため該当記事が少なくなっている。

が中心で、そのほとんどが根拠の薄い経験論をもとに、あたかも万人に共通するテクニックであるかのように紹介していました。

続いて、恋愛マニュアル記事の中でも、自己啓発（自身の恋愛に対する思考に気づき、変革を促す助言）の内容に注目した桶川（2016）の研究を見ていきましょう。まず、１９７０～２００７年に発行された男性誌・女性誌の恋愛記事の中から自己啓発に関する記事を抽出した結果、そのほとんどが女性誌であり、１９８０年代後半に増え始め、１９９０年代以降に定着していました（図３－２）。このことから、昔ながらの男性誌の恋愛マニュアルは「こういう行動をすべき」というテクニックに関する内容が多く、一方で、１９９０年代以降の女性誌の恋愛マニュアルは「こういう考え方をすべき」という自己啓発の内容が多いという違いがあるといえそうです。先ほどの相羽（2009a）でも、最も多い恋愛マニュアル記事は「心構え」（16・3％）、つまり恋愛に対する思考への助言となっていたことから、時代が新しくなるにつれて女性誌だけでなく男性誌でも徐々に自己啓発的な内容が増えていっているのかもしれません。また、桶川（2016）は、恋愛の自己啓発に関する記事の特徴として、著名人や読者のインタビュー、心理学者、芸能人、漫画家、小説家、文化人などのさまざまなジャンルの語り手による助言で構成されていたことを明らかにしました。さらに、恋愛関係を築いていくために必要な思考や行動の助言については、語り手によって多くの相反する様相を呈する内容となっていたとまとめています。

このように、メディアの発信する恋愛マニュアルは信ぴょう性が低く、あてにならないものばかりであるといわざるをえません。残念ながら、これらの情報を鵜呑みにしてもモテたり恋愛上手になれる可能性は低いでしょう。

2．心理学が提供する恋愛の悩みの解決策

前節で、メディアの発信する恋愛マニュアルはあてにならないことがわかりました。では、他にもっと信ぴょう性があって参考にできる情報はないのでしょうか。実は、心理学の研究の中で、モテたり恋愛上手になれるヒントになるような知見が蓄積されています。ここでは、「恋愛スキル」の研究について紹介しましょう。

心理学では、人付き合いのうまさはスキル（訓練や学習によって獲得した技能）として捉えられ、練習することでスキルが向上すると考えられています。専門用語では「ソーシャル・スキル」といい、他者との関係や相互作用をうまくやっていくために練習して身につける技能のことを指します。これを恋愛という特定の関係性にあてはめて考えられたのが恋愛スキルです。「練習して身につける」ということは、恋愛下手な人も、恋愛スキルを練習して身につければ、恋愛上手になれるということです。

(1) 欧米の研究では

欧米では、恋愛スキルは「異性関係スキル」とよばれ、1970年代からさかんに研究が行われています。異性関係スキルにはさまざまな定義がありますが、ガラッシら（Galassi & Galassi 1979）は「異性との社会的・性的関係を構築し、維持し、終結するために必要な行動」と定義しています。異性関係スキルの研究では、異性とのやりとりにおいて好まれる行動を特定したり、スキルを向上させるためのトレーニングなどが開発されたりしています。これらの研究では、恋愛下手な人は、①異性とのやりとりに対する不安が高い、②異性とやりとりする際のスキルが不足している、と考えられており、恋愛スキルのトレーニングでは主に異性との会話やデートの不安低減とスキル向上に焦点があてられています。欧米の異性関係スキルの研究については相羽・松井（2007）や相羽（2010）で詳しく解説されているため、ここでは省きます。興味のある方はこれらの文献を読んでみてください。

(2) 日本の恋愛スキルの研究

日本では、欧米ほど恋愛スキルの研究が活発ではないものの、これまでにいくつかの研究がありま す。日本で初めて恋愛スキルに焦点をあてたのは、堀毛（1994）の研究です。この研究では、デート場面で求められるスキルを測定する20項目の異性関係スキル尺度（DATE2）を作成し、恋愛関係の発展や失恋との関連を調査しています。DATE2の内容は表3－2に示したとおりです。男性と女性では異なる構造となり、女性ではスキルが互いに関連しながら発展していくのに対し、男性では相互のスキルの関連性が低いという特徴が見られました。つまり、女性は一つのスキルを磨くことで他のスキルも連動して向上していく可能性がありますが、男性はスキルを個々に高めていく必要があるということです。また、男女ともに関係の発展とともにスキルが高まる傾向が見られましたが、男性は関係の浅い片思い段階からスキルを洗練させていくのに対し、女性は相手を慎重に検討し、交際が始まって関係が重要であると認識した後に急速にスキルを発展させるといった違いが見られました。さらに、過去の失恋経験もスキルの向上に影響しており、男性では過去の失恋から得た自信やショックがスキルの向上と大きく関連していましたが、女性では、自分から強い愛情を示しながら失恋した場合にのみ、スキルが向上していました。このように、スキルの構造や向上のプロセスは男女で異なることが明らかになりました。

続いて、どんなスキルが異性からの好意度と関係があるのかについて検討した豊田（2005）の研

表3−2 DATE2の項目例（堀毛 1994をもとに作成）

因子名		項目
男性	情熱・挑発	さりげなくキスする さりげなく体に触れたり、手を握ったりする
	開示・リラックス	かざらない自分を見せる あまり緊張せずリラックスしながらつきあう
	身だしなみ	相手の好みにあうような服装や髪形をする 身だしなみに気をつける
	関心確認	自分にどのくらい関心があるかさりげなく聞く 別の異性の友人のことをさりげなく聞く
	男らしさ	会っているときはできるだけ男（女）らしくふるまう
	率直さ	自分が悪いとおもったら素直にあやまる 会っているときできるだけ互いの距離を近づける
	クールさ	気分がのらないときには冷たくあしらう 正直に相手の欠点を指摘する
女性	開示・受容	かざらない自分を見せる あまり緊張せずリラックスしながらつきあう
	積極性	正直に相手の欠点を指摘する 自分に落ち度がないと思ったら喧嘩する
	挑発	別れぎわにはできるだけムードをもりあげる 会っているときはできるだけ男（女）らしくふるまう
	関心確認	自分にどのくらい関心があるかさりげなく聞く 別の異性の友人のことをさりげなく聞く
	寄り添い	相手の好みにあうような服装や髪形をする 会っているときできるだけ互いの距離を近づける
	見栄え	身だしなみに気をつける 周囲の人の目を考えながら行動する

究を紹介します。先ほどの堀毛（1994）と同様に、豊田（2005）も異性からの好意を得るためのスキルを測定する20項目の異性関係スキル尺度を作成して分析したところ、男性では「会話スキル」「対人不安」、女性では「会話スキル」「対人不安」「対人関係の自信」と、男女で異なるまとまりになりました。そして、男女ともに「会話スキル」や「対人関係の自信」が高いほど、また「対人不安」が低いほど、

異性から好意をもってもらいやすいことがわかりました。このことから、欧米での研究と同様に、異性から好かれるには、①異性とのやりとりに対する不安が低いこと（女性の場合、それに加えて自信があること）、②異性とやりとりする際のスキルがあること、の二つが大切であることがわかったのです。

これまでに紹介した二つの研究は、堀毛（1994）ではデート場面のスキル、豊田（2005）では場面を特定しない異性から好かれるスキルを検討していました。しかし、恋愛スキルはさまざまな場面で共通するものもあれば、逆に場面によって異なるスキルが必要な場合もあるはずです。そこで、恋愛関係の開始から終結までのさまざまな場面で求められるスキルを特定しようとしたのが、相羽（2007; 2009b）による一連の研究です。まず、相羽（2007）は、前章で紹介したいろいろな恋愛の悩みに直面した際に、自分がとるであろう行動と理想とする行動の2側面から、自由記述形式でさまざまな行動を探索的に収集しました。そして、相羽（2009b）では、それらの行動がどの程度適切であるといえるかについて、「相手の異性から見た好ましさ」という視点で評価を行っています。つまり、それぞれの場面でとる行動が相手の異性から見て好ましいものであれば、それはその場面で適切な行動であるといえると考えたのです。こうして特定されたさまざまな恋愛の悩みの場面での適切な行動と適切でない行動は、表3－3のとおりです。これらの行動を見てみると、悩みの場面によってある程度の共通点があることがわかります。たとえば、交際中や別れ・交際後では、多くの場面で共通して「きちんと誠実に話し合う」ことが最も適切な行動となっています。一方で、「無視する」という行動は、最も適切でない行動として交際前から別れ・交際後まで異なる段階で出てきますが、各場面は相手か

表3－3　恋愛の悩みの場面での適切な行動と適切でない行動の例
（相羽 2009b をもとに作成）

	場面	行動	好ましさの平均値
交際前	彼(女)に好意をもってもらいたいと思ったとき	自分から積極的に彼（女）に話しかける ファッションやしぐさなどの見た目を変える	4.12 3.26
	彼(女)にすでに恋人や好きな人がいるとき	彼（女）と友だちとして仲良くなる あきらめないで、アプローチし続ける	4.02 2.61
	彼（女）の誘いや告白を断ろうと思ったとき	誠実に丁寧に断る 彼（女）に何もせず無視する	3.98 1.62
交際中	2人の関係に対して不安になったとき	彼（女）ときちんと誠実に話し合う どうしたらよいか一人で考える	4.46 2.15
	彼（女）のことをうまく支えてあげられないと思ったとき	彼（女）のそばにいる 友人に相談する	4.49 2.84
	自分と彼(女)の価値観が合わないと思ったとき	彼（女）ときちんと誠実に話し合う 彼（女）に別れを切り出す	4.27 2.16
	彼（女）に束縛されてイヤだと思ったとき	彼（女）ときちんと誠実に話し合う 彼（女）からの連絡を無視するなど、彼（女）と距離を置く	4.41 2.02
別れ・交際後	彼（女）に別れを切り出そうと思ったとき	彼（女）ときちんと誠実に話し合う 彼（女）と距離を置いて、別れをにおわせる	4.17 2.26
	彼(女)が「ヨリを戻したい」と連絡してきたとき	彼（女）ときちんと誠実に話し合う 彼（女）に何も言わず無視する	4.05 1.67
	彼（女）との関係を修復したいと思ったとき	彼（女）ときちんと誠実に話し合う 彼（女）に別れたい理由を聞く	4.08 3.35

注）行動の上段が最も好ましさの高い行動、下段が最も好ましさの低い行動。得点の幅は1～5点の5段階。

らの望まない行動（デートの誘いや告白、束縛、復縁の連絡など）に対してどう対応するかという点で共通しています。

(3) 恋愛スキルを磨くには

このようにして、さまざまな恋愛の悩みの場面での適切な行動と適切でない行動が特定されたわけですが、恋愛で悩む人々が現実の恋愛場面でそのスキルを発揮できなければ、意味がありません。そこで、相羽・松井（2013）は、「恋愛下手な人も練習すれば恋愛上手になれる」という恋愛スキルの考え方に基づい

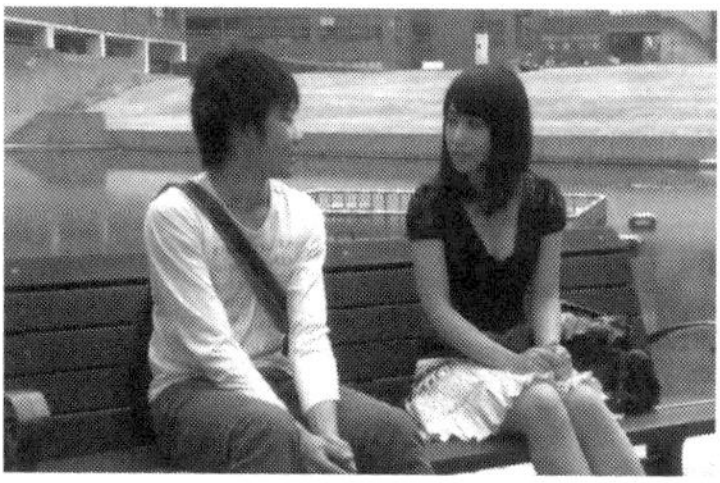

図3－4　恋愛スキルトレーニングで用いられた映像（相羽・松井 2013）

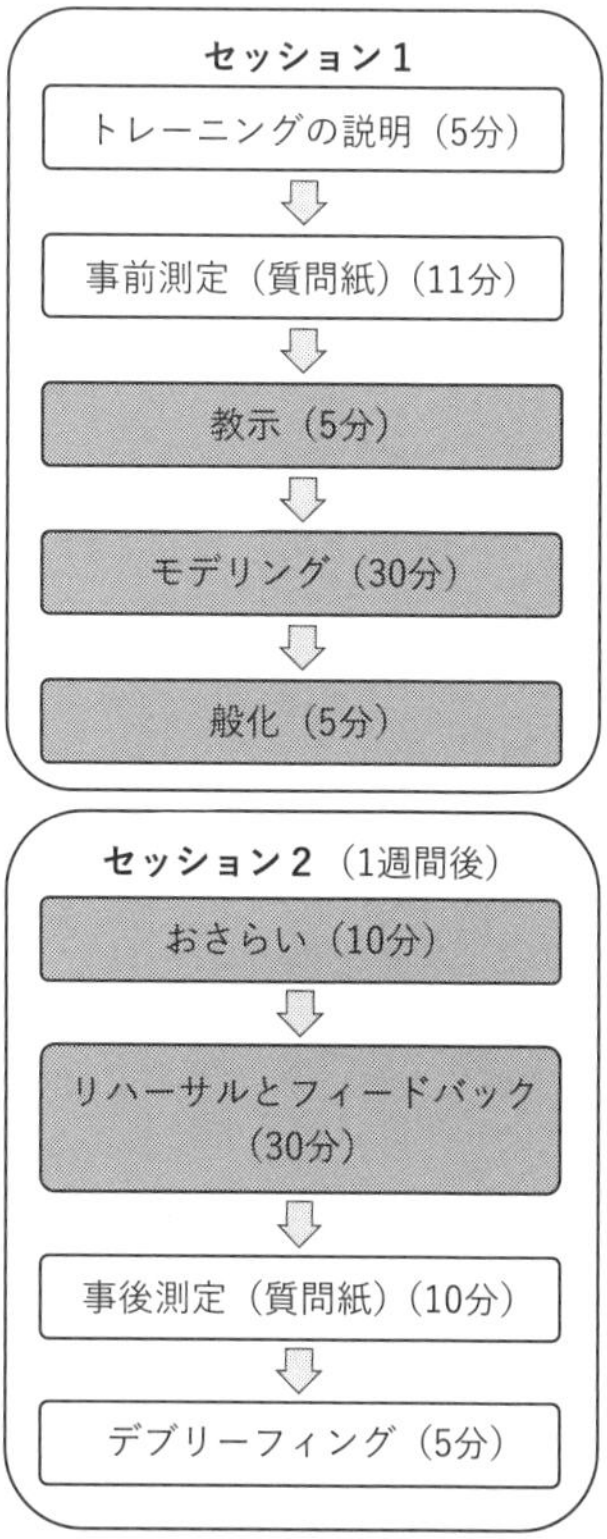

図3－3　恋愛スキルトレーニングの手続き（相羽・松井 2013）

注）網掛けはトレーニング部分を指す。

て、これらの特定された行動をもとに恋愛スキルを向上させるためのトレーニングプログラムを開発しています。図3－3は、トレーニングプログラムの概要です。このプログラムは、ソーシャル・スキルトレーニングを参考に開発され、約1時間のセッションを2回行うことが一つのトレーニングプログラムとなっています。モデリングでは図3－4のような映像を用い、どの行動が好ましいもしくは好ましくないのかについての解説を聞きながら視聴してもらいます。次に、リハーサルでは、いくつかの悩みの場面についてトレーニング参加者同士で男女の役をロールプレイし、良かった点や改善したほうがよい点についてフィードバックを行います。このプログラムを実際に男子大学生12名に実施したところ、限定的な場面ではありますが、どんな行動をすべきかという知識と実際に行う行動スキルが向上するという効果が認められています（相羽・松井 2013）。

また、近年ではこのプログラム以外にも、アメリカの恋愛教育プログラムLove Notes 3.0を日本に導入しようという動きも見られています（泉 2021）。このように、今後は恋愛スキルを向上するスキルトレーニングが日本でも普及することが期待されます。

第4章 相手へののめり込み

古村 健太郎

1．恋愛行動から見た恋愛関係の深まり

他愛もない会話から始まり、徐々に仲良くなり、好きになる。そして、告白をして、交際に至り、さらに親密になっていく。恋愛関係の進展には、多くの人に共通するパターンが見られるようです。松井（1990; 2006）は、大学生を対象とした調査から、恋愛行動の進展は、大きく5段階に分かれることを明らかにしています（図4－1）。

第1段階では、他愛もない友愛的会話から始まり、悩みを打ち明けるなど自己の深い部分へと会話の内容が発展していき、寂しいときに話をするようになります。また、仕事や勉強を手伝ったり、プレゼントをしたりする行動も生じます。その後、第2段階では、用もないのに電話をしたり、デートをしたり、手や腕を組んだりするなど、誰とでもするわけではない特定の対象との排他的な行動が生じます。関係が深まることで意見の対立も生じ始め、口げんかも経験するようになります。第3段階では、キスや抱き合うといった行動が経験され、第4段階ではペッティングや性交を経験するに至り

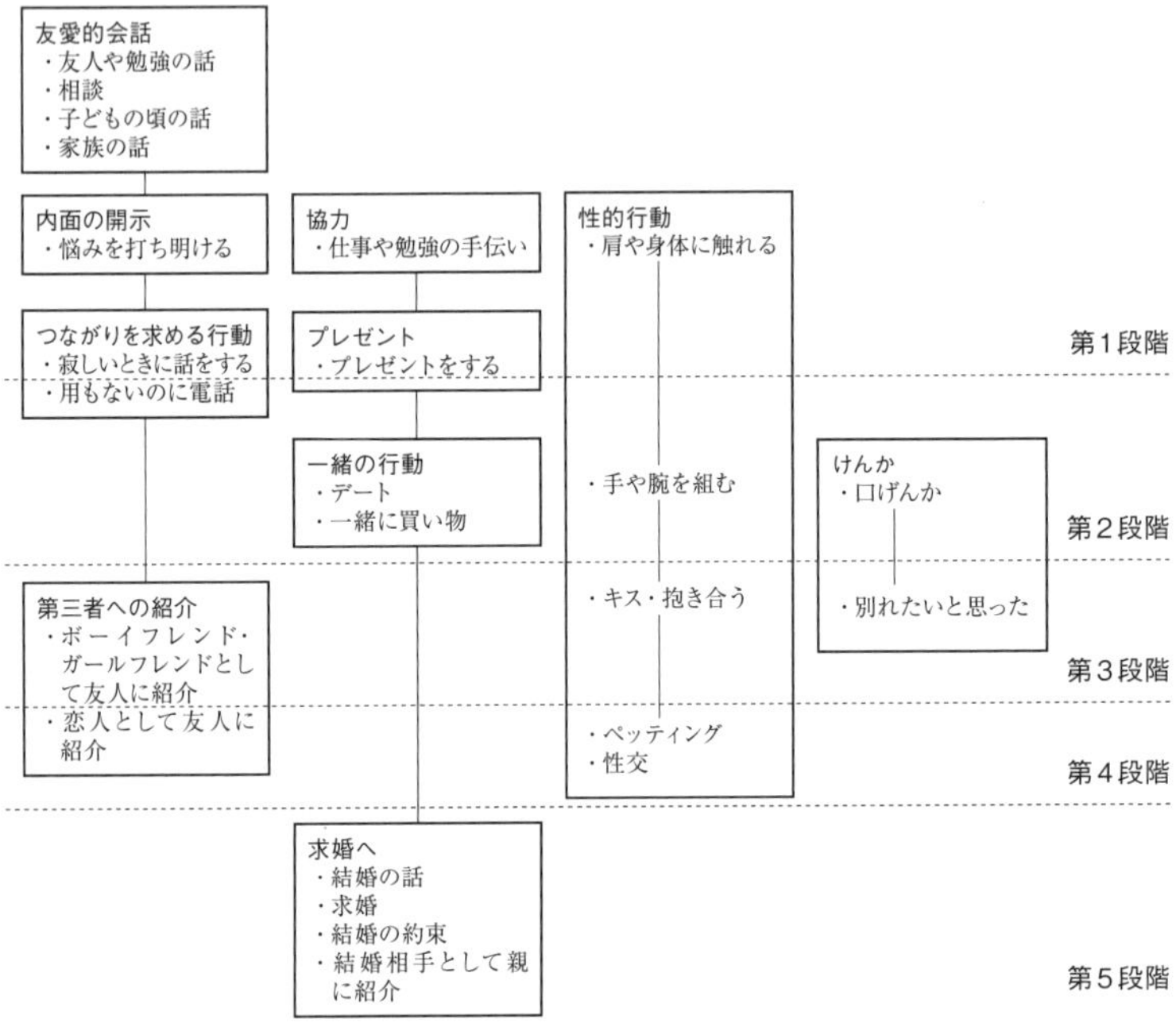

図4−1　恋愛関係の進展の5段階（松井 2006より作成）

ます。そして、第5段階では、結婚を意識した言動がなされます。

このような恋愛行動の進展の5段階は、時代によって変化しているのでしょうか。松井（2006）は、1980年後半と2000年で得られたデータを比較し、寂しいときに話をする、用もないのに電話をする、ペッティング、性交が早い段階で経験されるようになっているものの、全体的な構造に大きな違いはないことを見出しています。また、2010年に大学生を対象とした調査を行った高坂（2014）でも、松井（2006）と同様の進展段階が確認されています。したがって、大学生の恋愛関係の

表4−1　恋愛行動の進展段階と交際期間（高坂 2014より作成）

	交際1〜4カ月	交際5〜8カ月
第1段階	子どもの頃の話をした 友人や勉強の話をした 肩をたたいたり、身体に触れたりした 相談した	個人的な悩みを打ち明けた
第2段階	一緒に買い物や映画に行った 手を握ったり、腕を組んだりした 用もないのに電話やメールをした デートをした	寂しいときに電話やメールをした
第3段階	キスをした 抱き合った	
第4段階		セックスをした 恋人として友人に紹介した

注）高坂（2014）において、各交際期間で経験率が70％を超える恋愛行動を記載した。

進展段階は、時代の変化にかかわらず同様であると考えられます。

では、恋愛行動の進展は、どのくらいのペースで進むのでしょうか。高坂（2014）は、恋愛行動の進展段階の第4段階までは、交際から8カ月程度で多くの人に経験されることを明らかにしました（表4−1）。より詳細に見ていくと、第3段階までの行動は、交際4カ月以内で70％の人に経験されます。また、第4段階の行動であるセックスや恋人として紹介することは、交際8カ月以内で70％の人に経験されるようになります。一方、第5段階の行動は、2人で結婚の話をすることは経験されやすかったのですが、結婚相手として親に紹介するなどの経験率は低くなっていました。大学生の恋愛行動の進展は、第4段階までは比較的短期間で急速に進むものの、第5段階に進むまでには時間がかかるようです。おそらく、経済的な問題や学生であるという背景があるため、大学生にとって結婚が現実的なものではなく、第5段階までは到達しにくいと考えられます。

2. 恋愛関係初期ののめり込み

(1) 熱　愛

交際前や交際初期に、恋人や恋人との関係にのめり込んでいくことを促す要因の一つは、熱愛です。ハットフィールドとスプレッチャー（Hatfield & Sprecher 1986）は、熱愛を「他者との結合を激しく切望する状態」と定義し、熱愛尺度を作成しました（表4－2）。尺度とは、いくつかの質問項目への回答から個人の心理的傾向を測ろうとする道具のことです。熱愛尺度には、相手のことをついつい考えてしまう侵入的思考、相手の理想化、互いに知り合いたいと思う欲求、相手の魅力、相手との関係がうまくいかないときの否定的感情、愛し合いたい欲求、完全な結合への欲求、生理的覚醒、相手の気持ちを見極めようとする行為、相手に尽くすことなどさまざまな項目が含まれています。これらの項目から、熱愛は激しく揺れ動きながら相手に心も体も近づこうとする愛情といえます。

熱愛は、片思いなどの交際前や交際初期に経験されやすく、特定の相手へ近づこうとする行動を支える役割を果たします。たとえば、立脇（2007）は、異性の友人よりも恋人や片思いの相手に熱愛を感じやすいことを明らかにしました（表4－3）。しかし、恋人への熱愛は恋人との関係への満足感を高めていましたが、片思いの相手への熱愛は関係満足度の高さとは関連しないという違いも見られま

表4−2　熱愛尺度の項目（羽成・河野 2013より作成）

項目	要素
もし、○○さんが私から離れていったら，私は絶望するだろう。	うまくいかないときの否定的感情
時々私は自分の思考が思い通りにならないことがある。○○さんのことばかり考えていて。	侵入的思考
○○さんを幸せにするようなことを私がしている時、自分も幸せだと感じる。	相手に尽くすこと
他の誰かといるよりも、私は○○さんと一緒にいたい。	理想化
○○さんが誰かを好きになってしまったことを想像すると、私は嫉妬してしまうだろう。	うまくいかないときの否定的感情
私は、○○さんについて何もかもが知りたい。	知り合いたい欲求
私の肉体も、感清も、精神も、○○さんを求めている。	完全な結合への欲求
○○さんから愛されたいという私の気持ちにはきりがない。	愛し合いたい欲求
私にとって、○○さんは完璧な恋愛相手だ。	理想化
○○さんが私に触れると、私の体が反応するのを感じる。	生理的覚醒
○○さんのことが、いつも私の頭から離れない気がする。	侵入的思考
○○さんには、私の考え、心配ごと、希望など、私のことを知っていてほしい。	知り合いたい欲求
○○さんが私を気にしてくれるのがわかると、私はとても満足した気分になる。	相手の気持ちを見極めようとする行為
私は、○○さんに強く惹かれている。	相手の魅力
○○さんとの関係がうまくいかないと、私はひどく気分が落ち込む。	うまくいかないときの否定的感情

注）羽成・河野（2013）から、短縮版に指定されている項目を抜き出した。要素はHatfield & Sprecher（1986）を参照した。

表4−3　立脇（2007）における熱愛得点と関係満足度との相関

	平均値	関係満足度との相関係数
恋人	3.97	.20
片思い	3.95	.00
異性友人	2.75	-.28

注）立脇（2007）をもとに算出した。

表4－4　金政・大坊（2003）における交際期間別の
熱愛、親密性、コミットメントの得点

	交際短期	交際中期	交際長期
熱愛	6.31	6.77	6.45
親密性	6.40	7.04	7.31
コミットメント	5.54	6.34	6.39

注）得点範囲は1～9点。

した（表4－3）。この結果について立脇（2007）は、相手へ近づきたいという思いを反映した熱愛は、恋愛関係では恋人からの熱愛というかたちで返ってきやすいが、片思いでは一方的なものになってしまい返ってきにくい可能性があることを指摘しています。

また、金政・大坊（2003）は、大学生を対象とした調査から、交際期間によって熱愛の得点が異なるかどうかを検討しました。その結果、熱愛得点は、交際期間の短期、中期、長期で差がありませんでした（表4－4）。この結果から、少なくとも大学生の恋愛関係では、ある程度交際期間が長くなっても熱愛が低下しないといえそうです。しかし、金政・大坊（2003）では、交際期間が長くなると、相手との感情的な結びつきを意味する「親密性」や、関係を続けようとする意思である「コミットメント」が高くなることも明らかにされています。つまり、交際初期では熱愛によってのみ特徴づけられていた恋人との関係は、交際期間が長くなるにつれて熱愛だけでなく、親密性やコミットメントによっても特徴づけられていくのです。

(2) 熱愛を伝える行動

誰かを好きになり、熱愛を体験したとしても、それを行動で示さなければ相手に伝わらない可能性があります。熱愛は、どのような恋愛行動と関連するのでしょうか。

熱愛は、特定の相手に対する接触への抵抗を弱くします。河野・羽成・伊藤（2015）は、大学生を対象に、熱愛の強さと、相手に直接的な接触（握手するなど）や間接的な接触（小さなテーブルで向かい合って話をするなど）を回避しようとする行動との関連を検討しました。その結果、男性の接触回避傾向は、同性友人（16・8点）や異性友人（16・3点）に比べて、熱愛を感じる相手（11・9点）で小さくなっていました。一方、女性の接触回避傾向は、異性友人（21・6点）に比べ、同性友人（12・9点）や熱愛を感じる相手（14・1点）で小さくなっていました。また、男女ともに、熱愛が高いほど、熱愛を感じる相手への接触抵抗が小さくなっていました。人には、自分を守るために親しくない人へ近づくことや接触することを回避しようとする傾向があります。熱愛の強さは、片思いの相手や恋人など特定の相手に対する接触への抵抗を弱めることで、心理的にも身体的にも相手に近づこうとする行動を引き起こしていると考えられます。

また、熱愛は、恋人のために手間をかける行動も引き起こします。山田ら（Yamada, Kito, & Yuki 2017）は、日本人とアメリカ人を対象とした調査から、熱愛の強さが3つの行動を促進することを明らかにしました。一つ目は、恋人への頻繁な連絡や一緒にいる時間を増やすなどの行動です。二つ目は、恋人を他の人よりも優先する行動です。3つ目は、恋人以外の異性との接触を避けようとする行動です。私たちは、恋人との時間以外にも学業や仕事などさまざまなことに時間を費やさなければなりませんし、恋人以外の友人関係も大切にしなければなりません。また、恋人に最も興味をもっていることを恋人に示さなければなりません。そのため、これら3つの行動は、自分の時間や友人関係を犠牲にしてでも恋人との関係を続けようとしていることをアピールし、恋人を自分との関係に引き止めておく行動になります。つまり、熱愛は、自分が相手に近づこうとするだけではなく、相手を自分から離れられなくする行動も引き起こすのです。

(3) 熱愛の文化差

熱愛は、多くの文化に共通すると考えられています。ヤンコヴィヤクとフィッシャー（Jankowiak & Fischer 1992）は、標準比較文化サンプルという文化比較のためのデータベースを用いて、熱愛に関する記述がさまざまな文化圏に共通するかを検討しました。標準比較文化サンプルとは、産業革命以前の社会における186の文化圏の特徴を記述、コーディングしたデータベースです。その結果、東アジアを含む88・5％の文化で熱愛に関する記述が発見され、熱愛がさまざまな文化に共通する普遍性をもつことが明らかにされました。

しかし、熱愛の存在は文化に共通していても、熱愛を感じる程度は文化によって異なるようです。先ほど紹介した山田ら（Yamada, Kito, & Yuki 2017）は日本とアメリカの文化比較を行い、日本はアメリカに比べ、熱愛が低いことを明らかにしています（図4－2）。山田らは、この理由の一つとして、「関係流動性」をあげています。関係流動性とは、社会環境における新たな対人関係の形成や維持、解消の自由度を意味します。関係流動性が高い社会では、人々が出会う機会が多いために、自由に

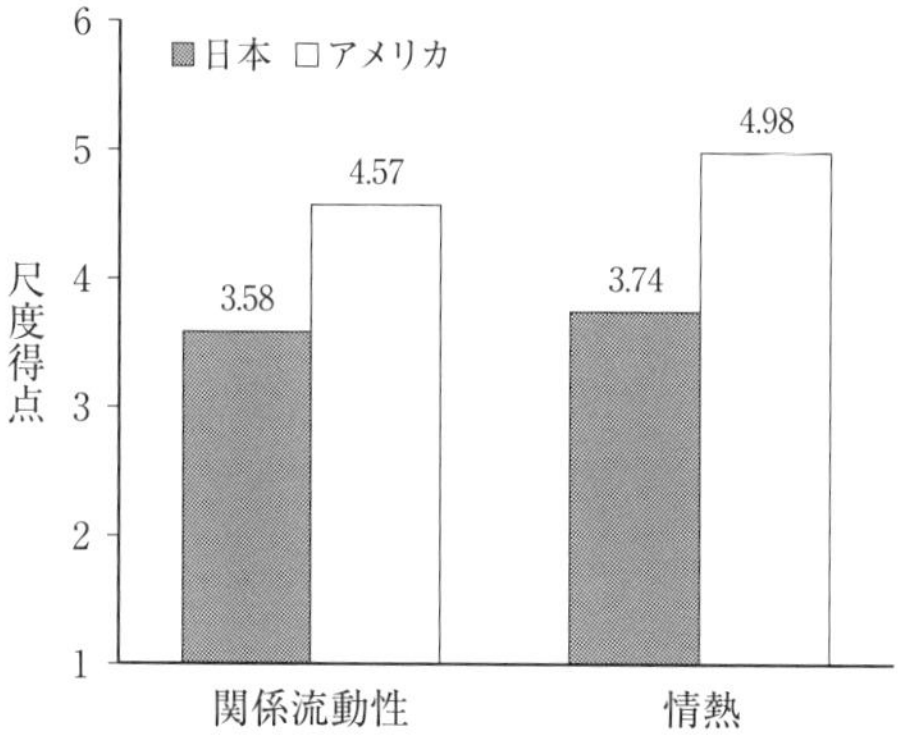

図4−2　日本とアメリカにおける関係流動性と情熱
（Yamada, Kito, & Yuki 2017より作成）

対人関係の形成や解消をしやすくなります。このような社会では、恋愛関係の形成や解消がしやすいため、相手に対して愛情や関係を続ける意思を示す必要があります。一方、関係流動性が低い社会は、人々が出会う機会が少なく、自由に対人関係の形成や解消をしにくくなります。そのため、相手に対して愛情や関係を続ける意思を示す必要があまりありません。実際、山田ら（山田・鬼頭・結城 2015; Yamada, Kito, & Yuki 2017）では、日本はアメリカやカナダに比べて関係流動性が低く、新しい対人関係や恋愛関係を形成する機会が少ないことが報告されています（図4−2）。そのため、日本は熱愛が低くなりやすいとされています。日本は欧米と比べると、そこまで恋人に対してのめり込む文化ではないのかもしれません。

3．恋人と付き合う

熱愛は、恋人や恋人との関係へののめり込みを促していました。しかし、熱愛以外にも、のめり込みを促す要因にはさまざまなものがあります。以下では、交際中の関係に焦点をあて、恋愛関係で生じるさまざまな現象を紹介していきます。

（1）恋愛における勘違い

「付き合っている恋人は、他の人よりも素敵な人だ」。恋愛関係では、多くの人がそのように思うようです。外山（2002）は、大学生の恋愛カップルに対し、「世の中のたいていのカップルに比べて、自分と恋人の関係をどう思うか」と教示し、「親密である」「気が合う」「一緒にいて退屈を感じる」などの特徴について回答を求めました。その結果を図4－3にまとめました。多くの回答者は、親密であるなどのポジティブな特徴について世の中のカップルよりも自分たちのほうがポジティブであると回答し、相手に対して不満を抱くことが多いなどのネガティブな特徴について世の中のカップルよりもネガティブではないと回答しました。また、恋人について「同じ大学に通う一般的（平均的）な異性の大学生と比べてどう思うか」という質問に対しても、同様の回答傾向が示されました。つまり、恋人は周囲の異性よりも素敵な人で、悪いところはあまりないと考えやすい傾向にありました。このような恋人との関係をポジティブに捉える傾向は、「ポジティブ・イリュージョン（positive illusion）」とよばれます。

また、恋人の性格は自分の性格と似ているという勘違いもしやすいようです。中国人のカップルを対象としたリュウら（Liu, Ludeke, & Zettler 2018）は、自分自身の性格評価と恋人の性格評価をする

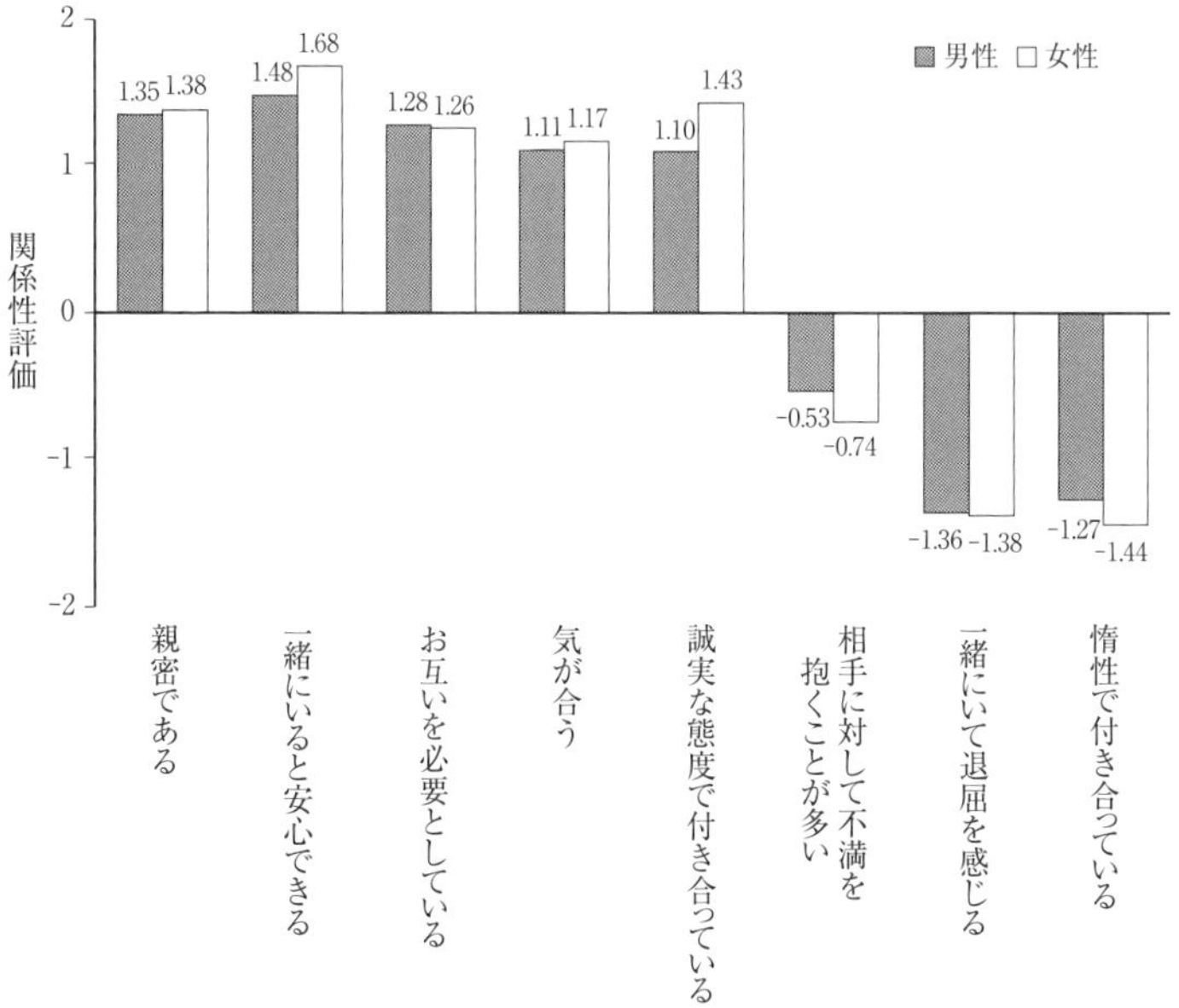

図4−3　恋愛関係におけるポジティブ・イリュージョン

（外山 2002より作成）

注）「世の中のたいていのカップルに比べて、自分と恋人の関係をどう思うか」という質問に対し、項目ごとに「-2＝まったくあてはまらない」、「-1＝あまりあてはまらない」、「0＝どちらともいえない」、「1＝かなりあてはまる」、「2＝非常にあてはまる」から選択。ポジティブな項目に対し正の得点、あるいは、ネガティブな項目に対し負の得点であれば、ポジティブ・イリュージョンが生じている。

調査をしました。もしも、恋人同士が似た性格をしているならば、自分自身の性格評価と恋人自身による恋人の性格評価の関連は強くなるはずです。しかし、カップルそれぞれの自分自身の性格評価の間には弱い関連しか示されませんでした。むしろ、関連していたのは、自分の性格評価と自分が行った恋人の性格評価でした。つまり、恋人同士は実際に性格が似ているのではなく、性格が似ていると思い込んでいる傾向を示したのです。このように恋人と自分のことを似ていると評価したり、好ましく認知したりするなど、人が自分の望ましいように物事を捉える傾向は「動機づけられた認知（motivated cognition）」とよばれます。

ポジティブ・イリュージョンや動機づけられた認知のように、恋人や恋人との関係についてポジティブに評価していくことは、結果として、恋人が特別な存在であると評価することに結びつきます。このように恋人を特別だと評価することを、相馬・浦（2009）は、「恋愛関係における特別観」と名づけました。恋愛関係における特別観が強くなると、恋人との関係にさらにのめり込んでいきます。たとえば、相馬・浦（2009）は、特別観が強いほど恋人以外の人からつらいときに慰めてもらったり、困ったときに手助けしたもらったりするなどのソーシャルサポートを得ることに抵抗を感じやすくなることを示しています。このように、恋人を特別だと思う人ほど、恋人だけからソーシャルサポートを得やすくなり、２人だけの関係へとのめり込んでいく傾向があります。

(2) 相互依存性の高まり

交際が続き、関係が深くなると、私たちの生活の大部分は恋人の存在に影響を受けるようになってきます。たとえば、恋人がいない場合は、休日にどのように過ごすかを自分だけで決めることができます。一方、恋人がいる場合は、休日をどのように過ごすかを自分だけではなく、恋人のことも考えながら決めなければなりません。関係が深くなったり、一緒に暮らすようになったりすると、その影響はより強くなります。このように、他者から何らかの影響を受けていることを「依存」とよび、恋人同士が互いに影響を与え合っている状態を「相互依存」とよびます。

恋人への依存は、さまざまな側面で見られます。最初は「デートができる」や「セックスができる」といった側面での依存かもしれませんが、関係が深くなり恋人が特別な存在になれば「一緒にいると安心する」といった側面での依存になるでしょう。恋人への依存が強くなるほど、関係からは離れられなくなり、恋人へのめり込み、関係を維持しようとより思うようになります。

恋人への依存が強くなるにつれて関係を維持しようとする気持ちが強くなることを表した心理学のモデルとして、投資モデル（Rusbult 1983）があります。投資モデルでは、恋人への依存を関係満足度の高さ、代替選択肢の質の低さ、投資量の多さによって捉えます。関係満足度は、どれだけ関係に満足しているかを表します。恋人との関係でどれだけポジティブな経験をしているかと言い換えることもできます。代替選択肢の質は、恋人の替わりになる存在があるかどうかを表します。恋人以外の魅力的な恋人候補だけではなく、仕事や趣味なども代替選択肢になります。投資量は、恋人に費やした時間や資源を表します。投資モデルでは、関係満足度が高く、代替選択肢の質が低く、投資量が多い人が恋人への依存が高くなり、恋人との関係を続けようとする意思や動機づけであるコミットメントが強くなります（図4-4）。たとえば、恋人といることが楽しく（関係満足度が高い）、恋人と一緒にいるほど楽しい経験をできる機会は他になく（代替選択肢の質が低い）、恋人にたくさんの時間や労力を費やした（投資量が多い）場合、恋人の関係を維持したいと強く思うようになります（この状態をコ

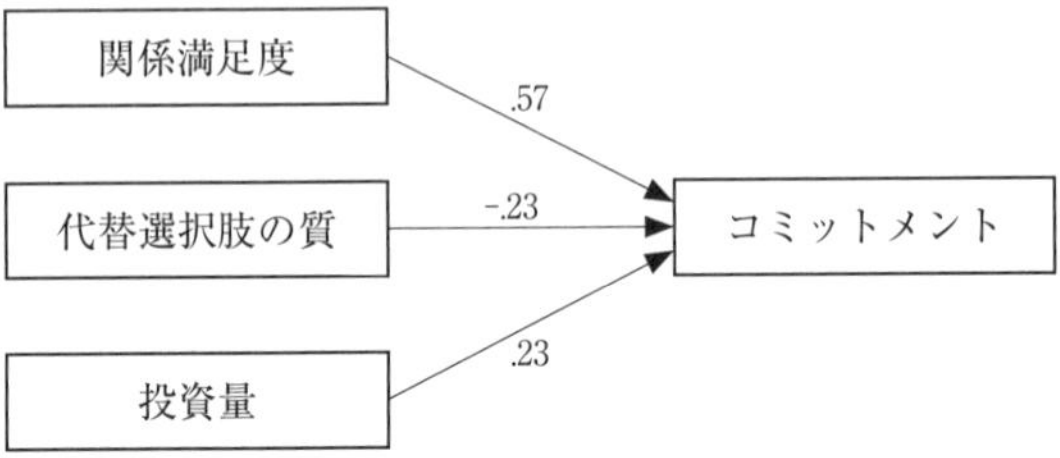

図4−4　投資モデル（古村・仲嶺・松井 2013より作成）

注）図中の数値は古村・仲嶺・松井（2013）の重回帰分析で得られた関連を表す。関係満足度の高さ、代替選択肢の質の低さ、投資量の高さがコミットメントを強めることを表している。

ミットメントが強いと表現します）。反対に、恋人に不満をもっており、恋人といるよりも趣味をしていたほうが楽しく、恋人との関係にあまり時間も労力も使っていない人は、それほど関係を続けたいと思わないでしょう。

(3) 恋人へのはまり込み

投資モデルでは、恋人への依存の高さがコミットメントを強めていました。では、恋人との関係には不満をもっているが（関係満足度が低い）、恋人の替わりになるような人もおらず（代替選択肢の質が低い）、関係にたくさんの時間を費やしている（投資量が多い）場合、コミットメントはどうなるでしょうか。この場合も、コミットメントは強くなります。しかし、どちらかといえば、「いまさら別れられない」や「付き合い続けるしかない」といった、いわば関係から離れられなくなるコミットメントになります。つまり、コミットメントには、積極的に関係を続けようとするコミットメントと消極的に関係を続けようとするコミットメントが存在するのです。

古村（2014）は、このようなコミットメントの違いを「接近コミットメント」と「回避コミットメント」に区別しました（図4－5）。接近コミットメントは、関係を継続することによって生じる良いことを経験しようとして積極的に関係を続けようとするコミットメントです。一方、回避コミットメントとは、恋人と別れたときに生じる悪いことを避けようとするコミットメントです。恋人がいる大学生を対象とした古村（2016）では、接近コミットメントの得点が高く、回避コミットメントの得点はやや低めでした。大学生の恋愛関係は、主に接近コミットメントによって維持されていることが推察されます。

また、もしも接近コミットメントが低くなった場合には、回避コミットメントの働きが強くなり、関係が維持されるようです。古村（2016）では、接近コミットメントや回避コミットメントと抑うつ症状との関連も検討されました。その結果、恋人に対する接近コミットメントが高い場合には、恋人に対する回避コミットメントと精神的不健康は関連しませんでした。一方、接近コミットメントが低い場合には、回避コミットメントが高いほど精神的不健康が高くなっていました。この結果から、接近コミットメントが低くなった場合にのみ回避コミットメントの働きが強くなることで関係が維持されるものの、そのことで精神的に不健康になってしまうことが考えられます。別れられないという気持ちは恋人との関係をつなぎ止めますが、その気持ちだけで恋愛関係が続くことは、恋人たちにとってあまり良くない状態といえそうです。

接近コミットメント
○○さんはこれからも私を大切にしてくれるから
これからも○○さんとたくさんの思い出を作りたいから
困ったときに相談に乗ってくれたり助けたりしてくれるから
○○さんがいることでつらい時でも前向きになれるから
○○さんとならば本音で話をすることができるから
○○さんは私との時間を大切にしてくれるから
○○さんと付き合っていると自分を成長させることができるから
○○さんは私が知らないことを教えてくれるから
○○さんと付き合うことでもっと素敵な女性（男性）になりたいから

回避コミットメント
別れると○○さんに申し訳ないから
別れてしまったら○○さんを傷つけてしまいそうだから
別れるためには多くの苦労を必要とするから
別れた後○○さんとの関わりが全くなくなってしまいそうだから
○○さんとの交際を続けることに義務を感じるから
今まで○○さんとの関係に費やしてきた時間や努力を無駄にしたくないから
恋人がいないのは寂しいから
○○さんと別れても代わりになる人を見つける自信がないから
○○さんと別れると一人になってしまうから

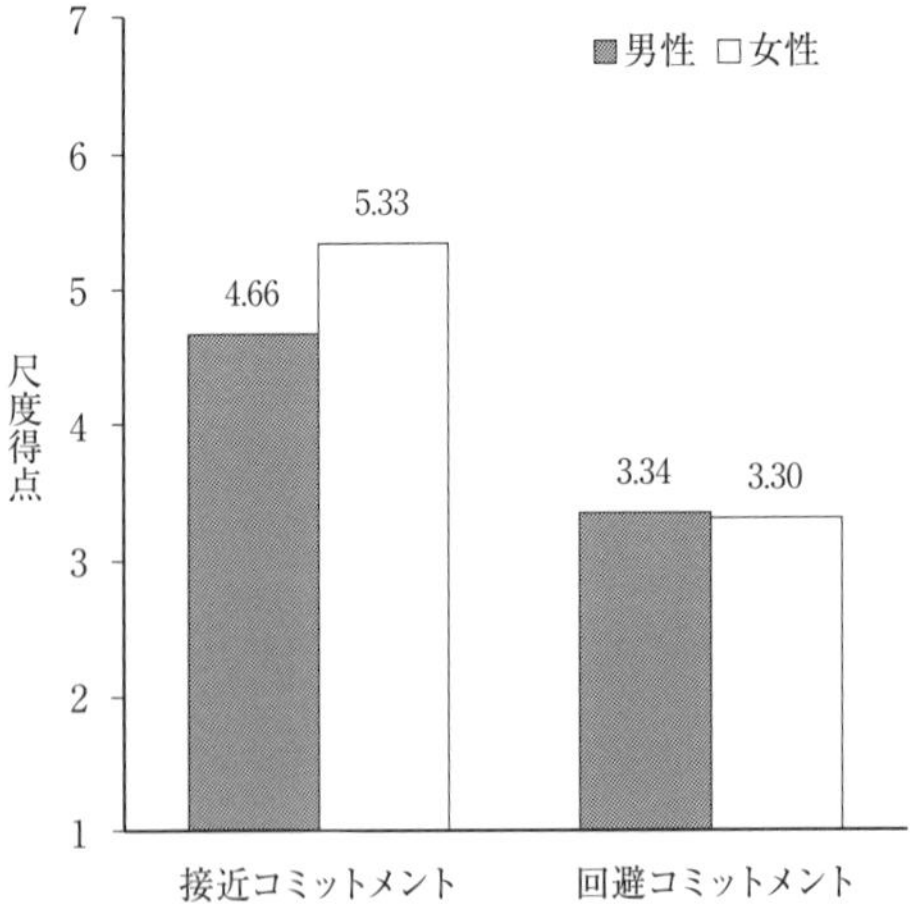

図4−5　接近コミットメントおよび回避コミットメントの項目と男女別の平均値（古村 2014; 2016より作成）

4．おわりに

交際前の熱愛や交際中のポジティブ・イリュージョンや動機づけられた認知、それによって生じる特別感など、恋愛関係には恋人にのめり込むことを引き起こす仕組みが多く存在します。そして、恋人にのめり込むことで恋人が特別になり、関係をさらに続けたいと思うようになっていきます。関係にのめり込むことによって、恋人たちは自分たちの恋愛関係を、つらいときに避難する場所にしたり、困難に立ち向かうための基地にしたりしながら、社会に適応していきます。すなわち、恋人へののめり込みは、恋愛関係が社会適応の基盤として働くための第一歩になると考えられます。一方で、恋人へののめり込みは、別れたくても別れられないという苦しみを生む可能性もあります。このような苦しみは、恋人たちの社会適応を阻害してしまうかもしれません。恋人へののめり込みが良いものになるか、悪いものになるかの分かれ道には、さまざまな現象が存在します。そこに恋愛関係にかかわる現象の興味深さがあるのかもしれません。

第5章　失恋

古村健太郎

1．失恋がもたらす影響

失恋はつらい経験です。恋人と別れることによって失うものは恋人だけではなく，自分がどんな人なのか，自分は誰なのかという自己意識すら曖昧になってしまいます（Slotter, Gardner, & Finkel 2009）。また，海外の大規模調査では，失恋が過度なアルコール摂取，薬物摂取，喫煙など不健康な行動を引き起こすことが報告されています（Fleming et al. 2010）。これらのことから，失恋が与える影響は大きく，多岐にわたることがわかります。

さらに，失恋はいくつかの社会問題とも関連します。厚生労働省による令和元年中における自殺の報告（厚生労働省 2020）において，失恋が原因と推定される自殺は，女子高校生で約10％，男子高校生で約4％，男子大学生および専修学校生で約5％，女子大学生および専修学校生で約5％，10～20歳台の男性有職者で約8％，10～20歳台の女性有職者で約10％でした。自殺はさまざまな原因が連鎖して生じるため，失恋だけが原因ではなく，学業の問題や仕事の問題などの原因が複合的にかかわっていると考えられます。しかし、失恋が自殺の一つの原因になりえることは、失恋の影響の大きさを示しています。

また、失恋はストーキングとも関連します。内閣府男女共同参画局（2021）による全国の20歳以上を対象とした調査では、ストーキング加害者との関係を元交際相手および交際相手と答えた被害者は約30％でした。また、警察への相談件数の報告（警察庁 2021）でも、加害者との関係が元交際相手および交際相手である被害者は、過去5年間で約40～50％でした。これらのデータでは、現在交際している相手と元交際相手とが一緒にされていますが、失恋は時としてストーキング加害や被害も引き起こしてしまう可能性があることがうかがえます。なお、ストーキング行為については、第7章で紹介しています。

2. 失恋からの立ち直り

失恋にとらわれ続ける人もいれば、比較的早く失恋を受け止め、立ち直る人もいます。失恋からはどのような過程で立ち直っていくのでしょうか。

山下・坂田（2008）は大学生を対象に、中学生以降の最もつらかった失恋の経験について調査を行いました。そして、失恋後の行動や感情が「傷つき」「未練」「失望」「希望」の4つに分けられることを明らかにしました（表5－1）。「傷つき」は、失恋に直面し、悲しかった、苦しかったなど

表5−1　山下・坂田（2008）における失恋後の行動の分類

傷つき	
苦しかった	胸が締め付けられた
悲しかった	全てが失われた気がした
未練	
楽しい出来事を思い出した	思い出の場所へでかけた
関係が戻ると思った	相手の人を思い出した
思い出の品を眺めた	連絡を取ろうとした
失恋後，相手の人を愛した	相手の人と会おうとした
悔やんだ	
失望	
相手の人を恨んだ	相手のことを考えると嫌だった
幻滅した	忘れてしまおうと思った
悪口を言った	他の異性を好きになった
愚痴を言った	
希望	
成長に役立つと思えるようになった	肯定的に捉えられるようになった
失恋の良い面を見つけられるようになった	自分を磨く努力ができるようになった
何かを学んだと思えるようになった	

のショックを受ける行動や感情です。「未練」は、失恋した相手との楽しい出来事を思い出したり、相手の人と会おうとしたりするなどの行動や感情です。ふと相手のことを考えてしまい、相手に近づいたり、復縁したいと思ったりする状態といえます。「失望」は、相手の人を恨んだ、幻滅した、相手の悪口を言った、他の異性を好きになったなどの行動や感情です。失恋した相手に対する怒りや失望が生じ、相手から気持ちが離れていく状態といえます。最後に「希望」は、失恋の良い面を見つけられるようになった、肯定的に捉えられるようになったなどの行動や感情です。失恋を前向きに捉えられるようになった状態といえます。これらの行動について、山下・坂田（2008）は「傷つき」「未練」「失望」「希望」の順に経験されやすいと指摘しました。

同様の結果は、18歳から29歳を対象とした古

表5-2　古村ほか（2019）における失恋後の反応の段階

	第1段階	第2段階	第3段階
ひどく悲しかった	**3.97**	2.82	1.77
とても苦しかった	**3.92**	2.68	1.65
胸が締めつけられる思いがした	**3.77**	2.77	1.63
ああすれば、こうすればよかったと後悔した	**3.55**	2.55	1.65
気がつくといつもその人のことを考えていた	**3.55**	2.37	1.39
何に対してもやる気をなくした	**3.47**	2.33	1.25
本当に元に戻れないとわかり、絶望的な気持ちになった	**3.43**	2.13	1.17
その人とのよりを戻したいと思った	**3.31**	2.26	1.19
別れたことが信じられなかった	**3.25**	2.07	1.33
別れたことをとても悔やんだ	**3.17**	2.18	1.21
泣いて過ごすことが多かった	**3.13**	2.04	1.25
言われたことに現実感がわかなかった	**3.07**	2.28	1.47
自暴自棄になった	**3.07**	2.13	1.18
食欲がなくなった	2.99	2.13	1.30
思い出しても以前ほど悲しくならなくなった	2.39	2.77	**3.16**
もう元に戻らないと割り切ることができるようになった	2.28	2.72	**3.13**
これでよかったかなと感じられるようになった	2.11	2.72	**3.05**
もうやり直したいとは思わなくなった	1.96	2.51	**3.20**
失恋を肯定的に捉えられるようになった	1.94	2.45	2.52
以前より前向きな気持ちになった	1.92	2.40	2.63
ほとんど思い出さなくなった	1.61	2.07	2.74

注）古村ほか（2019）のデータから項目を抜粋し、平均値を算出した。得点の範囲は1～4点である。わかりやすくするため、平均値が3点以上の場合は太字にしている。

村ほか（2019）でも示されました。この調査では、1年以内に恋人に振られた人が、失恋後にどのような認知や感情、行動を、どのような順序で経験するのかについて検討されました。その結果、失恋後の反応は3つの段階に分けられました。表5－2は、各段階における失恋後の反応の平均値を示しています。平均値から、各段階を以下のように解釈できます。失恋直後の第1段階は、つらさや悲しさといった否定的感情、食欲不振や不眠などの身体症状と生活の乱れ、相手とよりを戻したいなどの復縁願望など多様な反応を経験しやすくなっています。したがって、第

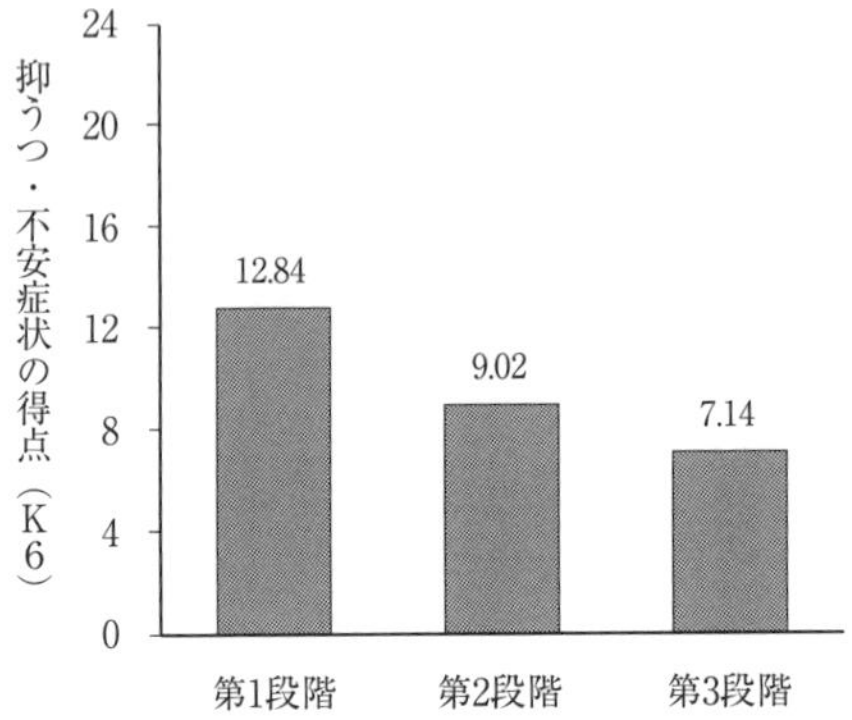

図5－1　失恋後の反応段階ごとの抑うつ・不安症状の得点
（古村ほか 2019より作成）

注）抑うつ・不安症状はK6（Furukawa et al. 2008）で測定した。

1段階は、心身の苦痛を強く経験しながら、相手への未練を感じている状態です。第2段階は、第1段階で生じた反応を経験しにくくなるとともに、新しい恋人が欲しくなったり、失恋を受け止めたり、次の恋愛へと進んだりするような反応が生じ始める状態です。第3段階は、失恋直後の苦痛や未練をほとんど感じなくなるとともに、失恋を受け止め、肯定的に捉えられるようになるなど失恋に対する前向きな反応が多くなっている、失恋から立ち直り始めた段階です。

第1段階から第3段階までの抑うつ・不安症状を比較すると、その症状は第1段階、第2段階、第3段階の順に高くなっていました（図5－1）。抑うつ・不安症状の測定に用いられた尺度であるK6（Furukawa et al. 2008）では、5～8点が心理的ストレス反応の疑いあり、9～12点が気分・不安障害の疑いありと判断されます。抑うつ・不安症状の平均値は、第1段階で12・8点、第2段階で9・0点であり、気分・不安障害に相当する高さでした。第3段階の平均値も7・1点であり、強い心理的ストレス反応が生じています。第3段階は失恋から立ち直りつつあるものの、まだその痛手は十分に癒されていない状態と考えられるでしょう。

山下・坂田（2008）や古村ほか（2019）の結果から、失恋後の反応は以下のような変化をたどるとまとめられます。まず、①苦しかった、悲しかったといった苦痛や否定的感情を強く感じたり、未練から失恋した相手に感情的あるいは物理的に近づこうとしたりします。その後、②相手への怒りや失望を感じることで相手に近づこうとする気持ちや行動は減り、むしろ相手から離れようとします。そして、最終的に、③失恋をさまざまな視点から捉え、受け止め、前向きに考えることができるようになります。

失恋後の反応の変化は、どの程度の時間経過によって生じるのでしょうか。古村ほか（2019）における各段階の失恋からの経過期間は、第1段階では平均5・4カ月、第2段階では平均5・8カ月、第3段階では平均6・6カ月でした。大学生に調査を行った加藤（2005）では、失恋からの回復期間が、恋人と別れた人たちで6・0カ月、片思いが成就しなかった人たちで5・5カ月でした。また、加藤（2005）の調査対象者の約4割は、4カ月以内に失恋から回復したと回答していました（加藤2006）。古村ほか（2019）と加藤（2005）の結果からは、6カ月程度の期間で、失恋から立ち直る段階に至ると考えられます。

ただし、失恋後の反応の変化を全員が同じようにたどるわけではありません。あくまで平均して

6カ月程度ですので、もっと短い期間で失恋を前向きに捉えることができるようになる人もいれば、ずっと未練をもち続けている人もいるはずです。個人差があることには注意が必要です。

3．失恋からの立ち直りを早める要因、遅らせる要因

失恋後の反応の変化が早かったり、遅かったりする個人差には、どのような要因がかかわっているのでしょうか。以下では、サポートネットワーク、別れる際の態度、新しい恋愛経験に注目していきます。

(1) サポートネットワーク

サポートネットワークとは、つらいときに慰めてくれるなどの情緒的サポートや、困ったときに問題解決を手伝ってくれるなどの道具的サポートを提供してくれる人々とのつながりのことです。先ほど紹介した山下・坂田（2008）では、失恋からの立ち直りが、誰からサポートを得たかによって違うのかも検討されました。その結果、大きく二つの結果が得られました。第1に、情緒的サポートを得るためのサポートネットワークは、同性友人型と多様型に分けられました（図5－2のⒶ）。同性友人型とは、同性友人からのサポート得点が高く、他の人からのサポート得点が低い人たちです。つまりサポートを得る人が同性友人に集中している人たちです。一方、多様型とは、さまざまな人からサ

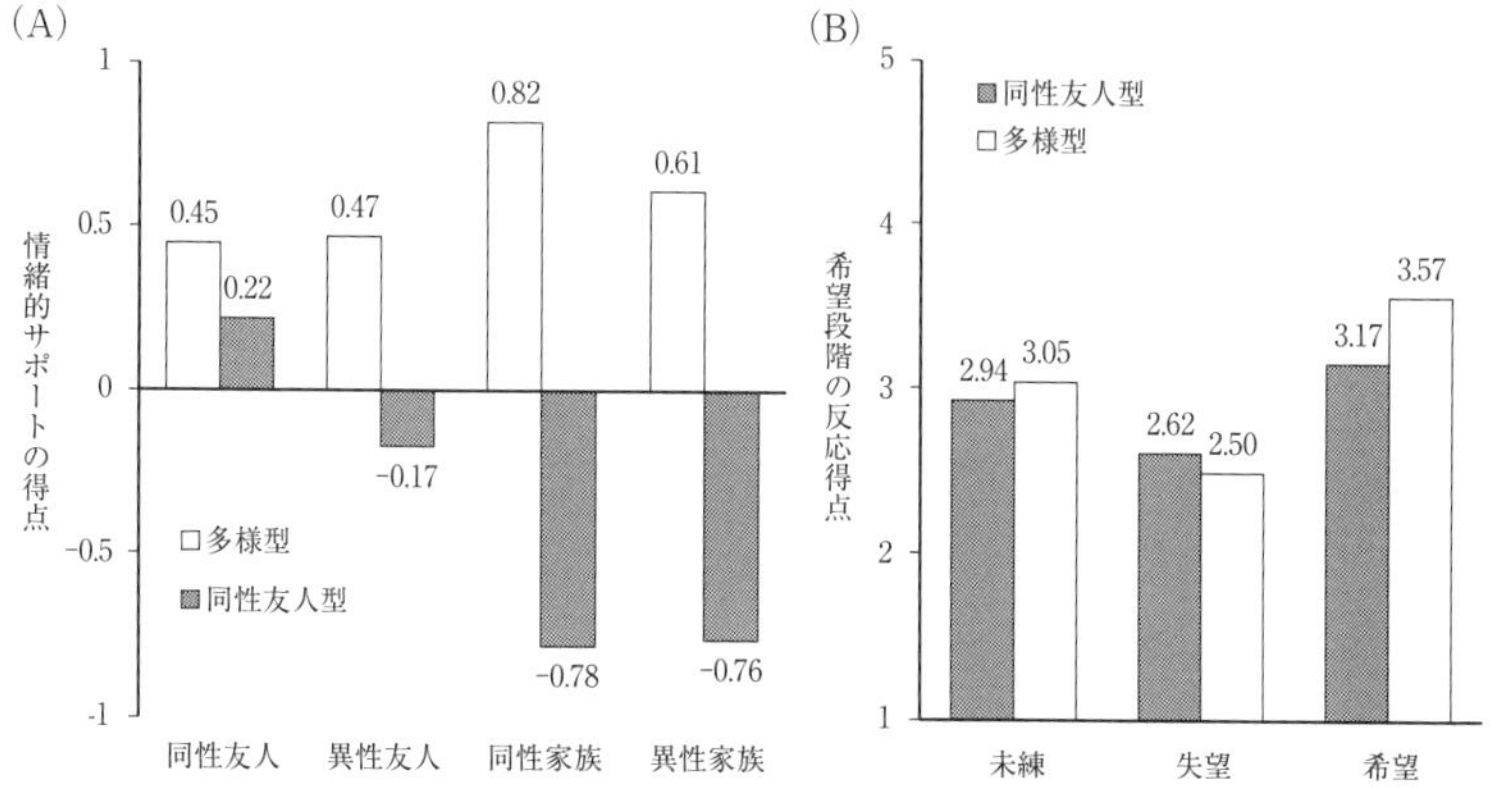

図5−2　情緒的サポートを得るためのサポートネットワークおよび失恋後の希望段階の反応の違い（山下・坂田 2008より作成）

注）(A)はサポートネットワークごとの情緒的サポート得点。正の値は平均よりも高いことを示し、負の値は平均よりも低いことを示す。(B)は、サポートネットワークごとの希望段階の反応の得点。

ポートを得ることができる人たちです。第2に、さまざまな人から情緒的サポートを得ることができるサポートネットワークを形成している人は、同性友人のみから情緒的サポートを得ている人よりも、失恋から立ち直りやすいことが示唆されました（図5－2の(B)）。

古村ほか（2019）は、失恋後に恋人からサポートを得ようとし続けることによって、失恋後の反応が変化しにくくなるかを検討しました。交際中であれば、恋人同士は互いに困ったことがあったり、ストレスを感じたりしたときにサポートを求め合い、サポートを提供し合うことができます。しかし、恋人と別れてしまった場合、恋人からのサポートを求めたくても求めることはできません。このような状況でも恋人にサポートを求め続けてしまう人は、失恋後の立ち直りが遅くなる可能性があります。古村ほか

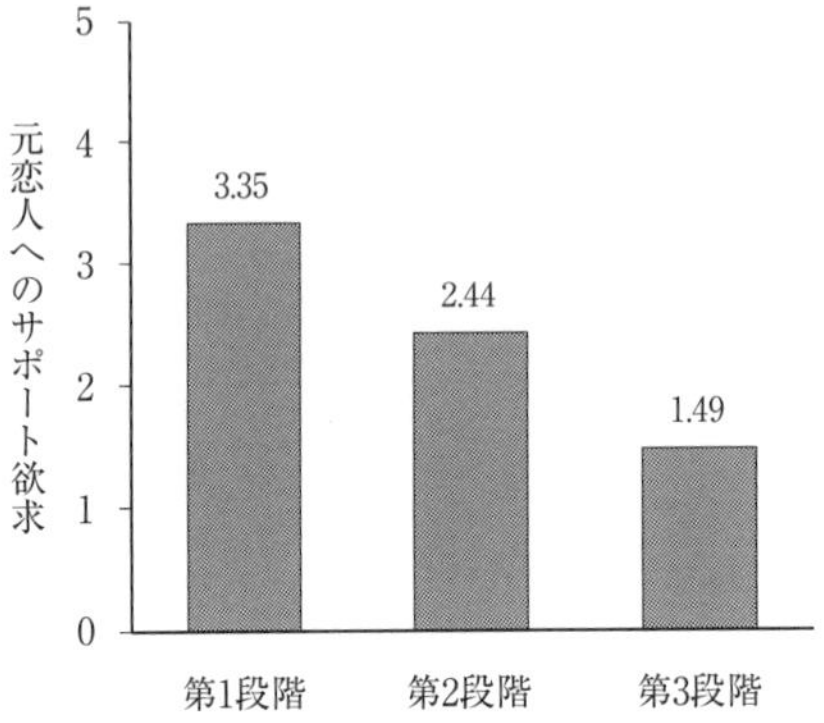

図5−3　失恋後の反応段階ごとの元恋人にサポートを求める欲求
（古村ほか 2019より作成）
注）得点の範囲は0〜5点。

（2019）において、失恋後の反応段階ごとに恋人にサポート求めたいと思う欲求の得点を比較すると、第1段階が最も高く、次に第2段階が高く、第3段階が最も低くなっていました（図5−3）。つまり、失恋から立ち直っていない段階の人ほど恋人からのサポートを求めたいと思いやすく、失恋から立ち直っている段階の人ほど恋人からのサポートを求めたいと思っていなかったのです。この結果から、失恋相手から他の人へとサポートを求める相手を切り替えられる場合に、失恋からの立ち直りを早くすると考えられます。

（2）別れる際のやりとり

別れる際に、相手とどのように別れ話をするのかも、失恋からの立ち直りに影響します。和田（2000）は、失恋経験のある大学生を対象に、別れる際の対処行動について検討しました。別れる際の対処行動は、説得したり解決するまで話し合いをするなどの「説得・話し合い」、自分の考えを抑えて相手の考えに沿うように振る舞う「消極受容」、相手を無視したり、相手と会わないようにしたりする「回避・逃走」に分類されました。

和田（2000）はさらに、これらの行動と失恋後の反応との関連も検討しました。その結果、「消極受容」の多さが、男女ともに後悔や悲痛の高さと関連し、女性では未練の高さとも関連していました。別れ話の際に、自分の考えや気持ちを抑え、相手に合わせてしまうことにより、納得できないまま別れを受け入れなければならなくなり、後悔や悲痛を強めてしまうのでしょう。また、男性では、「説得・話し合い」や「回避・逃避」も、失恋後の反応と関連しました。「説得・話し合い」は、失恋に向き合いながら自分の考えを伝え解決策を見出そうとする行動です。一方、「回避・逃避」は、失恋に積極的に向き合わない行動です。男性は、失恋に向き合っても向き合わなくても、苦痛や後悔、未練を感じやすいといえそうです。この結果は、男性のほうが失恋の影響を受けやすいことを示しています。和田（2000）は、男性が失恋の影響を受けやすいことには男性役割が影響している可能性があることを指摘しています。

牧野（2013）は、大学生を対象に、恋人から別れ話をされた際の行動について検討し、大きく6つの行動がとられやすいことを明らかにしました。第1は、別れを考え直すように懇願したり、別れの原因となる問題を解決しようとしたりする「関係維持懇願」です。第2は、互いが満足のいくように話し合うなどの「説得・話し合い」です。第3は、相手に怒りをぶつけるなどの「恋人非難」です。第4は、相手の望みどおりにするなどの「譲歩・受容」です。第5は、相手が喜ぶことをしようとす

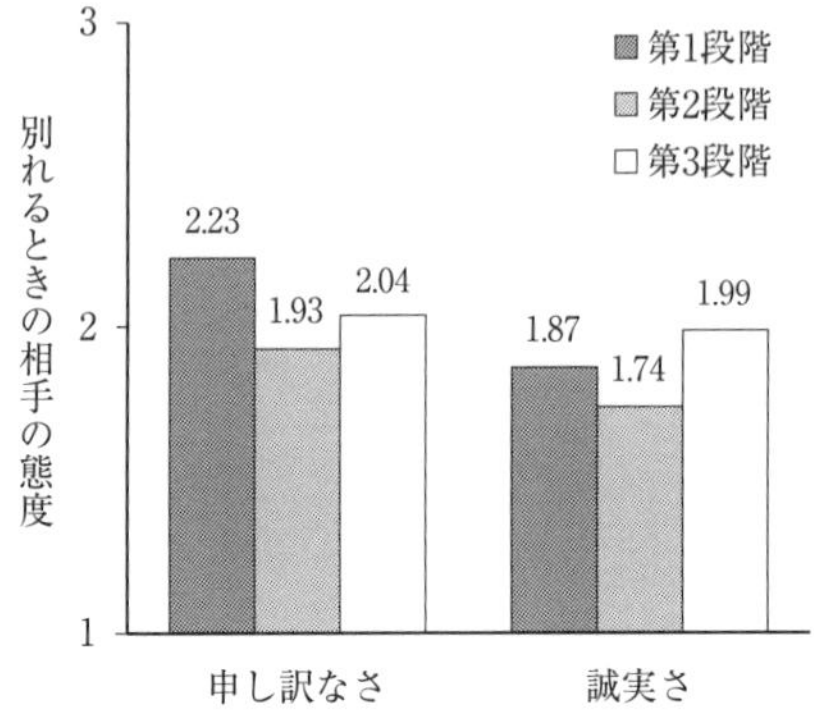

図5−4　失恋後の反応段階ごとの、別れる際の相手の態度
（古村ほか 2019より作成）
注）得点の範囲は1〜3点。

るなどの「恋人高揚」です。第6は、しばらく距離を置くことを提案するなどの「遅延」です。これらの行動のうち、「関係維持懇願」を行うほど、恋人と別れずに関係が修復されていました。相手との別れ話になったときに、素直に別れたくないことを伝えることが、別れを避けることにつながりそうです。ただし、別れを避けることが良いこととは限りません。「関係維持懇願」が本当に良い行動なのかどうかは、より長期的な調査で検討する必要があります。

和田（2000）や牧野（2013）は、別れ話でどのような行動をするかに注目しました。それに対し、古村ほか（2019）は、別れる際に相手がどのような態度をとったと感じたのかに注目しました。その結果を図5－4にまとめました。別れを切り出された際に、相手が申し訳なさそうにしていたり、相手が悲しそうに泣いたりしていたと感じた場合、失恋直後の苦痛や未練を感じ続けやすくなっていました。別れを切り出す側は、相手に対し罪悪感や自責の念を感じやすく、別れ話の際にそれらの感情を表しやすいと考えられます。しかし、罪悪感や自責の念が相手に伝わってしまった場合、別れを切り出された側は復縁可能性や相手からの好意を感じ取ってしまい、未練が続いてしまうのでしょう。

また、相手が真剣に話をしたり、自分の話を聞いてくれたりしたと感じた場合、失恋を前向きに捉えやすくなっていました。スプレッチャーら（Sprecher, Zimmerman, & Abrahams 2010）は、別れる際に考えを伝え合うことや相手に共感を示すことで、相手に対する思いやりを伝えることができ、互いに苦痛を感じにくくなることを明らかにしています。別れを切り出す側の真剣で誠実な態度によって、別れた相手は苦痛を感じずに失恋に向き合うことができる状態になり、別れた相手が失恋を前向きに捉えられるようになるのでしょう。

以上から、別れ話の際に、罪悪感や悲しさをあまり前面に出さず、自分と相手の考えをしっかりと伝え合うことが、自分にとっても相手にとっても、失恋からの立ち直りを後押ししてくれると考えられます。しかし、考えを伝え合うことがどのように失恋からの立ち直りにかかわるのかについては、まだ十分に明らかにされていません。これらの過程を検討することは、失恋という大きなストレスを乗り越えることや、ストーカーの加害や被害を予防することに貢献するはずです。

(3) 新しい恋愛経験

「失恋を忘れるには新しい恋」といわれることがあります。中山・橋本・吉田（2017）は、大学生

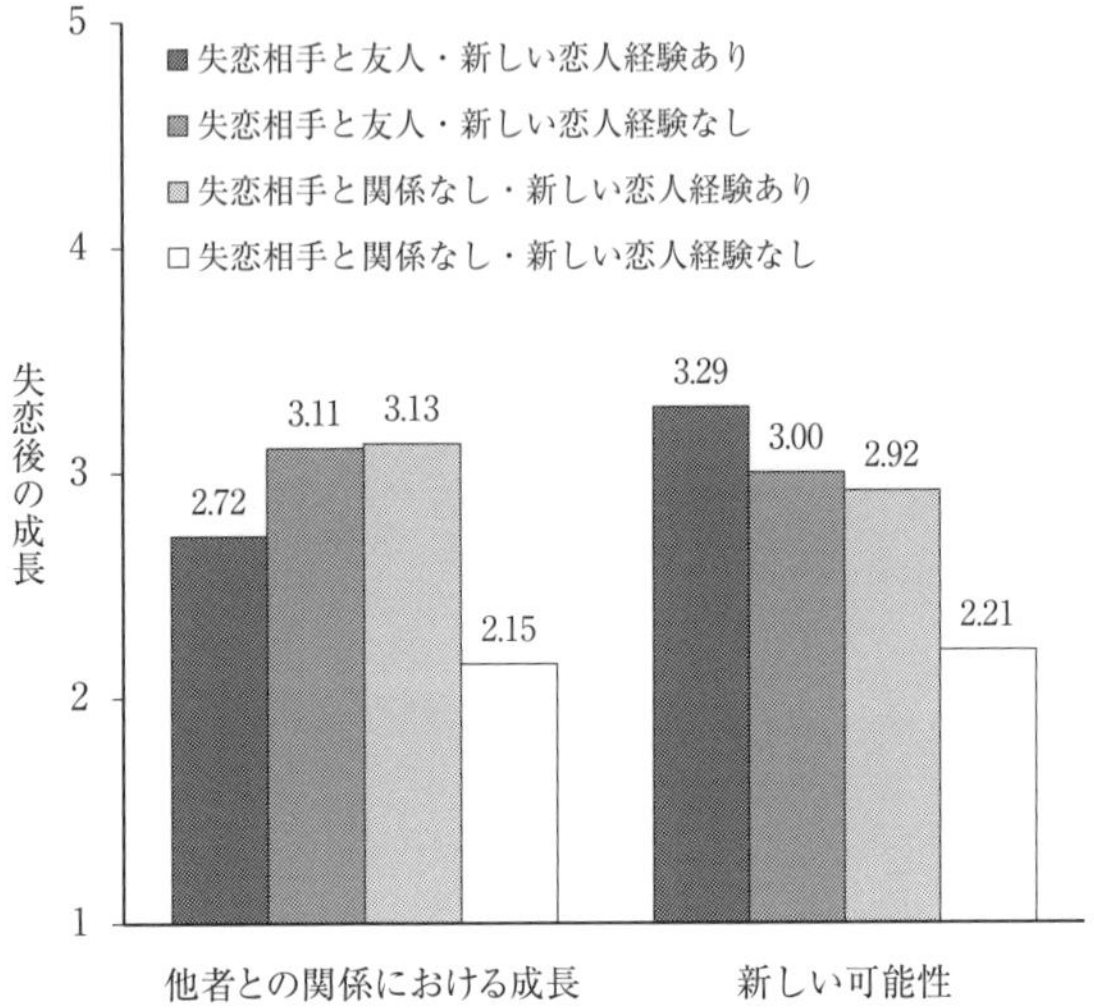

図5－5　失恋相手との関係および新しい恋人の有無と失恋後の成長
（中山・橋本・吉田 2017より作成）

を対象に、過去5年間で最もつらかった失恋について調査を行い、新しい恋人の存在が失恋後の成長と関連するかを検討しました（図5－5）。その結果はやや複雑なものでした。まず、失恋後に失恋相手と友人として関係が続いていないことに加え、新しい恋人ができなかった人は、失恋によって他者に親しさを感じたり思いやりをもつようになったりすること（他者との関係性における成長）や、自分に新たな可能性を見出したりするような成長をしたと感じることができていませんでした。一方、失恋後に失恋相手と友人として関係が続いていた場合には、失恋によって成長したと感じており、新しい恋人の有無による差は見られませんでした。

中山・橋本・吉田（2017）の結果からは、失恋相手と友人として関係が続いている場合には、失恋によって成長しやすいことや、失恋相手と友人として関係が続いていない場合に新しい恋人ができた経験があると、失恋によって成長しやすいことがわかります。つまり、新しい恋人ができたことが失恋からの立ち直りに与える影響は、失恋した後に相手とどのような関係を築いているか次第ということになります。そのため、新しい恋人の存在が失恋を前向きに捉えるための手助けになるとは、単純には結論づけられないでしょう。なお、中山らの研究は、過去5年間で最もつらい失恋について尋ねています。しかし、新しい恋人の存在が失恋からの立ち直りに影響するのは、失恋してから比較的短期間しか経過していない場合や接触機会がある場合の可能性もあると考えられます。新しい恋人ができることや、新しい恋をすることが失恋からの立ち直りとどのように関連するかは、今後も検討を行う必要があるでしょう。

4．失恋相手とのその後の関係

先ほど、失恋後の元恋人との関係について述べました。失恋した後、元恋人とはどのような関係が築かれやすいのでしょうか。このことを網羅的に検討したデータは見当たりません。しかし、いくつかの研究は行われています。

まず、失恋後に元恋人との間に築かれる友人関係についての研究です。この関係は、post-dissolution relationships（ＰＤＲ）とよばれます（Masuda 2006）。ＰＤＲは、通常の友人関係と多くの側面で類似

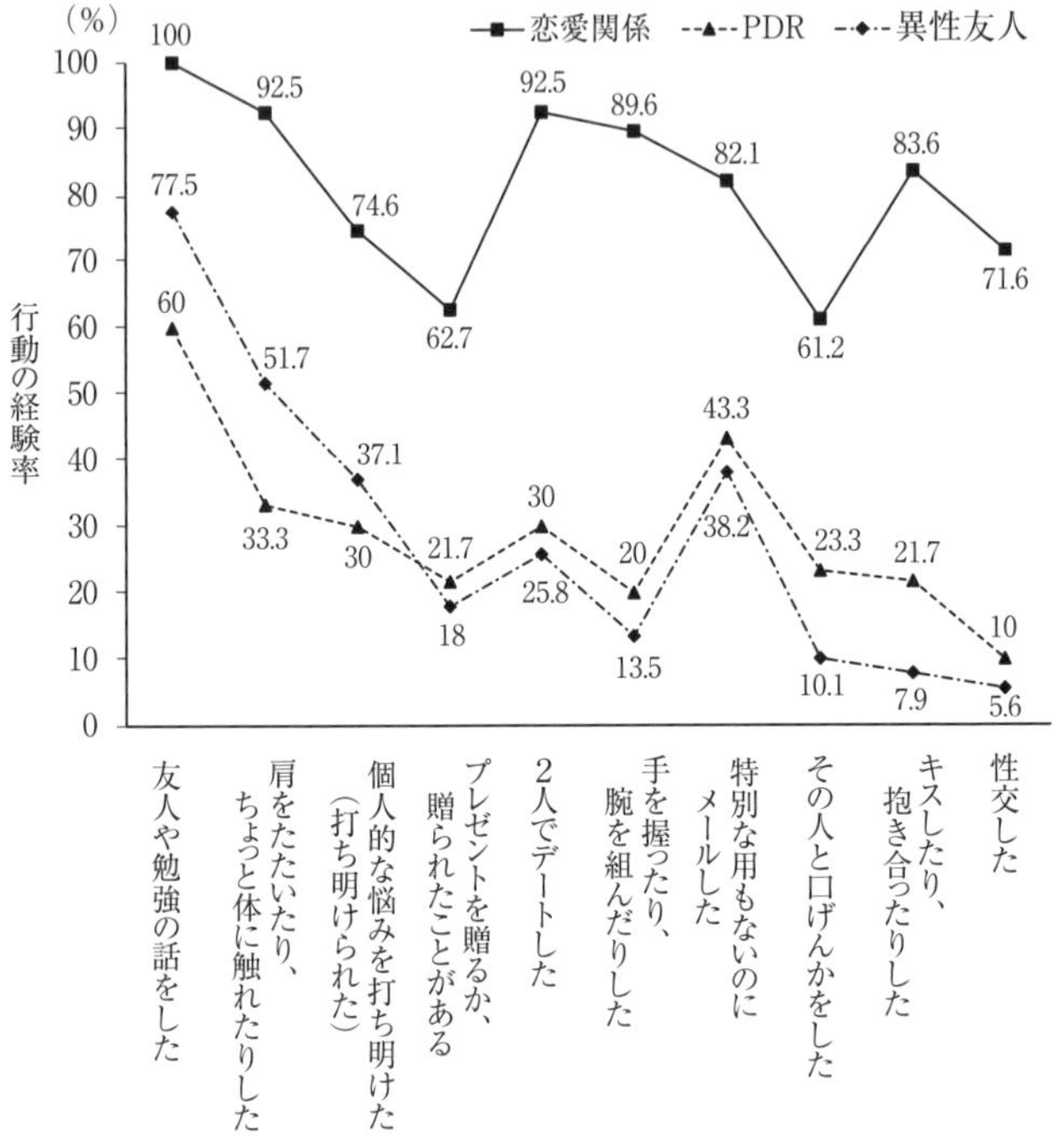

図５－６　恋愛関係、PDR、異性友人の恋愛行動の経験率
（山口 2011より作成）

しています。しかし、いくつかの相違も見られます。たとえば、山口（2011）は、大学生を対象に、恋愛関係、ＰＤＲ、異性友人との間でどのような恋愛行動が経験されやすいのかを調査しました。恋愛行動として、松井（2006）の恋愛進展段階の項目や性的接触にかかわる項目を参考にした行動が用意され、その経験の有無が尋ねられました。得られた経験率を図５－６に示しました。ＰＤＲは異性の友人に比べ、友人や勉強の話をした、肩をたたいたり体に触れたりしたなど恋愛行動の進展の初期段階の経験が少なくなっていました。しかし、恋愛行動の進展の後期段階では、ＰＤＲが異性友人に比べ経験がやや多くなっており、とくに口げんかや、キスや抱き合うといった行動が多くなっていました。恋愛関係ほどではありませんが、性的な行動や恋愛行動を行いやすいことがＰＤＲの特徴の一つなのかもしれません。しかし、ＰＤＲと異性友人あるいは同性友人との特徴の違いは明確ではなく、ＰＤＲとはいったいどのような関係なのかについての研究を重ねていく必要があります。

別れた後に再び交際を開始し、また別れることを繰り返す人たちもいます。このような付き合ったり別れたりを繰り返す関係は、断続的な関係（on-again/off-again relationship）とよばれます。海外では断続的な関係についての研究が蓄積されていますが、残念ながら日本での研究はまだ行われていません。しかし、同様の現象が確認される可能性は十分にあるはずです。断続的な関係は、別れた後に復縁をしないカップルや付き合い続けているカップルとは異なる特徴を示します。たとえば、断続的な関係では、恋人との関係に見通しがもてず不安やストレスを感じやすく、関係満足度が低くなります（Dailey, Middleton, & Green 2012; Dailey et al. 2020）。また、別れる際には、一方的な別れが多く、別れを切り出す側が別れを正当化しやすいため、結果として別れの理由や自分たちがどんな関係なのかが曖昧でわかりにくくなってしまいます（Dailey et al. 2009）。そのため、新たに自分たちがどのような関係なのかを定義しなければならなくなり、結果として再び恋人になるという選択をしやすいと考えられます。

5．失恋で何が変わるか？

恋愛関係は、もともと恋人同士ではなかった2人が告白とその承諾を通して、自分たちの関係を恋人同士あるいは恋愛関係と確認し合います。また、多くの場合、別れる際に恋人同士が話し合い、恋人同士という関係を捨て、自分たちが恋愛関係ではないことに合意すると同時に、新たな関係であることを確認し合います。たとえば、PDRは、恋人同士であった自分たちを、恋愛関係ではなく友人関係へとつくり直したといえるでしょう。断続的な関係では、恋人同士であった関係が、どのような関係になったかが曖昧であるため、結果として再び恋人同士と確認し合うことになります。失恋後、相手との関係性をどのように定義し、確認するのかが失恋からの立ち直りに大きく影響するといえそうです。

また失恋は、交際中から始まる恋人との関係性が変容していく過程であることも論じられています（Rollie & Duck 2006）。つまり、失恋は「別れた」という特定の一時点から始まるものではなく、交際中から失恋後へと続く、時間的な広がりをもった現象です。失恋からの立ち直りについても、失恋を予期していれば、そのことへの覚悟や準備ができ、失恋からの立ち直りへと比較的早く向かうことができるかもしれません。失恋という現象をより詳細に捉えるためには、交際中からどのような関係をつくっていたか、そして失恋後にどのような関係を築こうとしているのかを検討することが必要です。

コラム

恋愛の6類型

相羽美幸

みなさんは、恋人とどのような付き合い方をしていますか？　一目ぼれで運命の出会いと信じて恋に落ちた人もいれば、幼なじみから自然と恋人同士になり、友人関係の延長線上のような付き合い方をしている人もいるでしょう。あるいは、一人の恋人では飽き足らず、複数の相手と付き合っているという人もいるかもしれません。このように、恋人との付き合い方はさまざまですが、そこにはいくつかのタイプがあることがわかっています。

心理学者のリー（Lee, J. A.）は、恋愛に関するさまざまな資料（小説や歴史書、哲学書など）の記述内容を分析し、恋愛のスタイルには6つのタイプがあると考えました。そして、6つのタイプを図1のような円環に配置し、それを色相環に見立てて「恋愛の色彩理論」と名づけました（Lee 1973; 1988）。6つのタイプのうち、エロス、ルダス、ストーゲイは基本類型で、マニア、アガペ、プラグマはその派生類型と考えられています。各タイプの説明は表1を参照してください。説明を読んでもいまいちピンとこない人は、各タイプにあてはまると思われる漫画やアニメ、ドラマのキャラクターの例を見ると想像しやすいかもしれません。このキャラクターの例は、筆者が担当する心理学の授業で２０１６年から２０１９年の受講生計８０１名に「それぞれのタイプにあ

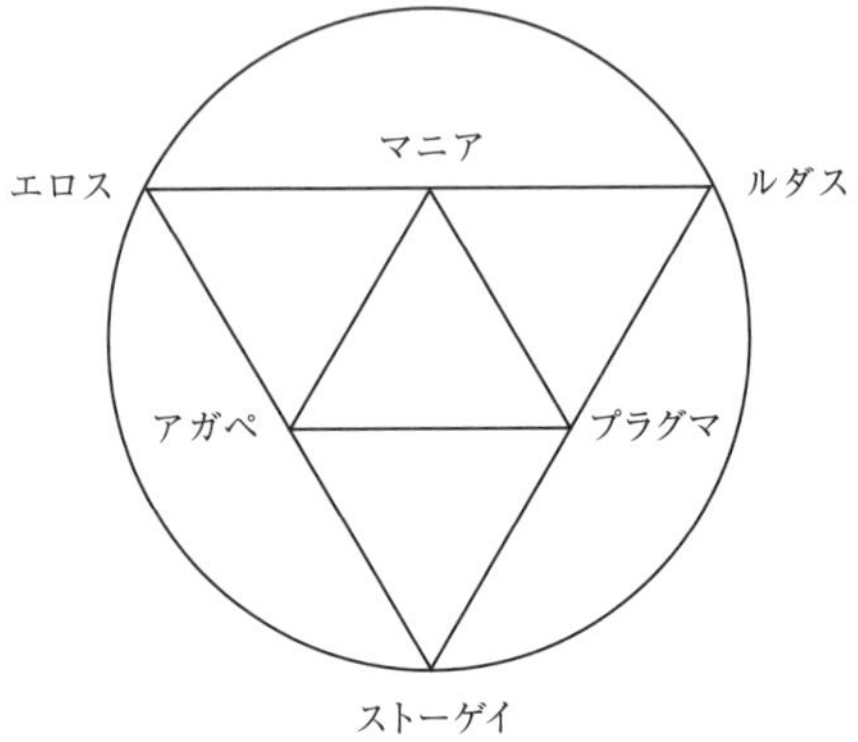

図1　恋愛の6類型（Lee 1988をもとに作成）

てはまると思う漫画・アニメ・映画などのキャラクター」を考えてもらった結果、上位だったものです。

キャラクターの中には、「ONE PIECE」のサンジのように、複数の恋愛のタイプで上位に入ったキャラクターもいます。これは、同じキャラクターでもどんな特徴に注目するかによって、あてはまると思う恋愛のタイプが異なるということです。サンジほどの回答数ではありませんが、「ルパン三世」のルパンもルダスだけでなくエロスの例としても名前があがっていました。サンジやルパンなど「女好き」というイメージのキャラクターは、すぐ一目ぼれして常に女性がいないと生きていけないというエロスの特徴をもちつつも、言動が軽く、手当たり次第に女性を口説くというルダスの特徴ももち合わせているということのようです。同様に、「未来日記」の我妻由乃と「進撃の巨人」のミカサは、マニアとアガペの両方で名前があがっていました。この2名の特徴は、相手（我妻由乃は天野雪輝、ミカサはエレン）に対する思い

表1　6つの恋愛のタイプの説明とその例

	説明	キャラクターの例
エロス	美への愛。恋愛こそすべてと捉える。相手の外見に惹かれ、一目ぼれを起こす。ロマンティックな考えや行動をとる	・「ONE PIECE」のサンジ ・ディズニー版「シンデレラ」のシンデレラとチャーミング王子 ・「ONE PIECE」のボア・ハンコック
ルダス	遊びの愛。恋愛をゲームのように楽しむことと捉える。相手に執着せず深入りをしないようにする。複数の相手と恋愛することもできる	・「ルパン三世」のルパン ・「ONE PIECE」のサンジ ・「花より男子」の西門総二郎
ストーゲイ	友愛的な愛。激しい感情はなく、穏やかな友情的な恋愛である。互いに気がつかないこともあり、気がついたときには愛情が芽生えている	・「名探偵コナン」の工藤新一と毛利蘭 ・「ドラえもん」の野比のび太と源静香 ・「MAJOR（メジャー）」の茂野吾郎と清水薫
マニア	狂気的な愛。独占欲が強く、嫉妬、執着、悲哀などの激しい感情を伴う	・「アンパンマン」のドキンちゃん ・「ラスト・フレンズ」の及川宗佑 ・「未来日記」の我妻由乃
アガペ	愛他的な愛。見返りは求めず、自己犠牲も厭わない愛	・「進撃の巨人」のミカサ ・「DEATH NOTE」の弥海砂 ・「NARUTO」の日向ヒナタ
プラグマ	実利的な愛。恋愛は手段と捉える。相手を選択するときには、社会的・経済的な要因などが影響する	・「アナと雪の女王」のハンス王子 ・「ONE PIECE」のナミ ・「DEATH NOTE」の夜神月

が強すぎるため、相手に近づく他の異性に敵意を向けるなど過剰な執着心（マニアの要素）と、自分の身を危険にさらしてまでも相手に尽くそうとするアガペの要素の両方が混在している点です。

フィクションのキャラクターだけでなく、現実の私たちの恋愛でも同じように、一人の人が複数の恋愛のタイプをもつことは十分に考えられます。みなさんの中にも、昔は外見重視で一目ぼれした相手とばかりお付き合いしてきたけれど、今は昔からの友人で見た目はタイプではないけれど気ごころの知れた相手と付き合っているという人もいるかもしれません。また、同じ相手であっても、付き合いたてはお互いに深く愛し合い理解し合っていたはずなのに、今は相手が他の異性と話しているだけで自分はもう愛されていないのではないかと胸が苦しくなり、気持ちの浮き沈みが激しくなってしまったというパターンも考えられます。リー（Lee 1977）によれば、恋愛のタイプは関係性の種類であり、個人がもっている不変的な特性ではありません。そのため、相手や時期によって変化することや同時期に複数のタイプをもつこともあるのです。

また、この恋愛の6類型の面白い特徴として、相性の良し悪しが想定できるという点があります。図1で対極に位置しているタイプ同士（エロスとプラグマ、マニアとストーゲイ、ルダスとアガペ）はお互いの恋愛の仕方を理解できないため、相性が悪いとされています（松井 1993a）。たとえば、相手と深くかかわりたくないルダスにとって、尽くしすぎるアガペはうっとうしく感じられるでしょうし、アガペ側からすると尽くしても報われないつらい恋愛になってしまうでしょう。ただし、こうした相性については、少なくとも日本のデータでは残念ながら確認されていません。カップルの恋愛類型と相性を調べた栗林（2006）の研究では、エロス同士のカップルの相性が良いという結果は得られたのですが、他の類型の相性の良し悪しは見られませんでした。この理由の一つとして、栗林（2006）は6類型の位置関係が図1のような構図になっていない可能性を指摘しています。同様の指摘は、6類型の位置関係を調べた松井（1993b）でもなされており、松井（1993b）および栗林（2006）で共通して、エロス、マニア、アガペが

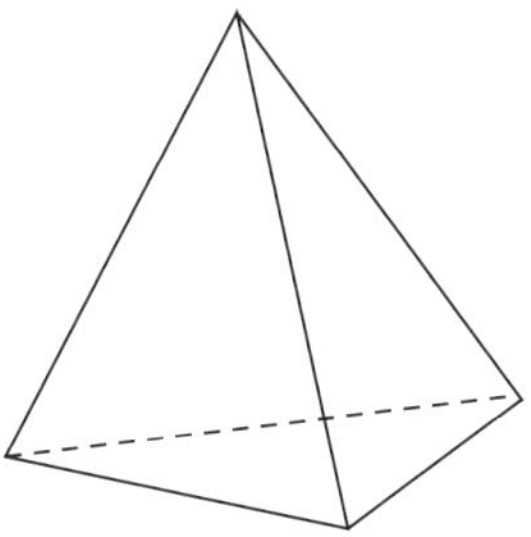

図2　松井（1993b）による
日本人の恋愛類型の位置関係

ひとまとまりの位置関係になっていました。つまり、日本人の恋愛類型は、エロス、マニア、アガペが基本類型で、ルダス、ストーゲイ、プラグマはその派生類型となっている可能性があり、松井（1993b）は6類型が三角錐のような位置関係になっていると指摘しています（図2）。

なお、恋愛の6類型のうち自分がどのタイプに一番近いのかは、松井ほか（1990）のLETS-2という尺度で簡単に測定することができます。自分の恋愛のタイプが気になる方は、ぜひ調べてみてください。

第2部

恋愛関係の困りごと

第6章　浮気

相羽美幸

私たち女にしても、浮気心はありますし、気晴らしもしたいでしょうし、意思だって弱いし、男となんの変りもございませんでしょう？（中略）それが厭だとなれば、とくと教えてやることです、私たちが悪いことをしても、それはみんな夫のすることなすことを見て覚えたのだということを。（Shakespeare 1602＝福田訳 1973）

これはシェイクスピア（Shakespeare）の四大悲劇の一つ、「オセロー」（１６０２年作）の劇中のセリフです。ヴェニスの軍人であるオセローが、部下の悪だくみによって最愛の妻の浮気を疑い、嫉妬の末に妻を殺害、のちにそれが策略であったという事実を知ったオセローは自ら命を絶つ、という物語です。このように、ヨーロッパでは17世紀の初めにはすでに浮気を題材とした作品がつくられ、今日まで繰り返し上演されてきました。日本においても、川端康成や三島由紀夫、谷崎潤一郎といった名だたる文豪が浮気を題材とした文学作品を世に送り出しています。現代でも「失楽園」や「昼顔」などドロドロの不倫劇を描いた映画やドラマはたびたび大ヒットしています。いつの時代もこうした禁断の恋の世界は人々の心を惹きつけてやみません。この章では、背徳感のある秘密の恋愛、浮気についての研究知見を紹介していきます。

1. 浮気とは何か、どこからが浮気か？

(1) 浮気の定義とは？

そもそも、浮気とは何なのでしょうか。恋人が他の異性と2人きりで会話をしただけで浮気だと思う人もいれば、恋人以外とキスをしても、酒に酔った勢いで恋愛感情なんてなかったんだからこれは浮気ではないと言い張る人もいるかもしれません。このように、どんな行動を浮気と捉えるかについては個人差が大きく、これ以上の行動は浮気だという絶対的な線引きはできません。しかし、どんな行動であったにせよ、浮気の前提として共通していることがあります。それは、恋愛関係の「排他性」を破る行為であるということです。排他性とは、恋愛関係の二者性を保持するための縄張り意識のこと（増田 1998）であり、恋人や配偶者など恋愛関係にある相手以外の他者が2人の関係に入ってこないように排除することです。そのため、浮気の定義にはたいてい、恋愛関係にある相手がいるという排他性の前提が含まれています。たとえば、牧野（2011）は、浮気を「恋人、配偶者、婚約者など特定の異性がいるにもかかわらず、他の異性に恋愛感情をもつこと」と定義しています。これに加えて牧野（2012）は、恋愛に関する排他性の研究（増田 1994）を踏まえて、浮気を「恋人、配偶者、婚約者など特定の異性と恋愛関係にある人が、他の異性とキス以上の関係をもつこと」と定義しています。このように、浮気とは、恋人間のみにおいて行われるべき行動を恋人以外と行うことで排他性が破られた状態といえます。そのため、どこからが浮気になるのかは、各自が恋人間のみにおいて行われるべき行動をどう捉えているかによって変わってきます。極端な例をいえば、カップルの双方が性交を恋人間のみにおいて行われるべき行動と捉えていなければ、お互いに恋人以外と性交しても浮気にならないということになるのです。

(2) 心の浮気と体の浮気

浮気には、情緒的浮気と性的浮気の2つのタイプがあるといわれています（Shackelford & Buss, 1997）。いわゆる心の浮気と体の浮気です。先にあげた牧野（2011; 2012）の浮気の定義でも、「他の異性に恋愛感情をもつこと」という情緒的浮気と「他の異性とキス以上の関係をもつこと」という性的浮気の両方が含まれています。よく、男性は相手の性的浮気を嫌がり、女性は相手の情緒的浮気を嫌がるといいますが、これまでの海外の研究では一貫した研究結果が示されていません（加藤 2013）。日本における浮気の研究（和田 2019）でも、情緒的浮気や性的浮気に対する許容度はどちらも女性より男性のほうが高い、つまり男性に比べて女性は相手の情緒的浮気も性的浮気も両方許せないという結果になっています（詳細は次項の図6－1参照）。

(3) どこからが浮気になる？

ここまで、浮気にあたる具体的な行動については絶対的な定義がないとお伝えしてきましたが、やはり一般的にどこからが浮気になるのか気になる方もいることでしょう。冒頭であげた例のように、恋人が他の異性と2人きりで会話をしただけで浮気だと思う人はそう多くはないでしょうし、逆にいくら恋愛感情がなくても恋人以外とキスをしたら浮気だと思う人が多いのではないでしょうか。そこで、どこからが浮気と思われる可能性が高いかについて調べた研究をいくつか紹介します。

まずは、どこからが浮気だと思うかという浮気の判断基準に関する研究です。牧野（2011）は、自分の恋人がどのような行動をとった場合に浮気と感じるかについて、19の行動を提示し、「浮気ではない」「どちらともいえない」「浮気である」の3つの選択肢の中から選択するよう求めました。その結果、「異性に挨拶」「異性と立ち話」「日常生活の情報交換」「相手に声をかける」といった日常会話は「浮気ではない」と判断する割合が80％以上でしたが、「2人で映画や食事」は約半数が「浮気である」と判断していました。そして、「2人で日帰りや一泊旅行」「抱き合う」といった行動は80％以上の人が「浮気である」と判断しており、とくに「キスをする」「性的関係をもつ」といった性的行動は95％以上の人が「浮気である」と判断していました。なお、これらの判断の比率に性差は見られませんでした。

同様に、船谷ほか（2006）は44の行動について「まったく浮気だと思わない（1点）」から「まさに浮気だと思う（5点）」までの5つの選択肢で浮気の判断基準を調べました。平均が2点以下の行動

表6−1　浮気の判断基準の低群と高群の行動（船谷ほか 2006をもとに作成）

低群（多くの人が浮気と捉えない行動）
恋人以外の異性と友人や勉強の話をする
恋人以外の異性に相談ごとをする
恋人以外の異性と子どもの頃の話をする
恋人以外の異性と家族の話をする
恋人以外の異性に悩みを打ち明ける
恋人以外の異性に恋人にも見せない面を見せ、それを恋人に打ち明ける
恋人以外の異性と寂しいときに話をし、それを恋人に打ち明ける
恋人以外の異性と用もないのに電話やメールをし、それを恋人に打ち明ける
恋人以外の異性の仕事や勉強の手伝いをする
恋人が承知のうえで、恋人以外の異性にプレゼントをする
高群（多くの人が浮気と捉える行動）
恋人以外の異性とキスする
恋人以外の異性と抱き合う
恋人以外の異性とペッティングする
恋人以外の異性と性交する
恋人以外の異性を好きになり、それを恋人に内緒にする
恋人以外の異性と真剣に付き合う

を低群（多くの人が浮気と捉えない行動）、4点以上の行動を高群（多くの人が浮気と捉える行動）と群分けをしたところ、各群に分類された行動は表6－1のようになりました。各群の特徴をまとめると、「日常会話」や「悩み相談」「仕事や勉強の手伝い」などはそれを恋人に打ち明けるか内緒にするかにかかわらず、多くの人が浮気と捉えないこと、一方で、「キス」「抱き合う」「ペッティング」「性交」「二股交際」はそれを恋人に打ち明けるか否かにかかわらず、多くの人が浮気と捉えることがわかりました。さらに、全体的に恋人に内緒にするほうが打ち明けるよりも浮気と判断される可能性が高いこともわかりました。また、これらの判断基準の性差を見ると、恋人に内緒で恋人以外の異性と手をつないだり腕を組んだりすることと二股交際のみ、女

性のほうが男性よりも浮気だと思うことがわかりました。

続いては、どこまでなら許せるかという許容度から浮気のボーダーラインを検討した和田（2019）の研究を紹介します。この研究では、恋人が各行動をとった場合、恋人を許せるかどうかについて、25の行動それぞれに対して「許せない（1点）」から「許せる（4点）」までの4つの選択肢で質問しています。クラスター分析という統計手法によって各行動をグループ化し、男女別に各行動の許容度の平均値を算出したところ、図6－1のようになりました。中立点の2・5点よりも高い、すなわち許せる行動は、「友愛的会話」「相互援助的行動」「飲食・プレゼント行動」までで、「共行動・内面開示行動」「遊び行動」「性的行動」は2・5点よりも低い、すなわち許せない行動となりました。性差については、全般的に女性よりも男性のほうが許容度が高いという結果が見られましたが、「友愛的会話」は逆に男性よりも女性のほうが高い結果となりました。また、とくに顕著な差が見られた行動に注目すると、「異性へのプレゼント」は男性よりも女性のほうが許せないと答えていました。男性は女性に比べてふだんからお土産を買ってきたり差し入れなどをしたりする人が少ないイメージがあるため、男性のプレゼントには何か特別感のようなものが感じられて、自分以外への女性にプレゼントするのは許せないという女性が多いのかもしれません。一方で、「キャバクラやホストクラブにいく」は、女性よりも男性のほうが許せないと答えていました。女性は、男性がキャバクラに行くのは仕事の付き合いもあるし仕方ない、とある程度許容できるものの、男性は、女性がホストクラブに行くのは本気でホストにのめり込んでお金を貢いでしまうイメージがあるのか、なかなか許せないよう

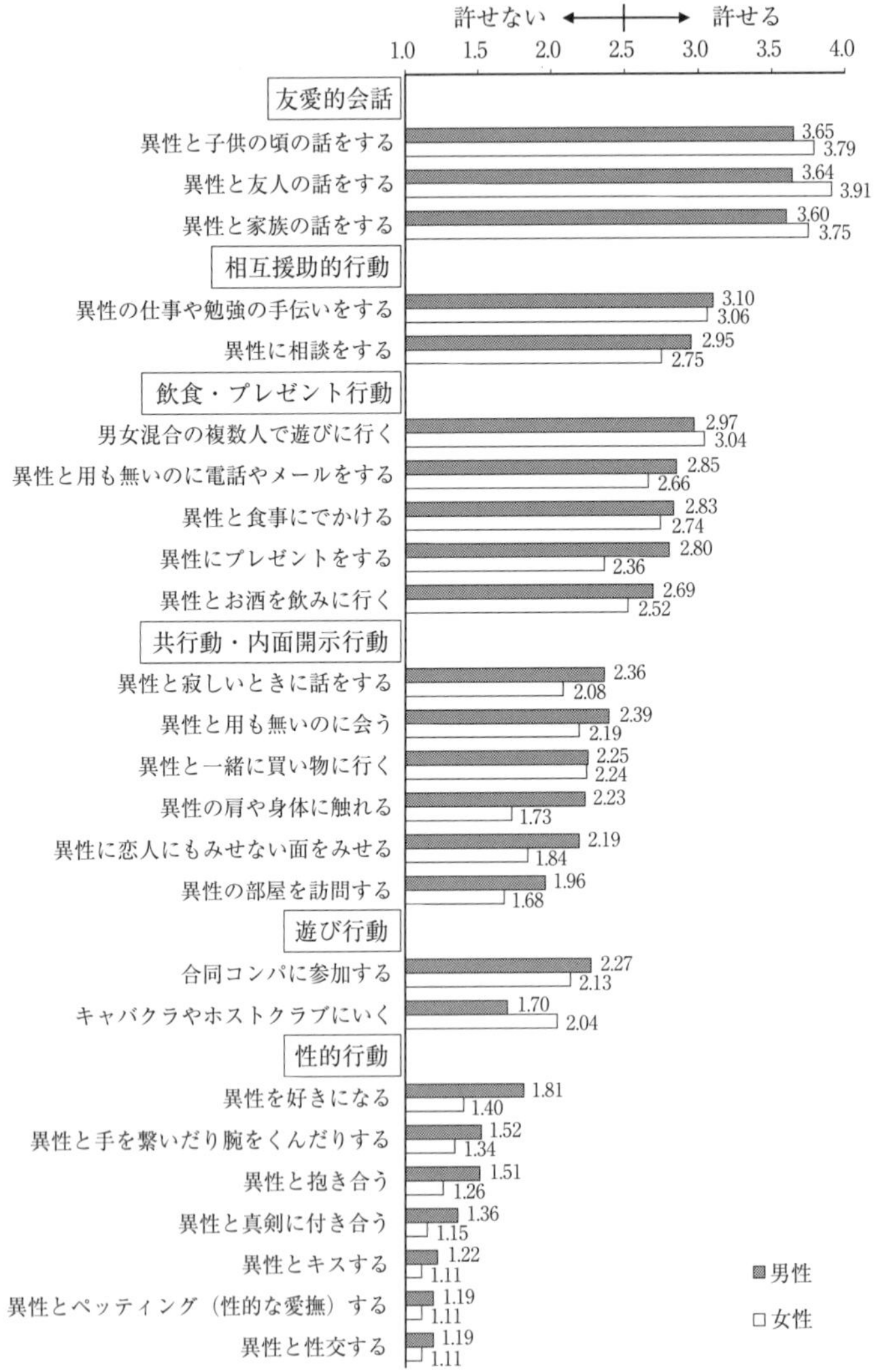
許せない
許せる
1.0
1.5
2.0
2.5
3.0
3.5
4.0
友愛的会話
異性と子供の頃の話をする
3.65
3.79
異性と友人の話をする
3.64
3.91
異性と家族の話をする
3.60
3.75
相互援助的行動
異性の仕事や勉強の手伝いをする
3.10
3.06
異性に相談をする
2.95
2.75
飲食・プレゼント行動
男女混合の複数人で遊びに行く
2.97
3.04
異性と用も無いのに電話やメールをする
2.85
2.66
異性と食事にでかける
2.83
2.74
異性にプレゼントをする
2.80
2.36
異性とお酒を飲みに行く
2.69
2.52
共行動・内面開示行動
異性と寂しいときに話をする
2.36
2.08
異性と用も無いのに会う
2.39
2.19
異性と一緒に買い物に行く
2.25
2.24
異性の肩や身体に触れる
2.23
1.73
異性に恋人にもみせない面をみせる
2.19
1.84
異性の部屋を訪問する
1.96
1.68
遊び行動
合同コンパに参加する
2.27
2.13
キャバクラやホストクラブにいく
1.70
2.04
性的行動
異性を好きになる
1.81
1.40
異性と手を繋いだり腕をくんだりする
1.52
1.34
異性と抱き合う
1.51
1.26
異性と真剣に付き合う
1.36
1.15
異性とキスする
1.22
1.11
異性とペッティング（性的な愛撫）する
1.19
1.11
異性と性交する
1.19
1.11
男性
女性

図6−1　男女別の浮気の許容度（和田 2019をもとに作成）

です。

ここまで、どこからが浮気になるのかを浮気の判断基準と許容度の二つの視点から見てきましたが、男女を問わず、恋人以外の異性と2人だけで行動すると浮気と思われる可能性が高く要注意です。そして、とくにキス以上の性的行動はほとんどの人が浮気と考えているといえるでしょう。

2. 浮気しやすいのは男性？ 女性？

かつて昭和の時代には、男性芸能人の浮気は「芸の肥やし」といわれ、「男は浮気をする生き物だから仕方ない」「夫の浮気を許すのが一流の妻だ」と男性の浮気には寛容な風潮がありました。時代が平成から令和へと進むにつれ、浮気が発覚し芸能活動自粛となる男性芸能人が出てくるなど、男性の浮気に対してかつての寛容さはなくなってきてはいるものの、やはり浮気は男性がするものというイメージをもっている人は多いと思います。では、実際のところ、浮気しやすいのは男性と女性のどちらなのでしょうか。

(1) 浮気をしたいと思っているのは男性・女性のどちらが多い？

まず、浮気願望、すなわち「浮気をしたいかどうか」について見てみましょう。大学生を対象に浮気願望の有無の性差を検討した研究（船谷ほか 2006）では、男性の24・0％、女性の16・3％が「浮気をしたい」と答えていました。浮気願望を「あり・なし」ではなく、「どのくらいしたいか」という程度で測定した研究（牧野 2011; 和田 2019）においても、男性のほうが女性よりも浮気願望の得点が高いという結果が出ています。また、浮気願望だけでなく、浮気への関心・興味や憧れも同様に男性のほうが女性よりも高いことがわかっています（牧野 2011; 杉山 2015）。こうして見てみると、やはり男性は女性よりも浮気をしたい人が多いようです。

(2) 実際に浮気をしたことがあるのは男性・女性のどちらが多い？

では、本題の浮気経験の有無についてはどうでしょうか。先ほどの船谷ほか（2006）の大学生を対象にした研究では、浮気経験のある人は男性で19・7％、女性で22・4％、逆に被浮気経験（浮気をされた経験）のある人は男性で16・9％、女性で17・0％でした。牧野（2012）では、浮気経験のある男性は11・3％、浮気経験のある女性は14・6％と報告されています。ここで紹介している研究はいずれも日本の大学生を対象にしているので、日本の青年に限っていえば、浮気経験に性差はないといえそうです。ただし、先ほど紹介したように浮気願望は男性のほうが高いため、総じて考えると「日本の青年男性は、浮気してみたい気持ちはあるけれども実際は浮気していない（もしくは、できない）」といえるかもしれません。

(3) 海外の研究と比べてみると

一方で、海外に目を向けると、多くの研究で男性のほうが女性よりも浮気をするという結果が示されています（Luo, Cartun, & Snider 2010）。これは、海外の研究では、調査対象者の年齢層が幅広く、既婚者も多く含まれていることが要因の一つです。実際に、年齢層が上がるにつれて浮気の経験率も上がることが示されており、アメリカの大規模全国調査（Atkins, Baucom, & Jacobson 2001）では、男性は55～65歳、女性は40～45歳の世代が最も浮気率が高く、45歳以下では男女の浮気率に差がないという結果になっています。大学生のみを対象としたアメリカの研究では、浮気経験のある男性は40～45％、浮気経験のある女性は35～40％で、統計上、男女で差がないと報告されています（Wiederman & Hurd 1999; Yarab, Sensibaugh, & Allgeier 1998）。このように、日本もアメリカも、若い世代では男女で浮気経験に差がないと考えられます。ただし、単純には比較できませんが、経験率の数値だけを見ると、日本とアメリカの大学生では、男女ともにアメリカの大学生のほうが浮気をしたことのある人が多いようです。

日本では、大学生以外を対象とした浮気の学術的調査は行われていませんが、10代から一般成人までを対象とした配偶者・恋人以外との性行動に関する調査がいくつか行われています。たとえば、NHKによる16～69歳の全国ランダムサンプリング調査では、図6-2に示したように、「これまでの恋人や配偶者以外の異性との性交経験」は、10代と20代の場合、男女であまり差が見られませんが、30代以上では男性が女性よりも圧倒的に多くなっています（NHK「日本人の性」プロジェクト 2002）。このように、日本でも海外と同様、年齢層の上昇とともにとくに男性の性的浮気が増える傾向にあり

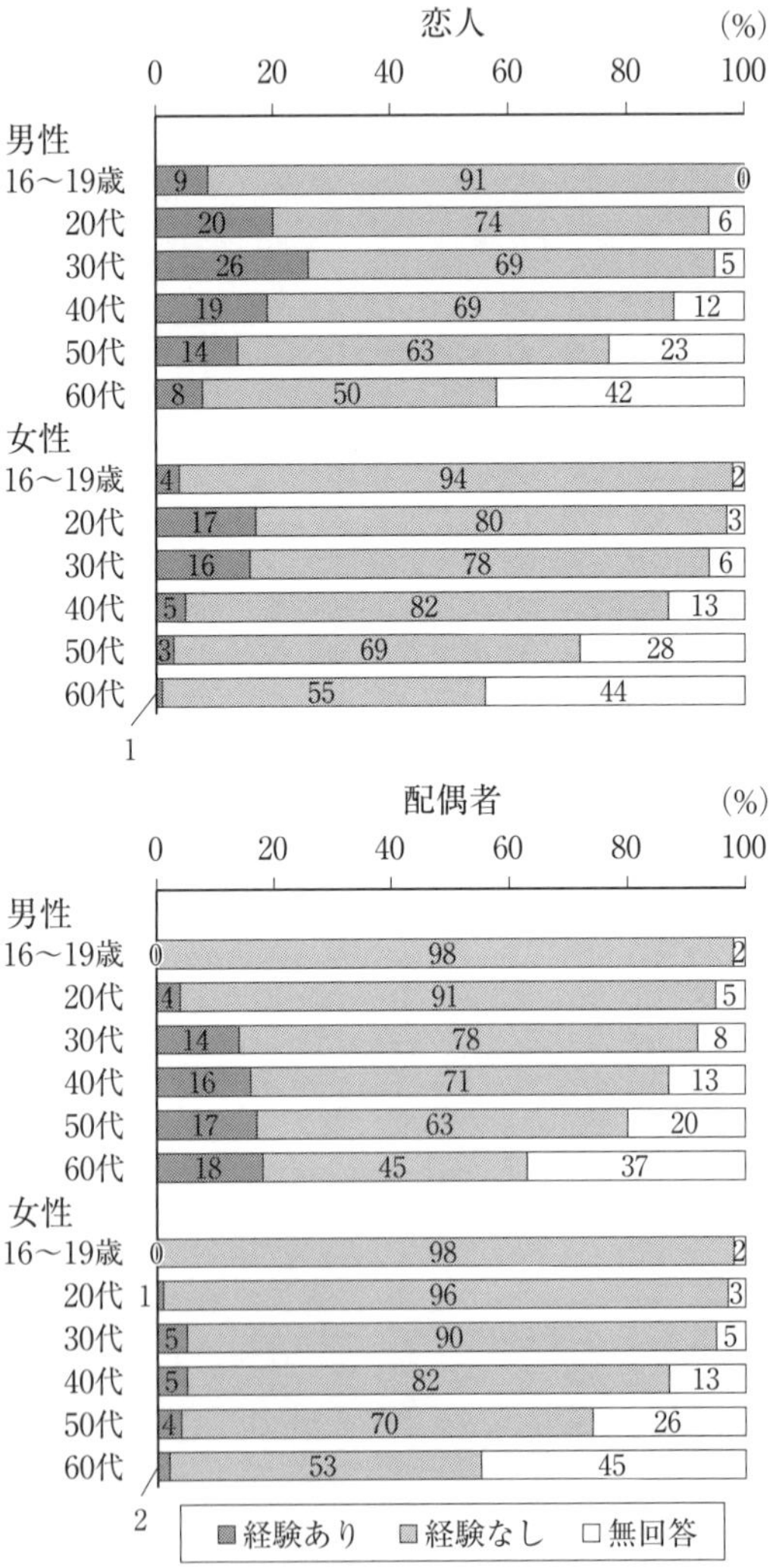

図6−2　恋人・配偶者以外の異性との性交経験

（NHK「日本人の性」プロジェクト 2002をもとに作成）

ます。

(4) 年齢層の高い男性の浮気が多いのはなぜ？

年齢層の上昇とともにとくに男性の性的浮気が増えるという現象の背景には、いくつかの理由が考えられます。一つ目は、人生の中での浮気が可能な期間の長さです。NHK「日本人の性」プロジェクト（2002）の調査のように、「これまでに浮気をした経験があるか」という聞き方で質問をした場合、単純に年齢が上がるほど現在までに恋人や配偶者のいる期間や機会が増えるため、浮気を経験する可能性も確率的に増えると考えることができます。大学生くらいの年齢だとこれまでに恋人がいたことすらない場合も多く、そもそも浮気をする機会が存在しえない可能性もあるのです。そのため、過去も含めた浮気経験なのか、現在の浮気相手の有無なのかといったように、浮気の経験率の聞き方によって、結果のもつ意味が大きく異なることに注意が必要です。

二つ目に考えられる理由は、コホート（cohort）の影響です。コホートとは、ある一定期間内に生まれたグループのことです。たとえば、２０００年時点で20代だった人たちのグループは、２０１０年には30代、２０２０年には40代になります。このように、年齢層の上昇とともに男性の浮気が増えるといっても、単純に歳をとるほど浮気をしやすいということではなく、たまたま現在ある特定の年齢層にいる人たちが浮気しやすい、もしくは浮気しにくいという可能性も考えられます。実際に、日本性教育協会が１９７４年から40年以上にわたり約6年ごとに行ってきた「青少年の性行動全国調査」を用いたコホート分析では、性行動の活発化や早熟化のピークは1980年代生まれのグループで、1990年代以降に生まれた青少年では逆に性行動経験率が低下する傾向が見られています（林 2018）。性行動自体の経験率にコホートの影響があるということは、おそらく浮気の経験率にも同様の影響があると考えることができるでしょう。1980年代生まれの人たちは2020年時点で30代のため、もし今後、2030年に浮気の調査を行ったとすれば、その時点で最も浮気をしている割合が高いのは40代という結果が出る可能性が高いと推測できます。

続いて、年齢層の高い男性の浮気が多い3つ目の理由として考えられるのは、性別に対する浮気観の時代的変化の影響です。冒頭でも触れたように、昭和の頃には、妻の浮気は不貞とみなされ許されない一方で、夫の浮気には寛容というダブルスタンダードな価値観が一般的でした。それが近年、徐々に男女に対する浮気観の差が縮まってきて、男性であっても女性と同じくらい浮気は許されない、浮気すべきでないという価値観が広まりつつあります。そのため、若い世代では男性の浮気が減り、男女の浮気の経験率も差がなくなってきていると考えることができます。

3．なぜ浮気をするのか？

浮気は良くないことと知りながら、なぜ人は浮気をしてしまうのでしょうか。浮気経験者に浮気をした理由を尋ねた調査を見てみると、どうやら浮気をした人の言い分は男女で大きな違いがあるよう

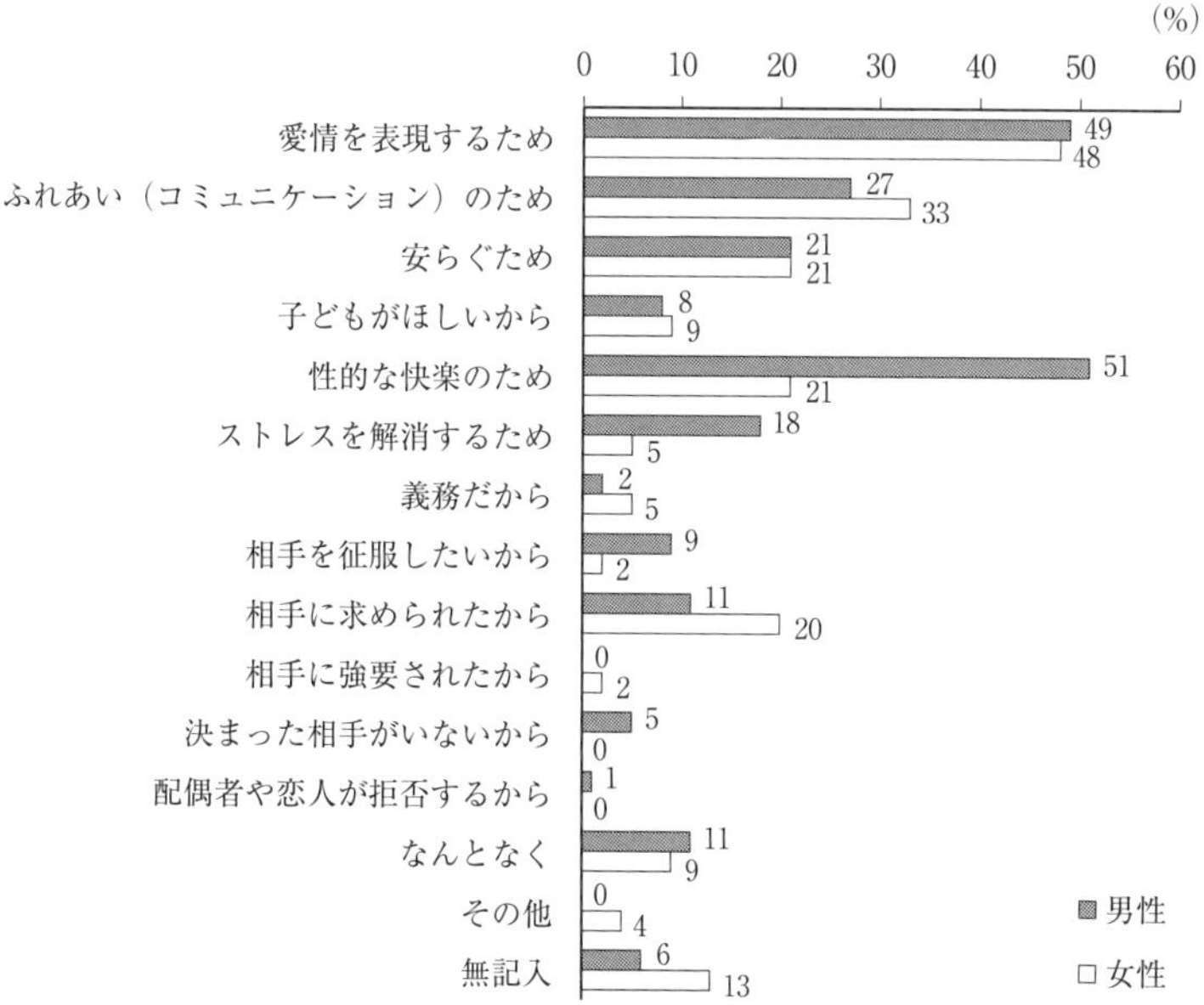

図6－3　男女別の恋人・配偶者以外の異性と性交した理由
（NHK「日本人の性」プロジェクト 2002をもとに作成）

です。

まずは、先ほども紹介したNHK「日本人の性」プロジェクト（2002）の調査です。この調査では、過去1年間に配偶者や恋人以外との性交経験がある人を対象に、その理由を複数選択（いくつでも選べる）形式で尋ねています。その結果を表したものが図6－3です。男性で圧倒的に多いのが「性的な快楽のため」です。一方、女性は、「相手に求められたから」という理由が男性よりも多くあげられていました。

続いては、大学生を対象とした牧野（2012）の調査結果を見てみましょう。この調査では、恋人以外とキス以上の関係をもったことがある

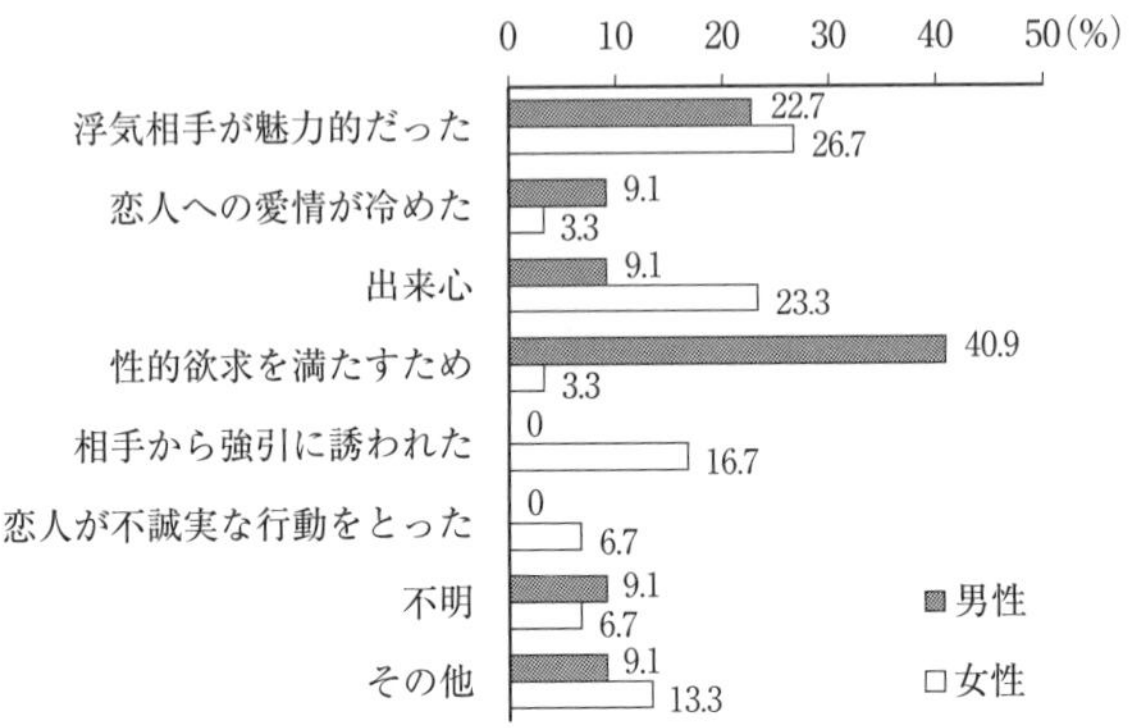

図6−4　男女別の浮気をした最も大きな理由（牧野 2012をもとに作成）

人に具体的な浮気の内容について尋ねています。図6－4は、浮気をした最も大きな理由を男女別に表したグラフです。意外にも、「恋人への愛情が冷めた」という回答は男女ともに多くありません。そして、この調査でも先ほどのＮＨＫ「日本人の性」プロジェクト（2002）と同様、男性では「性的欲求を満たすため」という回答が圧倒的です。また、女性に特徴的に見られたのが「出来心」「相手から強引に誘われた」「恋人が不誠実な行動をとった」という理由でした。「相手から強引に誘われた」というのは、男性の性的欲求と同様に、ＮＨＫ「日本人の性」プロジェクト（2002）と似た結果です。このように、女性は、自発的に浮気をしたのではなく、相手から誘われて断れなかった、そもそも恋人が悪い、と浮気相手や恋人のせいにする傾向があるようです。実際に、浮気への誘惑（どちらから誘ったか）に関する質問を見てみると、男性では「自分から」が22・7％、「相手（女性）から」が40・9％、「どちらからともなく」が36・4％でしたが、女性では「相手（男性）

から」が60％を占め、「自分から」はわずか5％ほどしかいませんでした。つまり、男女ともに自分からではなく相手から誘われたから浮気をしたと認識する傾向がありますが、それが女性に顕著であることがわかります。

これらの結果から、浮気をするのは恋人に対して冷めたからではなく、男性は性欲に負けて浮気する、女性は相手に流されて出来心で浮気する、といえるでしょう。

4．長期的な浮気関係がもたらすもの

ここまで紹介してきた浮気の研究は、一度もしくは数回、キスや性的関係をもってしまったような短期的な関係を想定していました。しかし、浮気には、配偶者や恋人以外の相手と長期的な恋愛関係をもつ「婚外恋愛」（いわゆる「不倫」）や「二股交際」もあります。1～5年の婚外恋愛をしている既婚男性を対象にしたインタビュー調査（松本 2010）では、夫婦関係に不満がないにもかかわらず、妻に対する慣れや性的関係の減退がきっかけで婚外恋愛に落ちていく男性の心の動きがまとめられています。婚外恋愛をしている男性は、妻との安定した日常を土台としながら、婚外の恋人との非日常を「栄養剤」とすることで心に余裕をもち、夫婦関係を再考したり恋人に対する責任を感じたりしていきます。しかし、家族や恋人への葛藤と罪悪感が大きくなるにつれて、家庭を第一にしつつ恋人との関係も大切にしたいという矛盾に苦しみます。そして、矛盾の落としどころを自分の中で模索し、妻

に対しては「たとえバレたとしても、自分は家庭を第一に大切にしてきたのだから、その思いを妻もわかってくれるはず」、恋人に対しては「好きだから仕方ない」と意味づけすることで自身の精神状態を安定させようとしていくとまとめられています。

この研究では、「夫婦関係が壊れることはない」という自信が根底にある男性側からの視点で語られており、妻である女性側の視点には触れられていません。長期間にわたって婚外恋愛をしていたことを妻が知れば、妻と恋人との間で苦しむ男性以上に、動揺し苦しむことは容易に想像できます。たった一度の過ちでも、心の隙間を埋めるためであったとしても、浮気は相手の心を深く傷つける行為であることを忘れてはなりません。

第7章　恋人間の暴力・ストーキング

古村健太郎

1．恋人間の暴力の現状

(1) 恋人間の暴力の種類

恋人間で生じる暴力には、親密な関係者間暴力（Intimate Partner Violence: IPV）、デートバイオレンス、デートDV（Domestic Violence）、恋人間暴力などさまざまなよび方があります。IPVは暴力の対象が恋人関係に限らず夫婦関係も含まれますが、デートバイオレンスやデートDVは恋人間の暴力を意味することが多いです。本章では、夫婦関係の暴力を扱った研究も、恋愛関係の暴力を扱った研究も紹介するので、IPVを用いたいと思います。

殴る蹴るといった身体的な暴力だけがIPVではありません。調査や研究によってその数は異なりますが、IPVはいくつかの種類に分けることができます。アメリカ疾病予防管理センター（Centers for Disease Control and Prevention: CDC）によれば、IPVは身体的暴力、心理的暴力、性的暴力、ストーキングの4つに大きく分類されます（表7－1：Breiding et al. 2015）。身体的暴力とは、恋人に対

表7－1　IPVの種類とその定義、行為の具体例（Breiding et al. 2015より作成）

暴力の種類	定義	行為の具体例
身体的暴力	恋人に対して、怪我につながるような身体的な暴力を意図的に行使しようする行為	殴る、蹴る、首を絞める、壁にたたきつける、拘束する、包丁やナイフを突きつける、など
心理的暴力	精神的または感情的に傷つけたり、恋人を支配したりすることを意図して行われる言語的コミュニケーションや非言語的コミュニケーション	人格否定、人前での辱め、脅し、虚偽情報の提供、人前での罵倒、家族や友人への被害のほのめかし、メールやSNSの監視とやりとりの妨害など
性的暴力	自由な性的同意なしに、あるいは同意や拒否ができない人に対して行われる、あるいは、行われようとする性行為	同意のない性交（肛門性交や口腔性交を含む）、薬物やアルコールを用いた性交の強要、望まない性的接触、望まない視姦、無理やり性的画像を見せる、など
ストーキング	安全を脅かすような、望まない接触を繰り返すこと	メールや電話の送信、待ち伏せ、盗聴、尾行、学校や職場への押しかけ、ネットなどでの誹謗中傷、家族や友人、ペットを傷つけると脅すことなど

して、怪我につながるような物理的な暴力を意図的に行使しようとする行為です。殴る、蹴る、首を絞めるなどが該当します。心理的暴力とは、恋人を精神的または感情的に傷つけたり、支配したりするために行われる言語的コミュニケーションや非言語的コミュニケーションです。性的暴力とは、同意がない状態、あるいは同意や拒否ができない状態で行われる、あるいは行われようとする性行為です。デートレイプともよばれ、恋人以外の人からだけではなく、恋人からも被害を受けることがあります。ストーキングは、安全を脅かすような、望まない注意や接触を繰り返すことです。

⑵　IPVの現状

日本における身体的暴力、心理的暴力、性

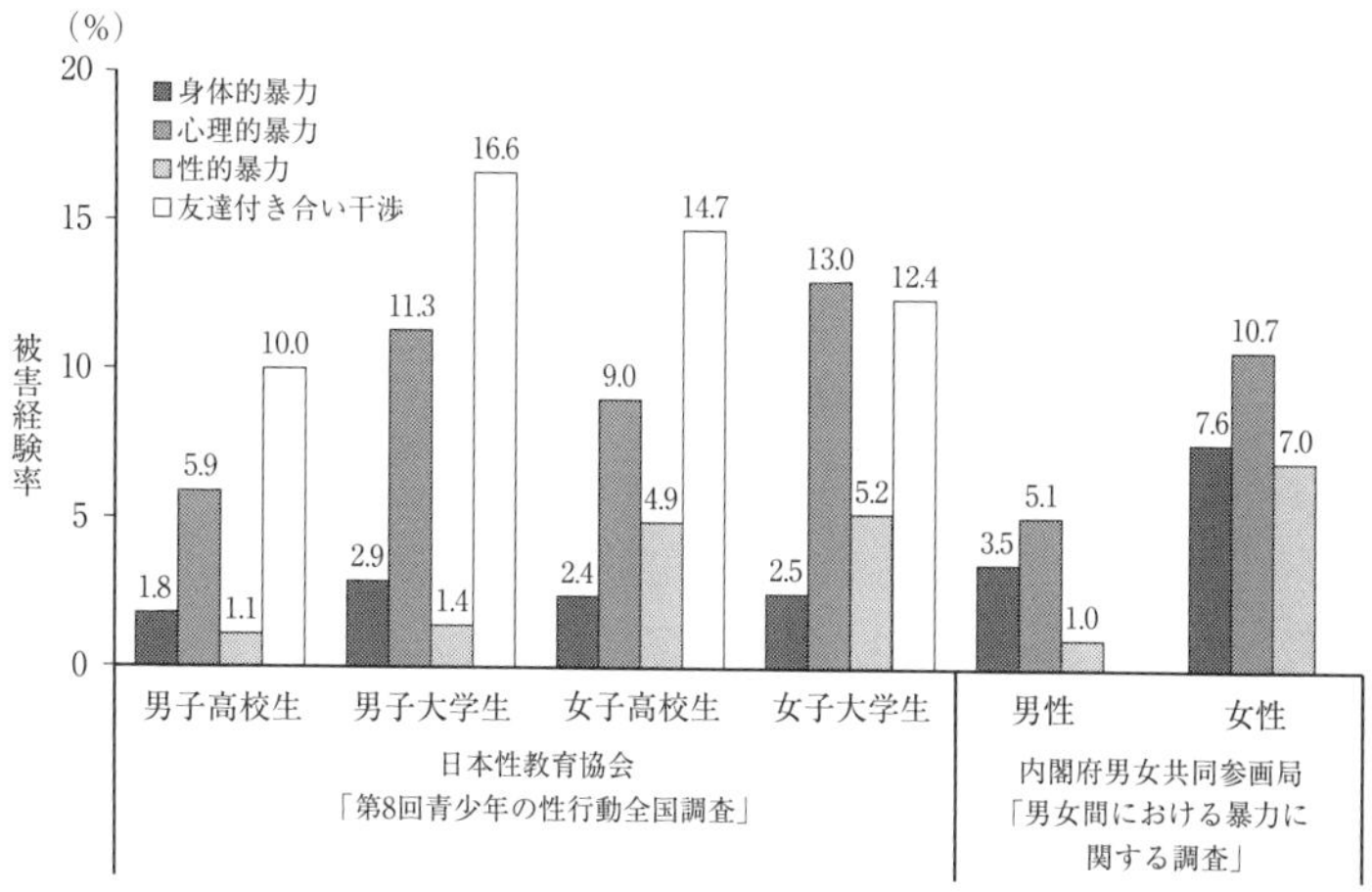

図7−1　高校生、大学生、成人のIPV被害経験率
（内閣府男女共同参画局 2021と日本性教育協会 2019より作成）

的暴力の被害の現状は、日本性教育協会（2019）による第8回青少年の性行動全国調査や内閣府男女共同参画局（2021）による男女間における暴力に関する調査から確認することができます（図7−1）。

第8回青少年の性行動全国調査は、全国の中学生、高校生、大学生を対象としています。IPV被害については、高校生と大学生が回答していますす。高校生や大学生のIPVの被害経験率は以下のとおりです（図7−1）。身体的暴力の被害経験率は、高校生と大学生の男女ともに約2％でした。心理的暴力は性別や校種による違いがあり、男子高校生で約6％、女子高校生で9％、男子大学生で約11％、女子大学生で13％でした。性的暴力は性別による差があり、男子は高校生も大学生も約1％、女子は高校生も大学生も約5％でした。全体的に、被害経験率は高校生よりも、大学生のほうが高くなっています。大学生は高校生よりもデートやキス、性交の経験率が高くなっており（日本性教育協会 2019）、大学生の恋愛行動は進展しやすいことが推察されます。恋愛行動が進展すると、恋人との対立や暴力が生じる可能性も高くなります（松井 2006）。そのため、恋愛関係の深まりとともに、大学生の被害経験率が高くなったのでしょう。

第8回青少年の性行動全国調査では、「友達付き合い干渉（携帯電話のチェックなどで、友達付き合いに干渉された）」が含まれています。「友達付き合い干渉」は、嫉妬や排他性などを背景とした恋愛行動と考えられる一方で、個人の友好関係を制限するという心理的暴力の一つとも考えることができます。高校生も大学生も10％以上の人が経験していました。

内閣府男女共同参画局（2021）による男女間における暴力に関する調査は、20歳以上の一般成人を対象にしています。過去に交際相手から暴力を受けたことがある人は、男性で8％、女性で17％でした。ＩＰＶの種類ごとの被害経験率は、身体的暴力が男性で4％、女性で8％、心理的暴力が男性で5％、女性で11％、性的暴力が男性で1％、女性で7％でした。

男女間における暴力に関する調査では、何歳のときにＩＰＶ被害を受けたかについても尋ねています（表7－2）。身体的暴力や心理的暴力は、男女ともに20歳台での被害経験率が最も高く、被害者の50～60％が20歳台で被害を経験していました。一方、女性の性的暴力は、身体的暴力や心理的暴力とは傾向が異なり、10歳台の被害経験率が最も高くなっていました。

第8回青少年の性行動全国調査や男女間における暴力に関する調査の結果から、ＩＰＶに関するい

表7－2　年齢別のIPV被害経験率（内閣府男女共同参画局 2021より作成）

	男性			女性		
	身体的暴力 n=36	心理的暴力 n=61	性的暴力 n=10	身体的暴力 n=85	心理的暴力 n=119	性的暴力 n=83
10歳台	37.6%	42.9%	36.1%	47.2%	36.1%	50.0%
20歳台	64.7%	51.3%	65.1%	63.9%	63.9%	30.0%
30歳以上	11.8%	26.1%	15.7%	30.6%	24.6%	40.0%

注）回答者は、各暴力の被害経験の有無を回答した後、何歳のときに被害を経験したかを回答している。

くつかの傾向が読み取れます。第1に、身体的暴力は男女ともに、高校や大学では被害経験率が低めですが、20歳台の成人になると被害経験率がやや高くなることです。この理由の一つとして、20歳台の交際では同棲や半同棲をする、結婚を意識した交際をするなど、高校や大学などよりも恋愛関係が深く密接になったり、ともに過ごす時間が長くなったりします。それにより暴力が生じてしまう機会が増える可能性が考えられます。

第2に、心理的暴力は、男女ともに高校生や成人に比べ、大学生の経験率が高くなっていました。この違いは、二つの調査の質問項目の違いによって生じている可能性があります。第8回青少年の性行動全国調査は「馬鹿にする、傷つく言葉を言う、無視するなど（精神的暴力）をされた」という項目で、男女間における暴力に関する調査は「心理的攻撃（例えば、人格を否定するような暴言、交友関係や行き先、電話・メールなどを細かく監視したり、長期間無視するなどの精神的な嫌がらせ、あるいは、自分もしくは自分の家族に危害が加えられるのではないかと恐怖を感じるような脅迫）」という項目で心理的暴力の被害経験を尋ねています。第8回青少年の性行動全国調査の心理的暴力を尋ねる項目は、成人を対象とした男女間における暴力に関する調査に比べ、心理的暴力の内容が深刻ではありません。このような項目の違いが反映されて、大学生の心理的暴力の被害経験率が高くなっているのでしょう。男女間における暴力に関する調査で、心理的暴力の被害経験率は20歳台で一番高かったことを踏まえれば、心理的暴力も高校生、大学生、成人の順で経験率が高くなっていくことは十分に予測できるでしょう。

第3に、性的暴力は、女性が被害者になりやすいことです。二つの調査では、男性の性的暴力の被害経験率は1％程度、女性の被害経験率は5～7％でした。この背景には、性行為において男性が主導権を握りやすいことや、性行為をする動機づけのジェンダー差があるかもしれません。髙坂・澤村（2017）は大学生に性行為をする理由を尋ねる調査を行い、男性は「性的欲求を満たしたいから」などの自分の欲求を理由としやすく、女性は「相手が性行為を望むから」などの相手の要望を理由にしやすいことを明らかにしています。これらを踏まえれば、男性が性行為の主体として主導権を握り、女性がその欲求を受け入れる中で、女性の意に反する性行為の強要が生じる可能性があるといえます。

なお、男性の性的暴力の被害経験率の低さには、男性が被害者になりにくいことに加え、男性が被害を訴えにくいことを反映している可能性もあることに留意が必要です。また、ここまでの説明は異性愛を前提としていますが、同性との性行為における被害もありえます。この点にも留意すべきでしょう。

2．恋人間の暴力のエスカレート

ＩＰＶは、ある日突然暴力が生じるものではありません。恋人からのネガティブな振る舞いが徐々にエスカレートしていき、心理的暴力が生じ、さらにそれがエスカレートすることで身体的暴力が生じる可能性があります。

古村（2022）は、第7回青少年の性行動全国調査（日本性教育協会 2013）と第8回青少年の性行動全国調査（日本性教育協会 2019）で測定されたＩＰＶの被害について再分析し、ＩＰＶの被害に順序性があるかを検討しました。多重対応分析という統計手法を用いてＩＰＶの被害経験と回答者を2次元上に布置した結果（図7‐2）、高校生や大学生のＩＰＶ被害は、被害経験がない状態から友だち付き合いのチェックや制限を経験する段階へ進展し、さらにその後、心理的暴力および身体的暴力の被害を経験する段階まで進み、最終的に性的暴力を経験する段階へとエスカレートしていくことが示唆されました。

また、古村（2015）は、心理的暴力に注目し、心理的暴力の被害経験がどのようにエスカレートしていくのかについて、複数の項目を順序のあるいくつかの段階に分けるための方法である統計手法（潜在ランク理論）を用いて分析しました。その結果、心理的暴力の被害経験は大きく4つの段階に分けることができました。第1段階と第2段階では、「相手から嫉妬される」ことのみが経験されていました。第3段階では、嫉妬に加え、「他の人と連絡をとることを嫌がられる」といった友人関係の

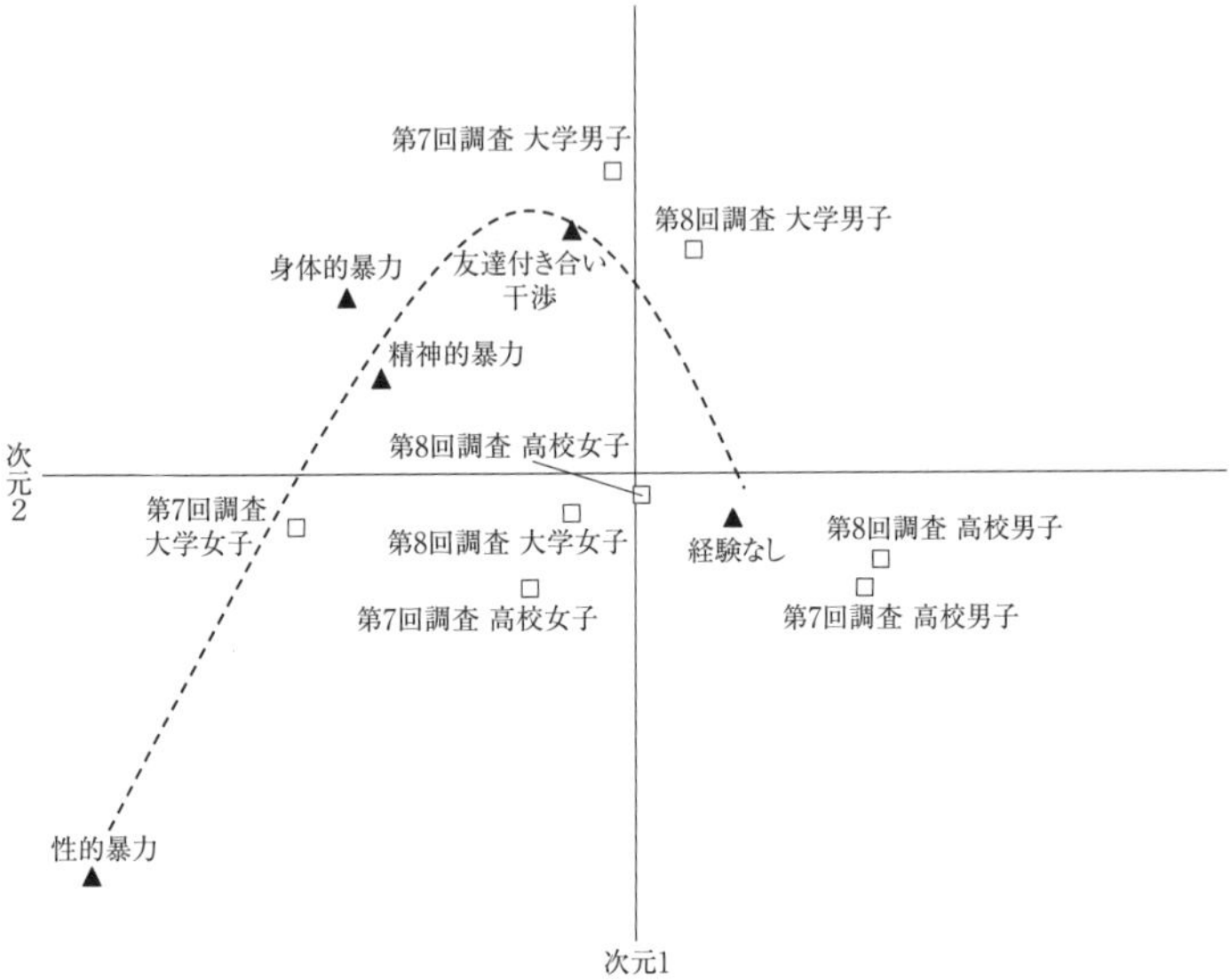

図7−2　高校生や大学生におけるIPV被害についての多重対応分析の結果（古村 2022より作成）

注）破線はIPV被害の順序を表すために記載している。多重対応分析では、U字型あるいは逆U字型を描く布置は、順序性があると解釈することができる。IPVの被害経験と回答者を2次元上に布置した結果、被害経験なし、友達付き合い干渉、心理的暴力および身体的暴力、性的暴力が逆U字型を描くように布置されたことから、IPV被害の経験の順序性が示唆された。

制限や、「理由もなしに突然怒り出す」など、相手から恐怖を与えられるような行動が経験され始めました。第４段階では、「自分の好きなことをさせてくれない」など行動の制限、「目つきや表情などによって怯えさせる」などの支配、そして「誰と会うか何をするかなど行動を管理される」ことが経験されていました。したがって、第４段階は加害者が被害者の行動を制限し、管理や支配をしようとし始めている段階と判断できます。この結果から、心理的暴力の被害は、嫉妬から友人関係の制限へとエスカレートし、その後、恐怖を与えるような行動や支配、行動の管理へとさらにエスカレートしていくことが推察されます。

また、各段階で身体的暴力の被害経験が異なるのかについても検討されました。その結果、第1段階や第2段階では経験なしの人が多いのに対し、第3段階では経験の有無による差が見られず、第4段階では経験ありの人が多くなっていました。この結果は、心理的暴力の被害がエスカレートすることによって、身体的暴力被害も生じ始めることを示唆しています。

これらの研究から、IPVが恋人間の相互作用から心理的暴力、心理的暴力から身体的暴力や性的暴力へとエスカレートする過程が存在することが示唆されました。すべてのIPVがそうだとはいえませんが、IPVは恋人間のコミュニケーションの延長線上にあるものといえます。そのため、IPVのエスカレートを予防するためには、恋人間葛藤やコミュニケーションパターンなど日常的な相互作用に注目することが重要な視点の一つとなるはずです。

3．IPVの組み合わせ

IPVの被害は、一つの種類が単一で生起するのではなく、複数の種類が組み合わさって生じる場合があります。ジョンソン（Johnson 2008）は、IPVを親密なテロリズム（intimate terrorism）と状況的カップル暴力（situational couple violence）に分類しています。両者の違いは、IPVの被害を受けたときに、加害者からの支配やコントロールが生じているか否かにあります。親密なテロリズムは、加害者からの支配やコントロールに基づくＩＰＶであり、病院や警察、ＤＶシェルターに避難した人に多く見られます。また、女性が被害者、男性が加害者になることが多いことが知られています。一方、状況的カップル暴力は、加害者からの支配やコントロールに基づかないＩＰＶであり、恋人同士の対立やけんかが激化することで生じる暴力とされます。そのため、双方向的なＩＰＶになりやすく、男女の被害経験率は同程度になります。

親密なテロリズムと状況的カップル暴力の分類は、さまざまなＩＰＶが支配やコントロールと組み合わさることによって、被害の質や大きさが異なってくることを示唆します。日本では、上野・松並・青野（2018）が、どのようなＩＰＶが恋人からの被支配感と関連するのかを検討しました。その結果、男女ともに、加害者から否定、無視、馬鹿にされるといった心理的暴力や、性的暴力の被害を経験することで、恋人から支配されていると感じやすくなり、自尊心が低くなる過程が示されました。上野・松並・青野（2018）の結果は、心理的暴力被害によって親密なテロリズムが生じる一端を表していると考えられます。しかし、複数のＩＰＶがどのように組み合わさり、被害者にどのような影響を与えるかの検討はなされていません。支配やコントロールにかかわらず、さまざまなＩＰＶがどのように組み合わさるかにより、被害は大きく異なることが予測されます。

4．ＩＰＶのもたらす問題

ＩＰＶは加害経験も被害経験も心身に重大な影響を及ぼします。海外の疫学調査では、青年期のＩＰＶ加害も被害も、その後の抑うつ症状やアルコール依存、薬物利用、反社会的行動、自殺企図と関連することが明らかにされています（Exner-Cortens, Eckenrode, & Rothman 2012）。日本においても、男女間における暴力に関する調査（内閣府男女共同参画局 2021）で、交際相手からのＩＰＶ被害によって自分に自信がなくなった、不眠になった、心身の不調を感じた、人間関係がうまくいかなくなったと回答した人が15～20％いました。

ＩＰＶの被害では、加害者と別れられない人が一定数いることも問題になります。男女間における暴力に関する調査（内閣府男女共同参画局 2021）では、ＩＰＶの被害を経験した人のうち「別れたい（別れよう）と思ったが、別れなかった」人が18・1％もいました。また、ＩＰＶの被害を経験したけれども別れなかった人のうち、別れなかった理由として「相手が変わってくれると思った」や「別れると寂しいと思ったから」をあげた人は約50％いました。また、寺島ほか（2020）では、男性では身体的暴力の被害を経験した人ほど、女性では心理的暴力の被害を経験した人ほど、恋人との関係に多くの時間や資源を費やしているという思いを強くして、関係を続けようとする意思が強くなってしまうことが明らかにされています。関係を続けようとする意思が強くなると、ＩＰＶそのものが過小評価されたり、冗談とみなされたりしてしまう可能性もあります（たとえば、Arriaga, Capezza, & Daly 2016）。ＩＰＶは、被害者に悪影響を与えつつも、時として被害者を加害者との恋愛関係に縛りつけ、被害者を苦しめ続けるおそれがあります。

5．ストーキング

ＩＰＶの一つであるストーキングについても見ていきましょう。日本のストーカー規制法によれば、規制の対象となるストーキングは、「つきまとい等ならびにストーカー行為」とされます。つきまとい等は、特定の者に対する恋愛感情その他の好意感情またはそれが満たされなかったことに対する怨恨の感情を充足する目的で、その特定の者またはその家族などに対して行う行為です。つきまとい等の具体的な行為として８つの具体的行為があげられています（表7－3）。また、ストーカー行為は、同一人物に対してつきまとい等を繰り返し行うことです。

内閣府男女共同参画局（2021）の男女間における暴力に関する調査では、つきまとい等についての実態も調査されています。つきまといの被害経験率は、男性が４％であり、女性が11％でした。つきまとい等の被害の内訳は、男女ともに、つきまとい・待ち伏せ・押しかけ・うろつき等や面会・交際の要求、無言電話、拒否後の連続した電話・ＳＮＳメッセージの送信が多くなっていました（図7－3）。

ストーキングの背景の一つには、恋愛関係・夫婦関係のもつれや関係の崩壊があります。内閣府男女共同参画局（2021）の男女間における暴力に関する調査では、加害者と被害者の関係は交際相手や

表7－3　ストーカー規制法におけるつきまとい等
（ストーカー規制法を参考に作成）

つきまといの種類	具体例
つきまとい・待ち伏せ・押しかけ・うろつき等	尾行、待ち伏せ、監視、学校や職場への押しかけ、学校や職場の周りをうろつく
監視していると告げる行為	行動や服装を電子メールや電話で告げる、監視していることを告げる、帰宅した直後に電話をする、インターネット上の掲示板に書き込みを行う
面会や交際の要求	面会や交際、復縁など義務のないことを告げる、贈り物を受け取るように要求する
乱暴な言動	大声で怒鳴る、粗暴な内容のメールを送信する、家の前でクラクションを鳴らしたりする
無言電話、拒否後の連続した電話・ファクシミリ・電子メール・SNSメッセージ・文書等	無言電話、拒否しているにもかかわらず何度も電話をかけてくる、拒否しているにもかかわらず何度もメールやSNSメッセージを送信してくる
汚物等の送付	汚物や動物の死骸等、不快感や嫌悪感を与えるものを自宅や職場等に送りつける
名誉を傷つける	誹謗中傷したり名誉を傷つけるような内容を告げたりメールを送る
性的羞恥心の侵害	わいせつな写真を自宅等に送りつける、電話や手紙で、卑わいな言葉を告げ辱めようとする

元交際相手が男性で30％、女性で36％と約3分の1を占めました。また、警察への相談でも、交際相手や元交際相手からの被害が41％と高い割合になっています（警察庁 2021）。その他にも、仕事や学校の同僚・友人、見知らぬ人などからの被害もありますが、ストーキング被害の主たる背景に恋愛関係のもつれや失恋があるといえるでしょう。

では、どのような恋愛関係のもつれがストーキング被害を引き起こしてしまうのでしょうか。島田（2017）は、ストーキング被害を経験した18～39歳の女性を対象に、交際中のＩＰＶ被害がストーキング被害と関連するかについて検討しました。その結果、交際中に加害者から細かな監視や性的暴力の

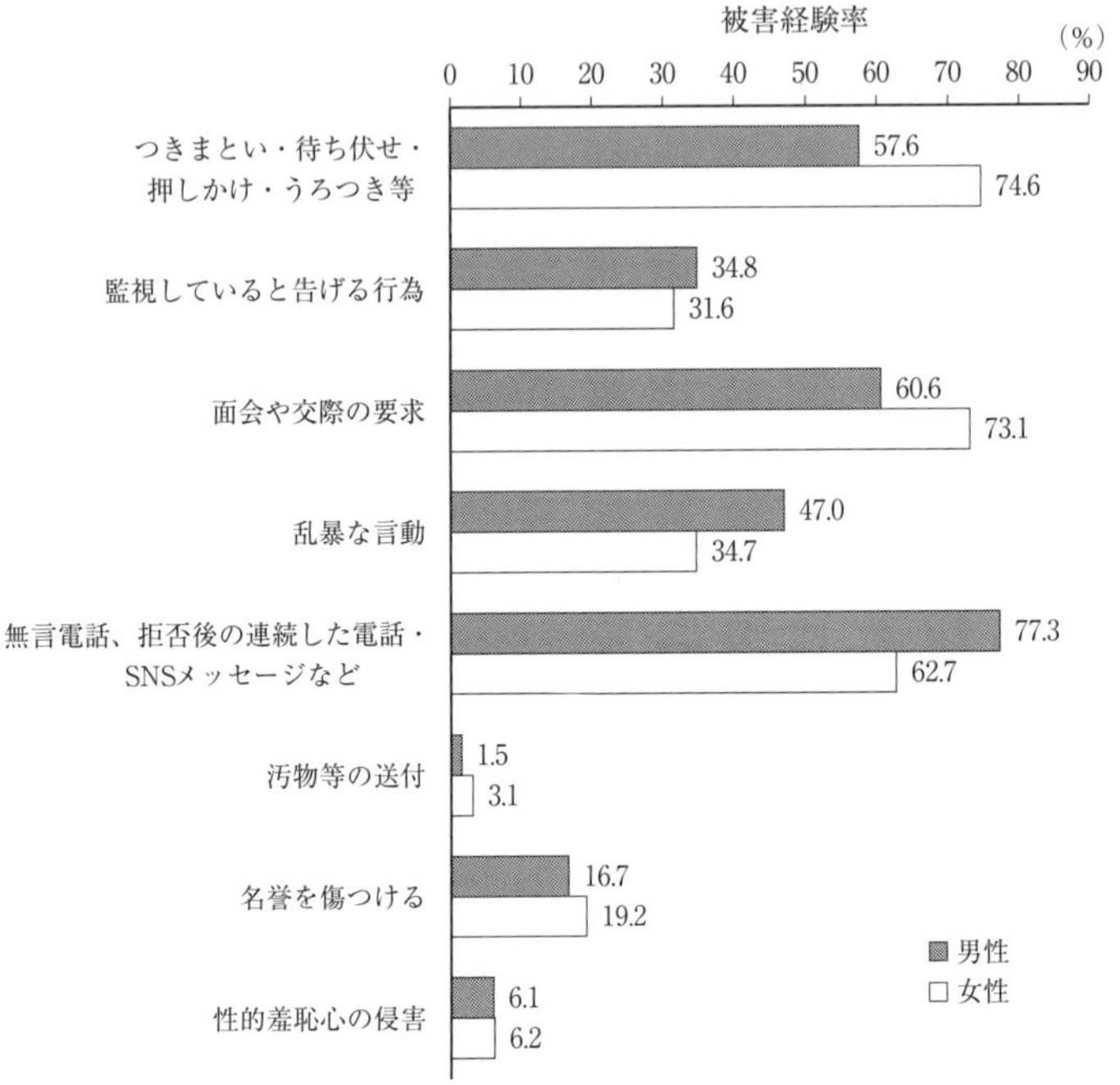

図7−3　つきまとい等の被害経験率（内閣府男女共同参画局 2021より作成）

注）回答者は、つきまとい等の被害経験がある男性66名、女性193名。

被害を受けていることが、別れた後のストーキング被害を経験する可能性を高くしていました。また、交際時に物を壊されることや身体的暴力の被害を経験していることが、別れた後に身体的暴力や脅迫される被害を経験する可能性を高くしていました。以上から、交際中のIPV被害は、交際終了後のストーキング被害のリスクにもなっていることがわかります。

金政ほか（2018）は、ストーキング加害者がストーキングに至る心理的要因を探るための調査を行いました。そこで

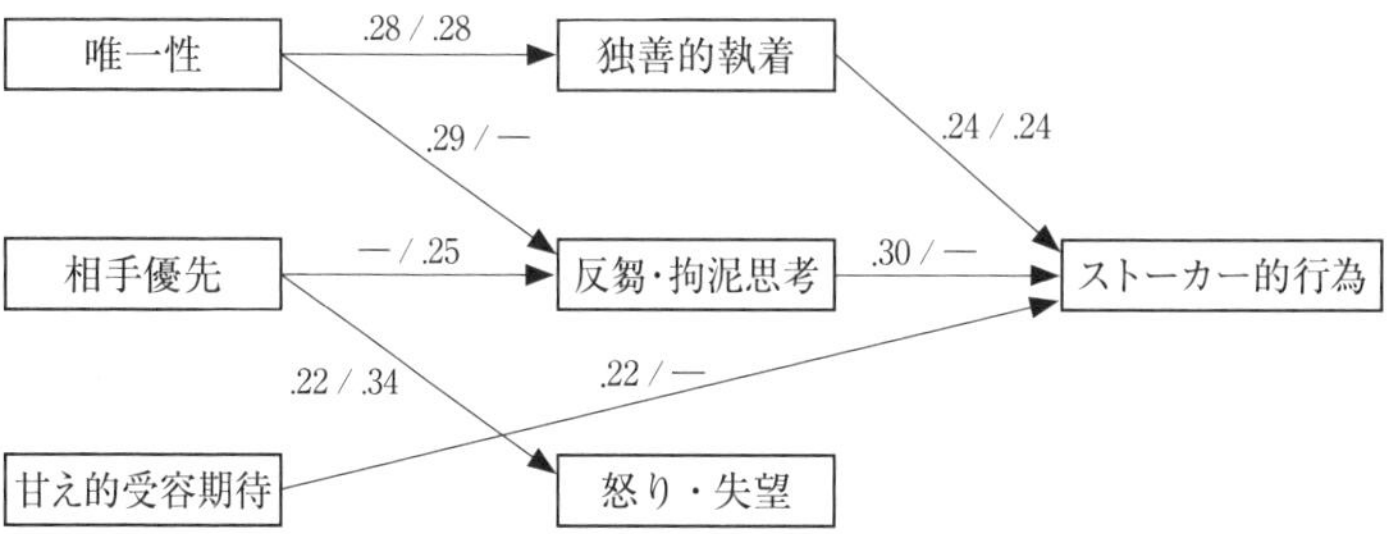

図7−4　金政ほか（2018）における失恋からストーキングに至る過程
（金政ほか 2018より作成）

注）数字は左側が女性、右側が男性の値を示している。—は有意な値が得られなかったことを示している。

注目された要因は、交際時の関係性と別れた後の思考や感情でした。交際時の関係性は、元恋人には自分しかいないと思い込むことを意味する「唯一性」、相手のことを優先しようとすることを意味する「相手優先」、過度の受容を期待することを意味する「甘え的受容期待」に分けられました。別れた後の感情は、相手に憎悪や怒り、失望を感じることを意味する「怒り・失望」、相手のことを思い出すことや別れに納得できないことを意味する「反芻・拘泥思考」、独りよがりの執着心を意味する「独善的執着」に分けられました。

これら交際時の関係性と別れた後の思考や感情の相互関係を検討した結果を図7−4に示します。金政ほか（2018）により、失恋からストーキングに至る3つの過程が示されました。第1の過程は男女に共通して生じており、交際中の「唯一性」が失恋後の「独善的執着」の高さと関連し、ストーキング行為と関連していました。つまり、交際中に恋人には自分しかいないと思い込むことで、別れた後も自分を受け入れるべきだと独りよがりの執着心を抱いてしまい、ストーキング行為に及んでいました。

第2の過程は女性にのみ生じており、交際中の「唯一性」が失恋後の「反芻・拘泥思考」の高さと関連し、ストーキングと関連していました。つまり、女性が交際中に恋人には自分しかいないと思い込むことで、別れた後に相手のことを繰り返し考えたり、別れに納得できなかったりしてしまい、その結果としてストーキング行為に及んでいました。

第3の過程も女性にのみ生じており、交際中の「甘え的受容期待」の高さがストーキングと関連していました。つまり、女性が交際中に相手は自分を受け入れてくれるだろうと過度に期待したことが、関係崩壊後も自分を受け入れてくれるという期待へと結びつき、ストーキング行為へと及んでいました。

これらの結果から、失恋後にストーキング行為を行う背景には、相手との交際中の関係性が影響していることがわかります。第5章でも詳しく述べましたが、失恋後には多くの人が相手に未練を感じ、心理的にも物理的にも相手に近づこうとします。そのため、相手に会おうとしたり、もう一度話をしようとしたりすること自体は、多くの人に見られる行為です。しかし、ストーキングでは、その未練や相手に近づきたいという思いが独りよがりで強く、過度な繰り返しといった不適切なかたちで表出されている可能性があります。ストーキングが恋愛関係のもつれから生じやすいことを踏まえれば、ストーキングの発生過程の解明とその予防のためには、恋愛関係で生じる日常的な現象に注目していくことが重要でしょう。そして、その際には、社会心理学の知見が役立つことは間違いないでしょう。

第8章　性教育や恋愛関係を対象とした教育

古村　健太郎

1．性感染症の拡大とその予防

(1) 性行為と性感染症

近年、性感染症の増加が問題視されています。性感染症の実態の把握には、全数調査が行われている梅毒の感染者数を確認することが有効です。２０００年以降の全国の梅毒感染者数を見ると（図8－1）、男女ともに、２０００年から２０１２年までは微増していましたが、２０１３年以降、急激に増加しています。また、梅毒の感染者の急激な増加とともに、２０１３年以降、感染の経路にも変化が生じてきています（図8－2）。異性間の性行為による感染の増加です。２０１２年頃まで、梅毒に感染する主な原因は、男性同士の性行為でした。しかし、２０１２年以降、男女間の性行為による感染が増え、２０１６年では、男性・女性の異性間での性行為による感染が、男性同士の性行為による感染を上回るようになりました（Takahashi et al. 2018）。加えて、梅毒の感染者のうち性風俗産業の従事者は30％程度であり（国立感染症研究所 2022）、性風俗産業が性感染症の増加の原因ではないこと

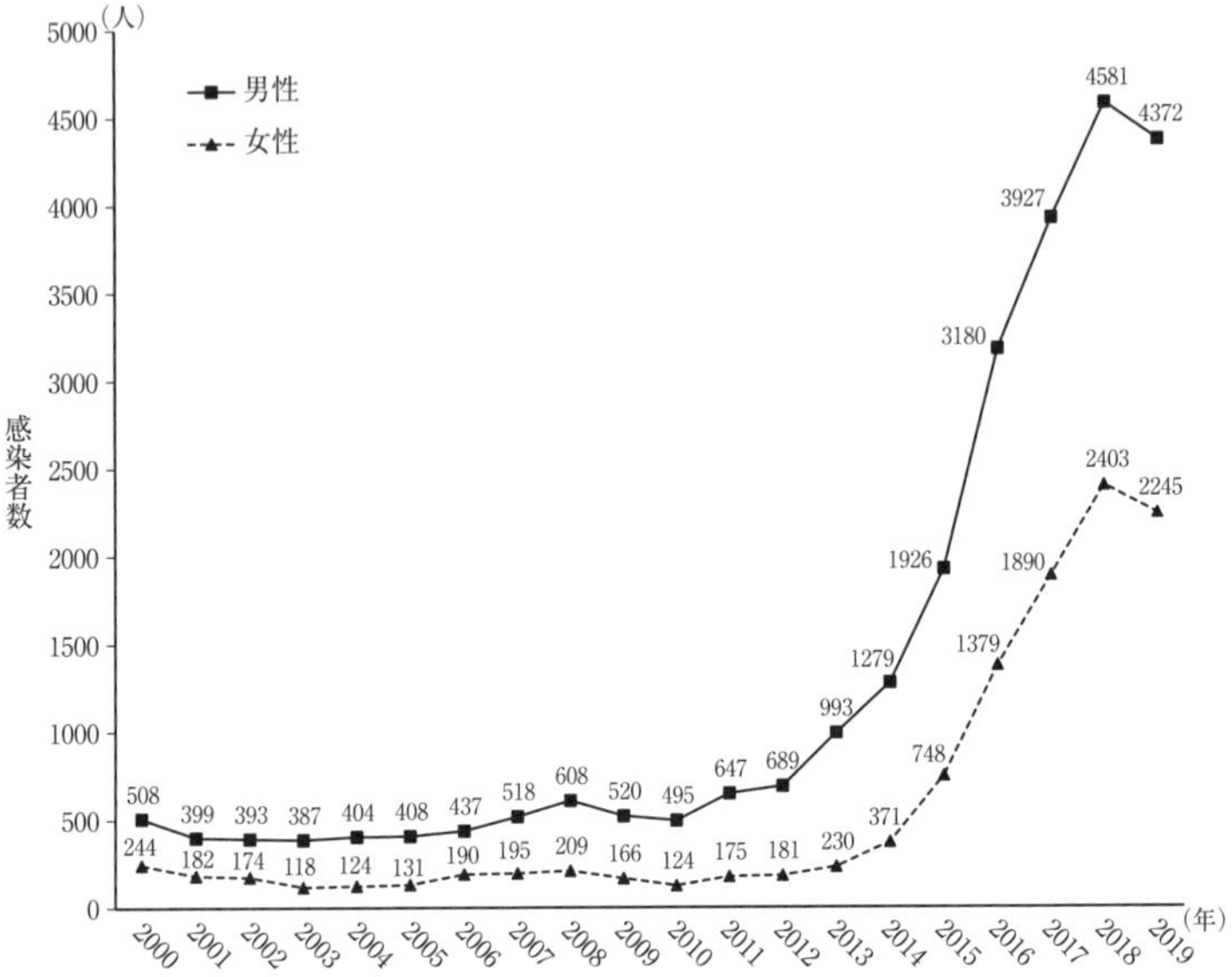

図8－1　梅毒の感染者数の推移
（厚生労働省 2022に掲載されている2004～2019年の梅毒感染者報告数より作成）

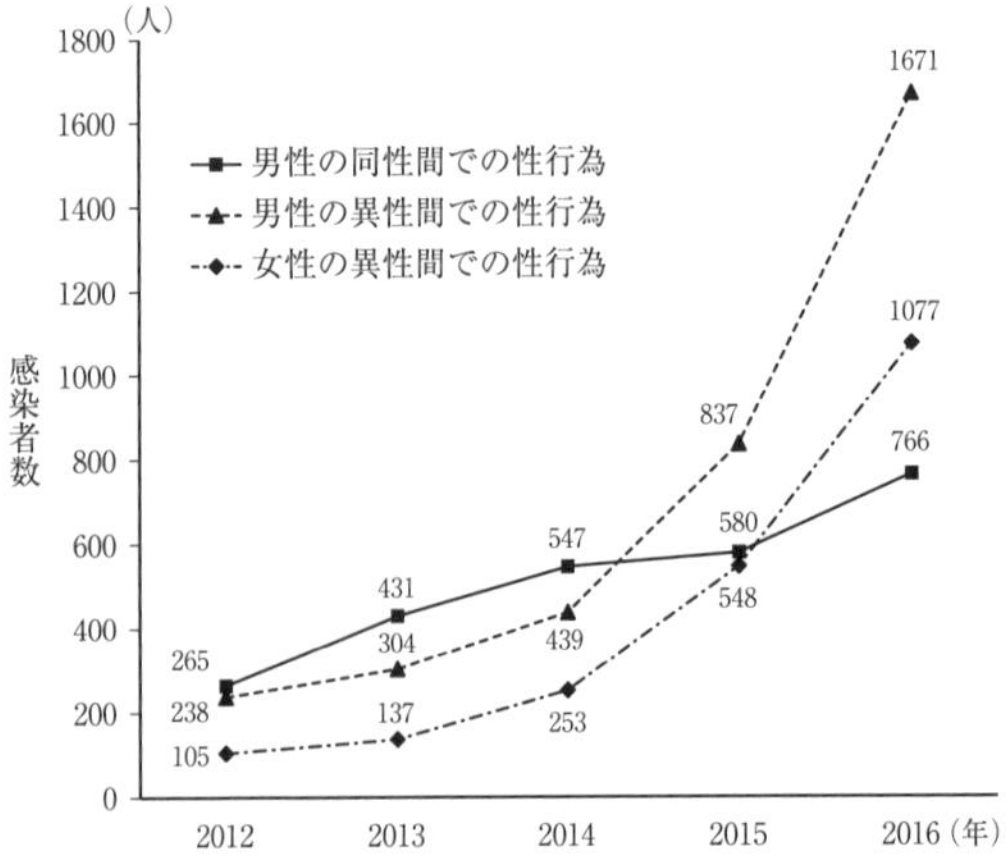

図8－2　梅毒の感染経路の推移（Takahashi et al. 2018より作成）

がわかります。これらのデータから、梅毒の感染は性行為をした際の身近なリスクであるといえます。

（2）性感染症の予防

梅毒をはじめとする性感染症やＨＩＶ／ＡＩＤＳへの感染を予防するための有効な手段の一つは、性行為をする際にコンドームを着用することです。梅毒の感染は、感染者との粘膜や皮膚の接触を伴う性行為で生じることが大多数です。性行為をする際、コンドームを着用することにより、感染部位と粘膜や皮膚の接触を避けることができるため、感染を予防することができます。なお、性感染症の病原体は口や喉に感染する場合もあります。そのため、オーラルセックス（口や舌によって性器を刺激する行為）によって、口や喉から性器へと感染する場合もあります。オーラルセックスのときもコンドームを着用することが感染を予防する手段の一つとなります。

しかし、コンドームを毎回の性行為で使用することは簡単なことではありません。日本性教育協会（2019）による第8回青少年の性行動全国調査において、性行為の際にコンドームを「必ず使用する」と回答した高校生や大学生は50％から70％でした。また、コンドームを使用しない場合の理由として、男女ともに「準備していないことが多いから」や「たぶん妊娠しないと思うから」をその理由としてあげる割合が多くなっていました（表８－１）。

また、コンドームを使用しない理由には男女で違いも見られました。男性と比べ、「必ず使用する」と回答する女性の割合は低く、とくに女子高校生が低くなっています。他にも、男子高校生や男子大

表8−1　コンドームを必ず使用する人およびコンドームをしない理由の割合
（日本性教育協会 2019より作成）

	男子高校生	男子大学生	女子高校生	女子大学生
性行為をするとき、必ずコンドームを使用する	65.4%	70.5%	50.2%	67.3%
コンドームをしない理由				
めんどうくさいから	31.6%	30.4%	13.9%	19.3%
準備していないことが多いから	36.8%	36.5%	42.6%	29.3%
たぶん妊娠しないと思うから	23.7%	32.2%	23.1%	38.7%
避妊を言い出せないから	2.6%	0.0%	11.1%	9.3%
相手に断られるから	5.3%	9.6%	8.3%	9.3%
避妊法を知らないから	0.0%	0.0%	0.9%	0.0%
妊娠したら、産むつもり／産んでもらうつもりだから	2.6%	5.2%	6.5%	5.3%
妊娠しても、中絶すればよいと思うから	2.6%	1.7%	0.9%	4.7%

注）「コンドームをしない理由」の割合の母数は、「性行為をするとき、必ずコンドームを使用する」と回答しなかった人数。

学生は「めんどうくさいから」を理由としてあげることが多く、女子高校生や女子大学生は「避妊を言い出せないから」を理由としてあげる傾向にあります。これらの結果から、女性がコンドームを使用する割合が低いことの理由の一つとして、男性が使用せず、女性はそれに従わざるをえないことが推察されます。

樋口・中村（2010）は、大学生を対象に、コンドームの使用に対する羞恥心とコンドームを使用しようとする意思との関連を検討しました。その結果、男子は、相手や周囲の人からどのように評価されるかという社会的不安がコンドームの使用に対する羞恥心の強さと関連し、コンドームを使用する意思の低さと関連しました。一方、女性は、どのように振る舞えばよいかわからないことや自己イメージとの不一致（たとえば、パートナーにコンドームの使用を依頼・提案する私は自分らしくないなど）がコンドームの使用に対する羞恥心の強さと関連し、コンドームを使用する意思の低さと関連しました。この結果を踏まえ、樋口・中村（2010）は、男性にはコンドームを使用する際の不手際などによって相手から低い評価を受ける不安を低下させるためにコンドームの使用に関するスキルの定着を促すこと、女性にはコンドームの使用を依頼したり促したりするためのコミュニケーションの定着を促すことが重要であると考察しています。

日本性教育協会（2019）や樋口・中村（2010）の結果は、コンドームの使用におけるコミュニケーションがうまくいかないために、コンドームが使用されないことを示唆します。本来、コンドームの使用は男性のみ、あるいは女性のみによって決定されるものではありません。たとえコンドームを使用する主導権を男性がもちやすいとしても、性行為を行う者同士が決定するものです。性行為に際してコンドームの使用を促すためには、カップルのコミュニケーションへの働きかけも必要でしょう。

2．性教育

(1) 性教育の難しさ

高校生や大学生において、毎回の性行為でコンドームを使用することが困難であること、その理由に男性と女性とで差があることを踏まえ、どのようにコンドームの使用を促していくのがよいのでしょうか。考えられることは、小学校、中学校、高校における性教育で指導することです。各学校段階で行われる性教育の内容は、文部科学省が定める教育課程（カリキュラム）の基準である「学習指導要領」や、学習指導要領の趣旨や内容を解説する「学習指導要領解説」によって定められます。性感染症やコンドームの使用については、２００２年から試行された学習指導要領および学習指導要領解説において、中学校3年生の保健体育の内容として扱われ始めました。

しかし現状では、学校における性教育の中で、性感染症やコンドーム使用の指導が十分に行われているとはいえません。土田・キム（2022）では、その背景にある問題点がいくつか指摘されています。第1に、学習指導要領では扱う内容が体系化されておらず、授業時間数も定まっていません。また、学習指導要領では「受精」や「妊娠」について扱うものとし、「妊娠の経過」は取り扱わないとされています。このことは、受精や妊娠は指導するのに性交は指導しないことや、性交は指導しないのに性感染症やその予防方法としてコンドームの存在は指導することを意味します。つまり、学習指導要領や学習指導要領解説における性教育の内容は矛盾をはらむものになっています。第2に、教師がかかえる指導の困難さです。橋本ほか（2011）が全国の中学校７０３校を分析対象とした調査では、中学校1年生、2年生、3年生のいずれも平均して3時間程度しか性教育の時間は確保されていませんでした。また、性教育を実施する問題点として、時間の確保（68・8％）に加え、教材や情報の少なさ（37・0％）、研究機会の少なさ（32・3％）、性教育に対する批判や非難の心配（21・2％）があげられていました。多忙化している教師が少ない授業時間で、性教育の内容を自ら学び指導する困難さが見て取れます。以上から、制度や指導体制の問題によって学校での性教育を十分に行うことが難しい現状があります。

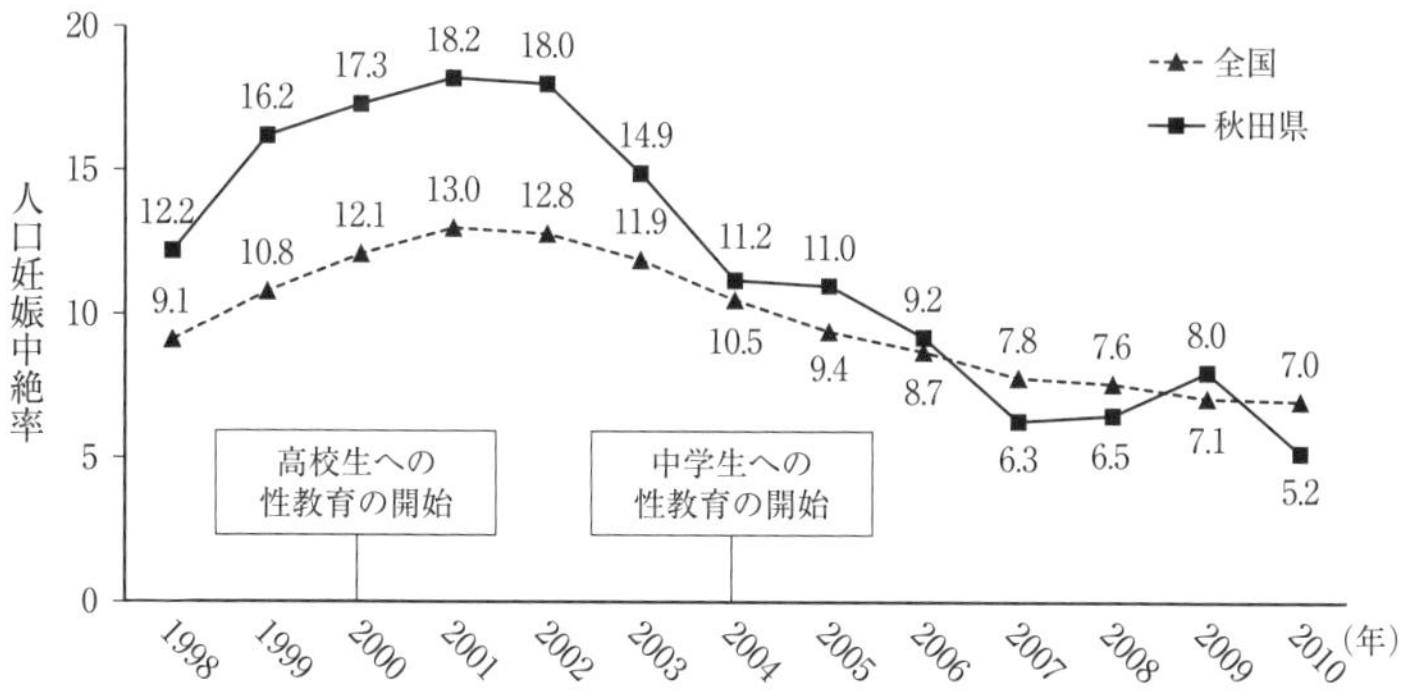

図8−3　秋田県における人工妊娠中絶率の推移（志賀 2015より作成）

注）値は人口1000人あたりの人工妊娠中絶を行った人数。

(2) 性教育の効果

学校における性教育は、短い時間しか行うことができず、体系的に行うことが困難になりやすい状況にあります。では、このような状況で行われる性教育には、どの程度の効果があるのでしょうか。結論からいうと、十分な効果検証は行われておらず、性教育にどの程度の効果があるかは判断が難しいのが実態です。しかし、いくつかの調査では、性教育の効果を示唆する結果が得られています。

その一つとして、秋田県における性教育講座があげられます（志賀 2015）。秋田県は、人工妊娠中絶率が全国平均よりも高いことが問題となっていました（図8−3）。秋田県では、この状況を改善するため、2000年から県事業として中学校や高校における性教育講座を開始しました。講座で扱われる内容は、中学校では心身の発達、友人関係や男女交際で大事にしてほしいことやリスク、妊娠や性感染症などについてでした。高校では男女交際、性のトラブル、人工妊娠中絶、性被害、生命についてなどでした。秋田県が県事業として性教育講座を開始して以降、増加していた人工妊娠中絶率は2002年から減少し、その後は全国平均を下回るようになりました。

ただし、人工妊娠中絶率の全国平均は1998年から2002年程度まで増加し、その後減少しています。この年代は性行動の活発な世代であったため、1998年から2002年の10代の人工妊娠中絶率が全国的に高くなってしまっている可能性があります。このような全国的な傾向が秋田県でも生じており、人工妊娠中絶率の増減も全国の傾向に従っているにすぎない可能性もあります。しかし、性教育講座を実施した後、人工妊娠中絶率が全国平均を下回る年が多いことから、秋田県の性教育講座は一定の効果があったと考えられます。

先ほど説明したように、性教育は限られた時間で行わなければならない現状があります。その現状を打破するための一つの方法は、秋田県のように自治体や地域、コミュニティが学校とともに性教育を行う体制をつくることにあるかもしれません。

第8回青少年の性行動全国調査を分析した中澤（2019）では、学校で受けた性教育の内容の多さと性の知識の多さとの関連が検討されました。性に関する知識は、身体の発達や性行為、性感染症などに関する7つの質問に正しく答えられるかによって測定されていました。これらの質問に対する正答率は全体的に低いものでした（図8－4）。その中で、男女ともに学校の性教育で教わったことがある内容が多かった高校生は、少なかった高校生よりも正答数がやや多くなっていました。また、学校を

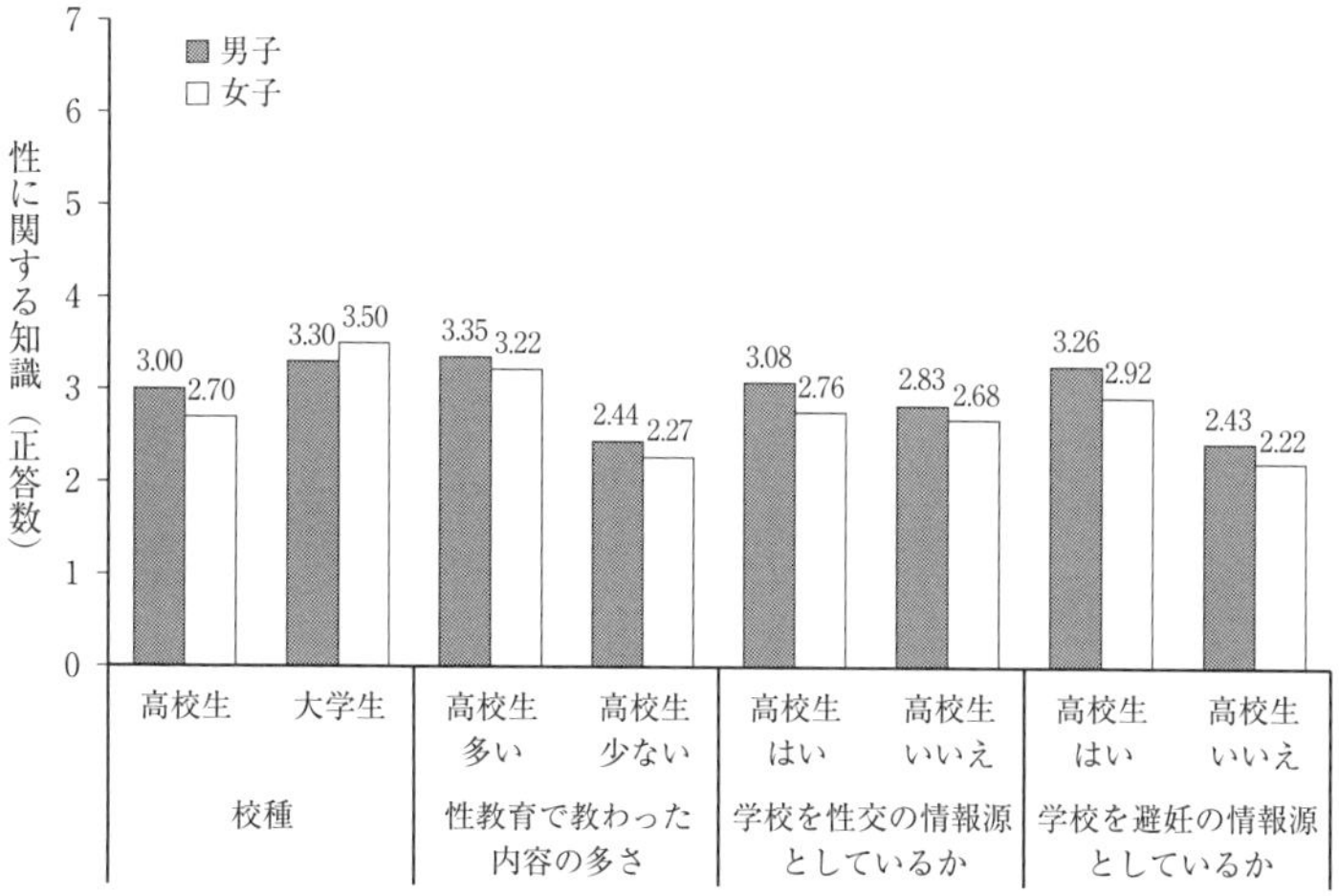

図8−4　性教育の内容の多さおよび性の情報源の違いによる性に関する知識の差

注）性に関する知識の得点範囲は0〜7点。性に関する知識は、「膣外射精（外出し）は、確実な避妊法である」「ピル（経口避妊薬）の避妊成功率は極めて高い」「排卵は、いつも月経中に起きる」「精液がたまりすぎると、身体に悪い影響がある」「クラミジアや淋病などの性感染症を治療しないと、不妊症になる（赤ちゃんができなくなる）ことがある」「性感染症にかかると、かならず自覚症状が出る」「日本ではこの10年間、新たにHIVに感染する人とエイズ患者は減少し続けている」の正答数を足し合わせたもの。

性行為や避妊の情報源としている高校生は、情報源としていない高校生よりも正答数がやや多くなっていました。これらの結果からは、できるだけ授業時間を確保し、多くの内容を扱えるような状況であれば、性教育が効果をもつ可能性があることが考えられます。

　また、中澤（2019）では、性行為の経験がある人は、経験がない人に比べ、学校から性行為や避妊の情報を得ることが少なく、友人や先輩から得ることが多くなっていました。つまり、性行為の経験がある人は、友人や先輩を性行為や避妊の主な情報源として、性に関する知識を身につけているようです。しかし、友人や先輩から得られる性に関する知識は、常に正しいとは限りません。湯川・泊（1999）は、大学生が友人や先輩との性的な情報のやりとりによって、女性が強引な性行為に憧れている、女性は強姦を望んでいる、女性は性的欲求が強いといった誤った知識を身につけてしまうことを明らかにしています。このような誤った性の知識の定着を防ぐためにも、性行為や避妊の情報源として学校が正しい情報を教え、友人同士で誤った情報交換を防ぐことに努める必要があります。

3．性教育の広がり

(1) オンライン教材の開発

前節で述べたように、学校における性教育は一定の効果があることが示唆されるものの、実施時間数や教師の多忙化などによって十分に実施することが難しい現状にありました。この状況を解決する一つの方法として、オンライン教材の開発が考えられます。樋口・中村（2018）は、インターネット上で動画を見ることによって、コンドームを購入しようとする意思を高めることができるか、必要なときにコンドームを購入できるようになるか、自分はコンドームを購入することができるという自信（自己効力感）を高めることができるかを検討しました。用いられた動画の長さは3分20秒であり、その内容は、ドラッグストアでコンドームをおどおどと購入する人物と堂々と購入する人物が映し出され、コンドームを堂々と購入することを推奨するものでした。インターネット上で動画を見ることの効果の分析は、動画を視聴するグループ、性感染症に関するパンフレットを見るグループ、介入を行わないグループとの比較によって行われました。その結果、動画を視聴したグループは他のグループに比べ、動画を見た直後や動画を見てから2カ月後および1年後に、コンドームを購入できるという自己効力感が高くなっていました。しかし、コンドームを購入しようとする意思の高まりや必要なときにコンドームを購入できたかどうかに対して、動画を視聴したことの効果は示されませんでした。

これらの結果は、インターネット上の動画視聴はコンドームを購入できるという自己効力感を高めるにとどまる限界があるものの、わずか3分20秒の動画による介入が一定の効果をもつことを示唆しています。インターネット上の動画を教材として使えることは、性教育を行う教師の負担を軽くするだけではなく、性教育を効率的に行うための手段にもなりえるでしょう。しかし、中学校や高校での性教育は生徒の実態に合わせて実施しなければ、コンドームを使用しない性行為をかえって助長してしまうおそれがあります（木原 2006）。生徒の実態に合わせた授業展開や予想されるリスクの管理を工夫し、学校での性教育に適用可能なプログラムを作成することで、動画視聴が学習の有効な手段になる可能性があります。

(2) 関係性教育への広がり

ＳＮＳにおけるリベンジポルノや性的暴力など性行為と関連する問題、性の多様性、ジェンダー平等の問題など性教育が扱うことが望ましい問題は多岐にわたります。そのような背景から、性教育の内容を二次性徴や身体発達などの生理的側面および性行為に限定するのではなく、ジェンダー、性の多様性、性的同意、恋愛関係で生じる暴力など幅広いテーマと関連づけながら、人間関係全般について幅広い視点から学び、健康的な選択に必要な知識、態度、スキルを獲得する機会を提供するような教育へと発展させる動きもあります。

この状況において、関係性教育（relationship education）が有効な手立ての一つとなるでしょう。関係性教育とは、親密な対人関係に関する知識や態度、スキルを育むことをめざした教育プログラムです。海外では、関係性教育のプログラムが多数開発され、その効果検証が行われています。たとえば、若者を対象とした関係性教育であるSafe Datesというプログラムは、親密な関係間暴力（ＩＰＶ：第7章を参照）の予防プログラムとして開発されました（Foshee et al. 1998）。その内容は、暴力に対する態度の改善、ジェンダーステレオタイプの減少、他者との対立を解決するスキルの向上、他者や相談機関に援助を求めることができる態度やスキルの習得を通して、若者がＩＰＶを予防できるスキルの習得をめざすものになっています。Safe Datesは、身体的暴力や心理的暴力の加害と被害を減少させるだけでなく、性行為を強要する性的暴力の加害や被害を減少させることも明らかにされています（Foshee et al. 1998）。また、Fourth Rというプログラムも、その効果が明らかにされています。その内容は、ＩＰＶの加害や被害の原因に対処するための知識やスキル、対人関係のスキルの習得をめざすものになっています。Fourth Rは、若者のＩＰＶを減少させるだけではなく、性行為時のコンドームの使用を増加させることにも有効であることも明らかにされています（Wolfe et al. 2009）。これらのプログラムは、対人関係に関する知識や態度、スキルを幅広く習得することが、結果として、性行為をするときの適切な振る舞いの習得に結びつくことを示しています。

日本における関係性教育は、ＩＰＶの予防をめざす取り組みの中で実施され、その効果が検証されています。たとえば、須賀・森田・齋藤（2014）は、高校生を対象にＩＰＶを予防するための介入授業を行っています。授業は1セッション（50分）で行われ、その内容は、人を尊重することと、暴力やＩＰＶの知識を教えるものでした（表8－2）。介入授業の効果は、授業を行わなかったグループと比較することで検証されました。その結果（図8－5）、受講した高校生は、受講していない高校生と比べ、介入授業直後にＩＰＶを予防することにつながる考え方（好きなら何があっても相手を最優先するのが普通だといった関係性についての正しい知識、ひどいことばを浴びせたり大声で怒鳴ることも暴力であるといった威圧的行為についての正しい知識）が向上しており、介入授業の効果が生じていました。しかし、介入授業の1カ月後には、これらの効果は低下し、介入授業の前と同じ水準に戻ってしまいました。同様の結果は、中学生を対象とした介入授業を行った須賀・森田・齋藤（2013）でも確認されました。したがって、関係性教育は1回きりの授業で行うのではなく、繰り返し行い続ける必要があると考えられます。

赤澤ほか（2021）も高校生を対象に、ＩＰＶの予防を目的とした介入授業を行っています。授業は1セッション（50分）で行われ、その内容は、ＩＰＶに関する知識、他者の視点に気づくスキルや他者との対立時に自分の考えを伝える自己主張のスキルを教えるものでした（表8－3）。介入授業の結

表8－2　須賀・森田・齋藤（2014）の介入授業の内容

1. 人との出会いについて
2. 人を尊重するってどういうこと
3. 人を尊重できない人ってどういう人
4. こんなとき、どうしますか　男の子の立場、女の子の立場
5. 関係性について
6. 暴力とは何か
7. 暴力の種類について
8. 暴力のサイクルについて
9. DVとは何か
10. DV被害者の割合について
11. 身近でDVが起きていたらどうすればよいか
12. DVの電話相談窓口の紹介
13. 子どもへの影響について
14. お互いを尊重できる会話をつくろう
15. ロールプレイ（自分たちで作成したお互いを尊重した会話の発表）

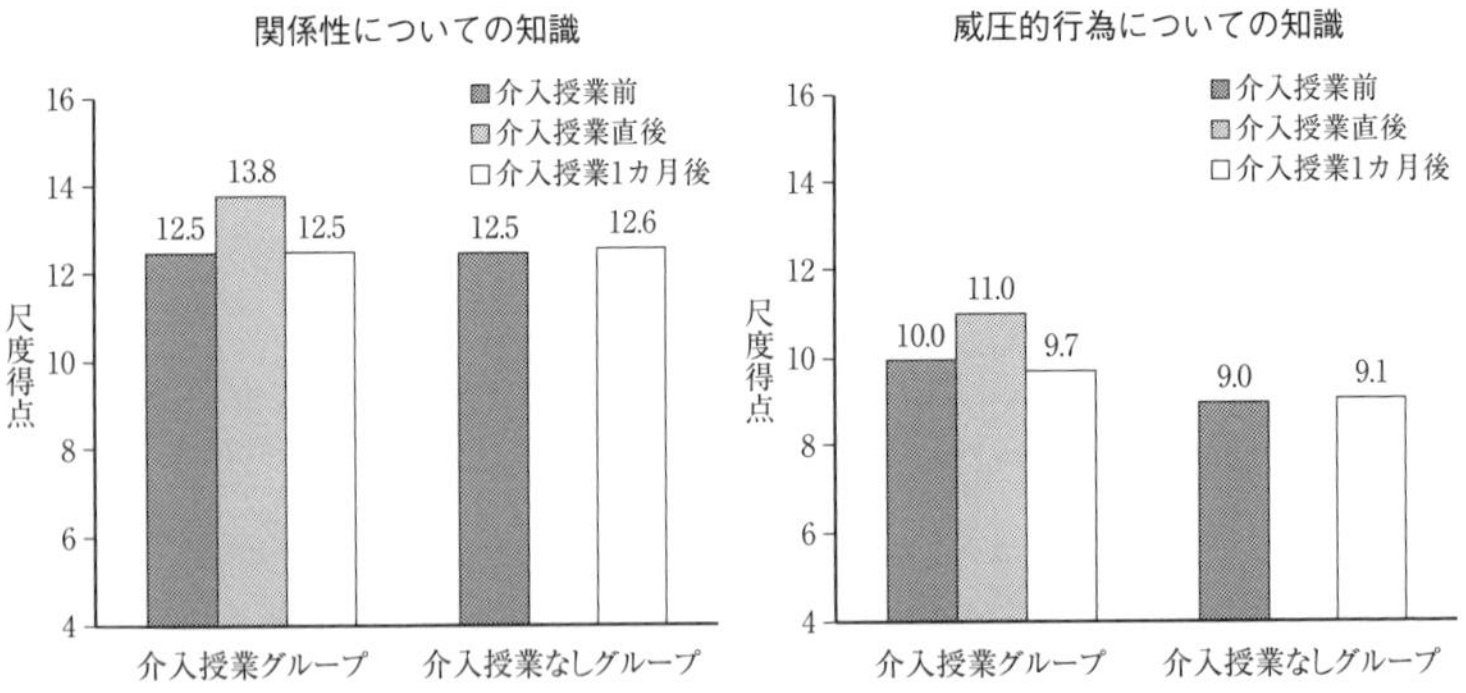

図8－5　須賀・森田・齋藤（2014）による高校生への介入授業の効果

注）介入授業を行ったグループは、介入授業前、直後、1カ月後に効果を測定してる。
　　介入授業を行っていないグループは、介入前と1カ月後のみ効果測定を行っている。

表8−3　赤澤ほか（2021）の介入授業の内容

1.	デートDVとは
2.	暴力の種類
3-1.	暴力を防止するには――他者の視点に気づく
3-2.	暴力を防止するには――アサーティブな自己表現
4.	上手な断り方を考えてみよう （グループディスカッションとロールプレイ）

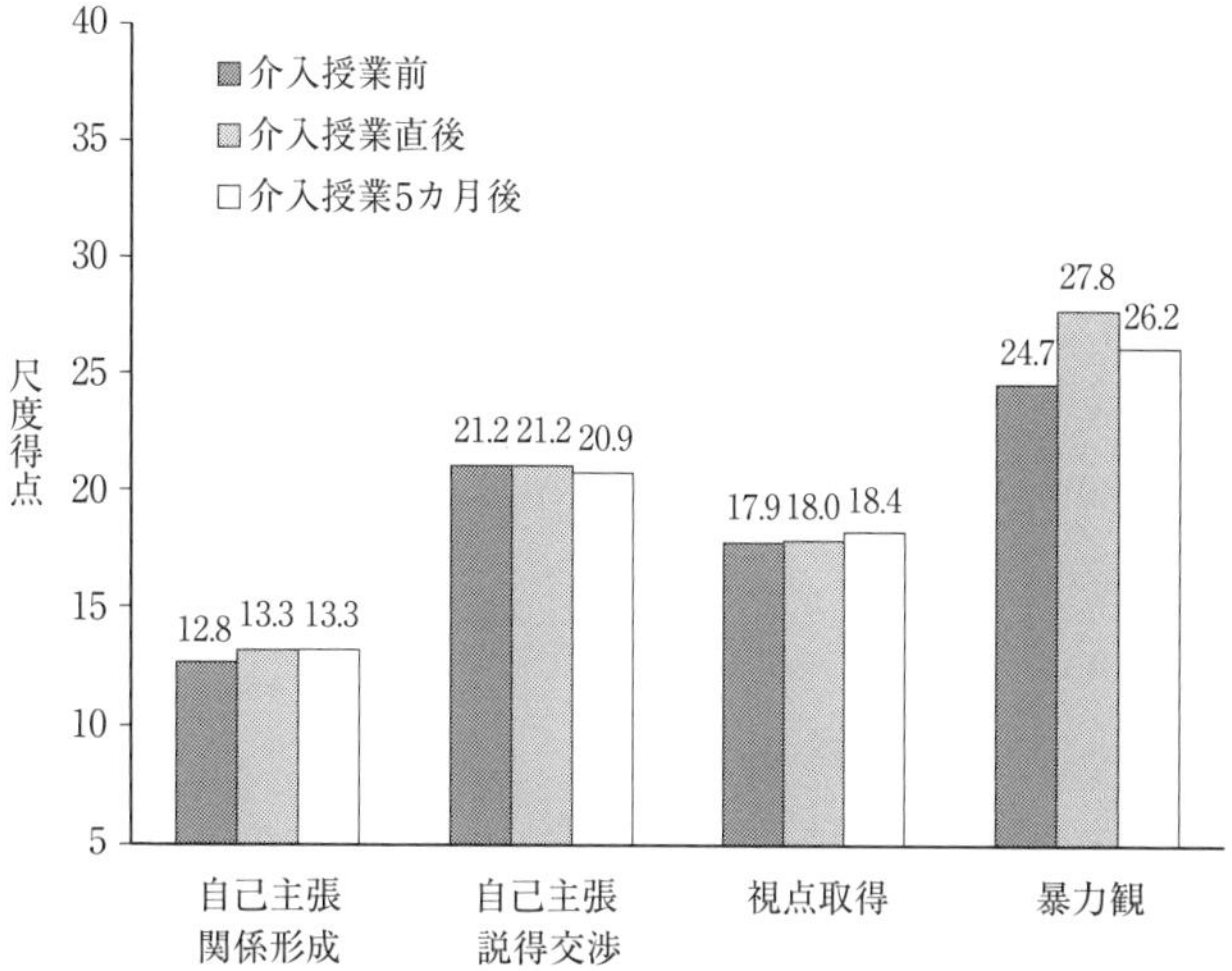

図8−6　赤澤ほか（2021）における介入授業グループの授業前、授業後、5カ月後の効果

注）得点の範囲は、アサーションの関係形成が4〜16点、アサーションの説得交渉が6〜30点、視点取得が5〜25点、暴力観が5〜35点。

果（図8－6）、自己主張スキル（関係形成や説得交渉）および他者の視点に気づくスキル（視点取得）には、介入の効果が生じませんでした。しかし、暴力に対する認識（暴力観）は、介入授業前よりも介入直後や5カ月後に高まっていました。この結果は、1回きりの介入では対人関係を円滑にするスキルは身につかないものの、ＩＰＶに対する考え方には1回の介入でも変容が生じる可能性があることを示しています。

須賀・森田・齋藤（2014）や赤澤ほか（2021）のような関係性教育への取り組みが行われ始めているものの、その蓄積はまだ十分とはいえません。とくに、須賀・森田・齋藤（2014）や赤澤ほか（2021）のように、関係性教育を行うことの長期的な効果を検証している研究は非常に少ないのが現状です。また、ＩＰＶの予防を目的にしたものであるため、性行為における適切な振る舞いなどの側面への効果は検討されていません。日本における関係性教育は、これから発展していくことが期待されます。

これまで、性教育やＩＰＶの予防教育はそれぞれが独立に行われてきました。今後は、より広い枠組みの中で、恋愛関係を対象とした関係性教育を体系化し、性行為の問題やＩＰＶの問題を体系的に教育していくことが望まれます。それを実現するための課題の一つは、カリキュラムの作成です。つまり、1回きりのプログラムではなく、対象者の発達段階に合わせて、長期的に、徐々に進展していくようなプログラムの構成を考える必要があります。たとえば、東京都教育委員会（2019）が作成した「性教育の手引き」は小学校から中学校、高校にかけて行う性教育の指針とその内容を定めており、参考になるでしょう。

性教育や関係性教育を学校のみで行うことは困難です。心理学者や地域の専門家などが協力しながらコミュニティレベルで取り組み、恋愛関係や性行為で苦しい思いをする人たちを少しでも減らすための努力をしていくことが望まれます。

第9章　婚活

仲嶺　真

戦後まもない1950年の生涯未婚率（50歳時未婚率）は男性1・45％、女性1・35％で（国立社会保障・人口問題研究所 2021）、ほとんどの人が結婚していました。その後、1970年代前半まではほとんどの人が結婚する皆婚社会が成立していましたが（山田 2019a）、1980年代以降、徐々に結婚しない・できない人が増え始め、2020年時点（令和2年国勢調査結果）では、男性の25・7％、女性の16・4％が生涯未婚といわれています（総務省統計局 2021：人口等基本集計を加工して算出）。

このような未婚化の背景には、経済成長の低下と、共同体に依拠した出会いの機会の喪失という二つの要因が大きくかかわっています（加藤 2011；山田 1996）。経済成長下においては、誰もが結婚生活を営んでいくうえでの経済的条件を満たしやすかったので、多くの人が結婚できました。しかし、経済成長が鈍化・低下し、社会経済的な不安定性（昇給できるのか、今の会社に勤め続けられるのかが不安定になるなど）が増すと、結婚することへのためらいが生じ、結婚しない・できない人が増えました（岩澤 2010）。また、皆婚社会を支えたのは、見合いや職場などの共同体（たとえば、地域の世話好きな人や会社）が提供していた出会いの機会の多さでした（岩澤・三田 2005）。しかし、それらを「余計なお世話」として遠ざける風潮（個人主義イデオロギーとよばれることもあります：加藤 2011）が強くなったことで、結果的に出会い自体が少なくなり、結婚しない・できない人が増えました。

　このような社会的背景の変化への認識、すなわち、当たり前に結婚できた時代から、結婚に向けて積極的に自ら活動しなければ結婚できにくい時代へと変化しているという認識のもとで、婚活ということばが生まれました（山田・白河 2008）。婚活とは結婚活動の略で、就活（就職活動）のアナロジーとしてつくられたことばです（山田・白河 2008）。「より良い結婚をめざして、合コンや見合い、自分磨きなど、積極的に活動すること」だけでなく、「恋人＝結婚」という意識が強い日本では恋人を求めることも結婚の前段階と捉えられるので、恋人を求めるような活動も婚活とよばれます（山田・白河 2008; 2013）。すなわち、「交際相手と出会うため、あるいは、出会った際に交際へとつながりやすくするために、積極的に何らかの活動をすること」が婚活であるといえます。

　婚活ということばは２００９年の流行語大賞にもノミネートされるほど流行し、婚活市場（結婚情報サービス業等の婚活を支援する業界）は、現在までその裾野と規模を拡大させています（有薗 2020; 神林・児玉 2018; 杉浦 2020）。また、多くの地方公共団体によって、婚活の支援も含めた結婚支援事業が実施されており（大瀧 2013）、都道府県単位で見ると何らかの結婚支援事業がすべての都道府県で実施されています（内閣府 2020）。結婚するかどうか自体は個人の選択であるにもかかわらず、このように婚活は社会的に大きな注目を集めています。

　ただし、大多数の人が婚活を経験しているというわけではありません。婚活ということばが流行していた2010年頃でも、何かしらの出会いを求める結婚活動の経験者は3割から4割程度（三輪2010; 村上 2010）、より最近の調査（明治安田生活福祉研究所 2019; 茂木・石田 2019）でも、婚活経験者は約2割から約4割でした。また、明治安田生活福祉研究所（2019）の調査では、現在進行形で婚活をしている人は1割にも満たない（男性5・5%、女性6・4%）ことも示されています。すなわち、恋人あるいは将来の結婚相手を求めて婚活をしているわけですが、実は婚活をしている人は多いとはいえないため、婚活をしていない人といかに出会うかが、恋人あるいは将来の結婚相手と出会ううえでは重要になると考えられます。

1. 婚活経験者はどのような婚活をしているのか？

では、婚活経験者はどのような婚活を行っているのでしょうか。三輪（2010）は、日本全国の20歳から40歳の男女を対象として実施された「働き方とライフスタイルに関する全国調査」で得られたデータをもとに、どのような婚活が行われているかについて分析しました。第2回調査（第1回調査は2007年、第2回調査は2008年に実施）時に未婚であった男女に、直近1年間にどのような結婚活動をしたかを尋ねた結果、婚活経験者（調査参加者の約4割）に最も選ばれた選択肢は「友人・知人に紹介を依頼」、次いで「合コン」「同僚・上司に紹介を依頼」の順でした。この順序は男女とも同じでした。同様の結果は、村上（2010）でも得られていました。

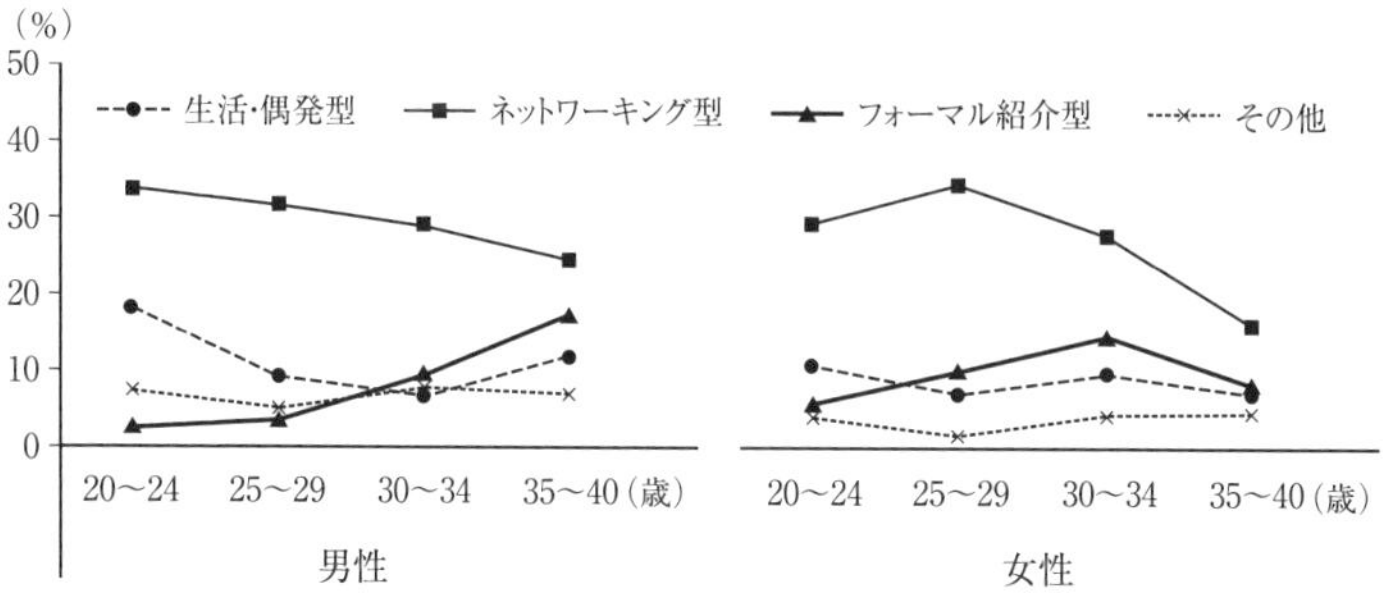

図9−1　2007年時点での年代とその後の1年間の結婚活動経験の関係
(三輪 2010, 図表1-5をもとに作成)

また、三輪(2010)は、具体的な結婚活動を、自然状況に近い場面で相手を探す「生活・偶発型」(「授業・サークル」「趣味・習い事」「街中や旅先」)、友人など近しい人とのつながりを通して相手を探す「ネットワーキング型」(「友人・知人の紹介」「同僚・上司の紹介」「合コン」)、結婚を目標としたより直接的な結婚活動というべき「フォーマル紹介型」(「結婚仲介サービス」「お見合い」「お見合いパーティー」「親・きょうだいの紹介」「親族の紹介」)、「その他」(「インターネット・携帯を通して」「その他」)の4種類に分けたうえで、年代別にどのような種類の婚活が行われているかについても分析しました(図9−1)。その結果、男女ともに最も多く経験されるのは、「ネットワーキング型」でした。しかし、男性では、「ネットワーキング型」は年代が上昇するにつれて経験率が減少し、代わりに、「フォーマル紹介型」の経験率が増加していました。他方、女性では、20代前半から後半にかけて「ネットワーキング型」の経験率が増加するものの30代以降は減少する、20代から30代前半にかけては「フォーマル紹介型」の経験率が増加するものの30代後半は減少する、という特徴が見られました。

表9－1　未婚者における結婚相手と出会うための活動
（明治安田生活福祉研究所 2019をもとに作成）

男性						
25～29歳	友人に紹介を依頼	38.5%	合コン	31.2%	SNS	21.0%
30～34歳	友人に紹介を依頼	37.6%	合コン	31.7%	SNS	17.7%
35～54歳	婚活パーティー	30.4%	友人に紹介を依頼	28.7%	結婚相談所	25.3%
女性						
25～29歳	友人に紹介を依頼	49.6%	合コン	36.8%	街コン・イベント	25.3%
30～34歳	友人に紹介を依頼	46.9%	合コン	36.8%	婚活パーティー	24.9%
35～54歳	婚活パーティー	45.4%	友人に紹介を依頼	35.4%	合コン	32.5%

注）複数回答で得られた上位3つをそれぞれ示した。

より最近行われた別の調査（明治安田生活福祉研究所 2019）でも、結婚相手と出会うためにどのような活動がなされているのかについて調べられています（表9－1）。その調査の結果、20代後半の未婚男性では、「友人に紹介を依頼」「合コン」「SNS」という婚活がよく行われていました。20代後半の未婚女性では、「友人に紹介を依頼」「合コン」「街コン・イベント」という婚活がよく行われていました。30代前半においても20代後半と同様の婚活が行われていましたが、30代後半以降になると、よく行われる婚活が変わっていました。30代後半以降の未婚男性では、「婚活パーティー」「友人に紹介を依頼」「結婚相談所」という婚活が多く行われ、30代後半以降の未婚女性では、「婚活パーティー」「友人に紹介を依頼」「合コン」という婚活が多く行われていました。この結果は、三輪（2010）と同様の結果を表していると考えられます。すなわち、20代あるいは30代前半までは、自分のツテ（「ネットワーキング型」）を頼りに恋人あるいは将来の結婚相手を探そうとしますが、30代後半以降になると、ツテよりも業者あるいは結婚支援サービス（「フォーマル紹介型」）を頼りにすることが多くなると考えられます。

婚活をしていない人といかに出会うかが婚活のカギであったわけですが、30代後半になると、周囲に結婚している人が増えていくなど、婚活をしていない人との出会いをなかなか求めにくくなり、婚活をしている人同士の出会いへと移行していくのかもしれません。

2．婚活には効果があるのか？

ところで、恋人や将来の結婚相手を見つけるうえで婚活は効果があるのでしょうか。婚活を経験して結婚した人のうち、どのくらいの人が「婚活には効果があった！」と実感しているのかを調べた調査（明治安田生活福祉研究所 2016）によると、男女ともに婚活の効果を実感している人は約45％でした（図9－2）。反対から見ると、過半数の人は婚活をしても結婚にはつながらなかったと感じているともいえます。年代別に見ると、男性は年代が若いほど効果を実感している人が多く、女性は20代よりも30代および40代のほうが効果を実感していました。余談ですが、とある婚活パーティーにお手伝いとして参加したことがあります。年齢制限なしの婚活パーティーでしたが、女性は比較的若い世代（20代後半から30代前半）が多く、男性は30代から50代までの幅広い年代層が参加していました。その婚活パーティーに対する20代女性の感想として「お父さんの年齢に近い人もいた」というものがありました。男性は年代が高くなっても婚活を続ける人が女性に比べると多くいますが（茂木・石田 2019）、若い年代の女性で効果の実感が低いのは、婚活に参加している男女間の年齢層のズレが関係している

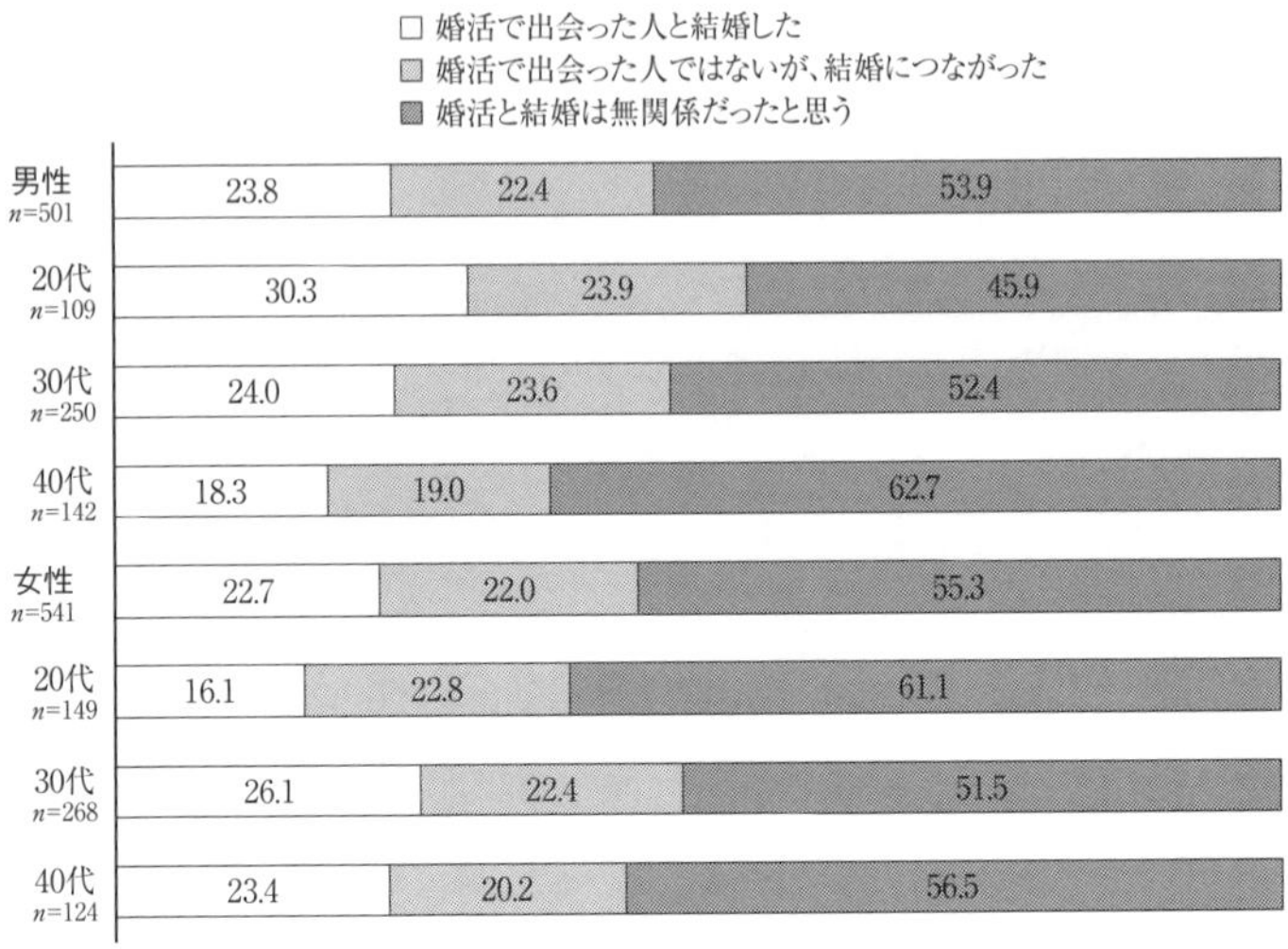

図9-2　婚活の効果
（明治安田生活福祉研究所 2016をもとに作成）

のかもしれません。

以上は、婚活を経験した当事者の実感に基づく婚活の効果でした。実感とは異なるデータから婚活の効果について調べた研究もあります。たとえば、茂木・石田（2019）では、年齢、社会的背景（父職、父学歴、母学歴、15歳時の家庭の資産など）、学歴、初職などをもとに推定を行い、婚活に従事する確率（婚活の傾向スコア）によって4つのグループ（婚活を最も実施しそうにない人々のグループから婚活を最も実施しそうな人々のグループ）をつくりました。そして、それぞれのグループにおいて、婚活を実際に行った人と行わなかった人との間で、1年後にどの程度の人に交際相手ができていたかを調べました。なお、茂木・石田（2019）では、4つのグループをどうやって区切ったのか、その詳細が記されてい

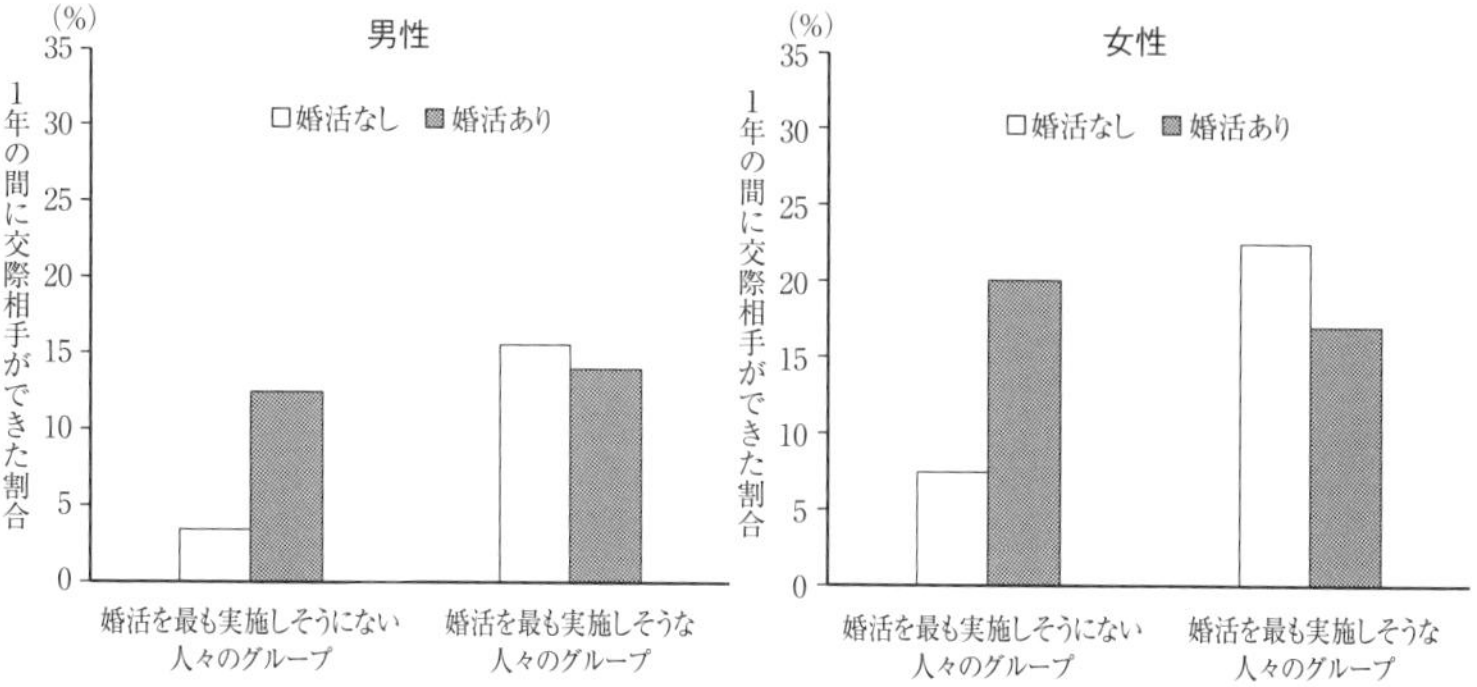

図9－3　婚活に従事する確率別の婚活の有無による交際相手ができた人の割合（茂木・石田 2019，図表2-3をもとに作成）

なかったため、ここでは、両極端にあるグループ、すなわち、婚活を最も実施しそうな人々のグループと最も実施しそうにない人々のグループの結果にのみ着目します。その結果、婚活を最も実施しそうな人々から構成されるグループでは、婚活を行った人たちよりも行わなかった人たちのほうで交際相手ができており、一方、婚活を最も実施しそうにない人々から構成されるグループでは、婚活を行わなかった人たちよりも行った人たちのほうで交際相手ができていました（図9－3）。すなわち、婚活の効果（婚活の有無によって交際相手の有無が異なるかどうか）は、年齢、学歴、初職等から見て婚活をもともと実施しそうな人々なのかそうでないのかによって異なることが示されました。

また、前記のように一口に「婚活」といっても、合コンに行ったり、友だちに友人・知人を紹介してもらったり、自分磨きをしたりなどさまざまな活動があります。そして、それらの活動は一つずつ行われるのではなく、並行しながら行われていると考えられます。たとえば、婚活当事者は、「去年は合コンだけを行いました。今年は友だちからの紹介を頼りに婚活をしていきます」というかたちではなく、「合コンにも行くし、友だちからの紹介もしてもらっているし、婚活パーティーにも行っています」というように婚活を行っていると考えられます。このような婚活の種類（婚活の数）と婚活の効果に関連があるかどうかについて村上（2010）は調べました。

村上（2010）は、13種類の選択肢（たとえば、「親・きょうだいに紹介を依頼」「職場・アルバイト先の同僚・上司に紹介を依頼」「趣味・習い事に参加」など）から「（2008〜2009年の過去1年間に）交際してみたい異性と出会うためにやってみたこと」として実際に行った活動（複数選択可）を調査参加者に選んでもらい、その活動の数と婚活の効果との関係を調べました。なお、ここでいう「婚活の効果」とは、1年の間に交際相手ができたこと（正確には、2008年に交際相手がいなかった調査参加者に2009年に交際相手ができたこと）を指します。

分析の結果、何の活動もしなかった人でも、男性の1割弱、女性の2割弱は、1年の間に交際相手ができていました（図9-4）。しかし、活動数が一つでも増えると、その割合はより大きくなり、とくに女性は活動数が3つ以上になると、活動しないよりも15%ポイント以上、交際相手ができやすいという結果になりました。この結果を踏まえると、当たり前かもしれませんが、活動をしないよりも活動をしたほうが交際相手を見つけやすく、とくに、一つの活動を何回もする（たとえば、合コンに3回行く）よりも、3種類の活動をする（たとえば、合コンに行く、友だちから紹介してもらう、趣味を見つける）ほうが交際相手を見つけやすいと考えられます。ちなみに、「活動なし」で交際相手ができた人は、

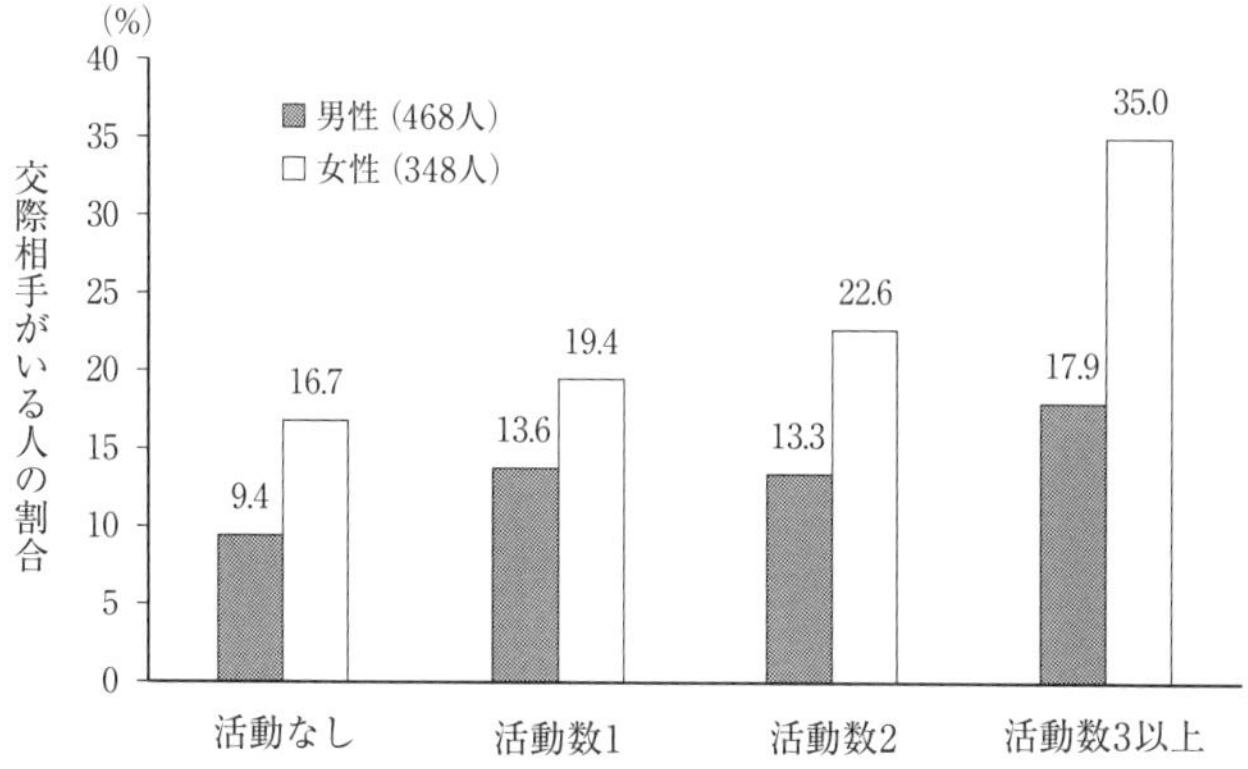

図9－4　男女別に見た活動状況と翌年の交際相手の有無
（村上 2010をもとに作成）

職場や仕事で相手と出会うことが多かったようです（村上 2010）。

では、そもそも一つひとつの具体的な婚活には、どれくらいの効果があるのでしょうか。村上（2010）と同様に、「婚活の効果」を1年の間に交際相手ができたことと定義し、三輪（2010）は一つひとつの具体的な婚活の効果を検討しています。その結果が表9－2です。この分析におけるオッズ比とは、婚活としてその活動をした人たちは、そうでない人たちに比べてどのくらいの割合で交際相手ができやすいのかを表しています。たとえば、「親族の紹介」（1・97）でいえば、婚活をしていた人たちのうち「親族の紹介」によって交際相手ができた人たちは、婚活をしないで「親族の紹介」によって交際相手ができた人たちよりも、約2倍、交際相手ができやすいことを表しています。すなわち、数値が1であれば、その活動をしてもしなくても交際相手のできやすさに違いはなく、1より大きくなるとその活動によって交際相手

表9-2　婚活の効果（三輪 2010, 図表1-6の数値をもとに作成）

活動の内容	オッズ比	統制後のオッズ比
親族の紹介	1.97	1.66
街中や旅先	1.89	1.63
趣味・習い事	**1.84**	1.52
授業・部活・サークル	**1.82**	1.47
親・きょうだいの紹介	1.70	1.40
お見合い	1.54	1.37
友人・知人の紹介	**1.48**	1.11
合コン	**1.41**	1.06
同僚・上司の紹介	1.36	1.05
インターネット・携帯	1.27	1.03
お見合いパーティー	1.07	0.96
結婚相談所や結婚仲介サービス	0.82	0.64

注）太字は統計的に有意な数値。

ができやすいことを示しています。とくにその中でも統計的に有意であったものは太字で示しています。

数値が高く、かつ、太字表記のものを見てみると、「趣味・習い事」1・84、「授業・部活・サークル」1・82でした。ここからは、ふだんの生活の延長（「生活・偶発型」）として行われる婚活で交際相手ができやすいことがうかがえます。また、先に、20代後半から30代前半では、「友人・知人の紹介」「合コン」が婚活としてよく行われていると紹介しました（明治安田生活福祉研究所 2019）。それぞれのオッズ比は1・48、1・41で、「友人・知人の紹介」「合コン」は、それらをしないよりも約1・5倍は交際相手ができやすくなると考えられます。ただし、明治安田生活福祉研究所（2019）の調査で上位にあげられていた「SNS」「街コン・イベント」「婚活パーティー」は、三輪（2010）の分析結果では、「インターネット・携帯」1・27、「お見合いパーティー」1・07という数値であり、かつ太字表記でないことから、これらの活動の効果はそれほどない（してもしなくても交際相手のできやすさに違いはない）ことが示唆されています。

さらに三輪（2010）では、統制後のオッズ比も算出されており、この値が「結婚活動の（より真に近い）効果」であると論じています。詳細は三輪（2010）をご確認いただくことにして、ここでは、イメージでその数値を捉えてみたいと思います。たとえば、「趣味・習い事」のオッズ比は1・84ですが、人当たりの良い人たちと、人当たりの悪い人たちが婚活として「趣味・習い事」を始めたときに、どちらも1・84倍、交際相手ができやすくなるというわけではありません。単純に捉えると、人当たりの良い人たちは3・68倍、人当たりの悪い人たちは0・92倍、その平均として「趣味・習い事」のオッズ比は1・84が得られるというイメージです。すなわち、人によって活動の効果にムラがあるわけですが、そのようなムラを統計的に処理し、（人によらない）活動そのものの効果を示したのが統制後のオッズ比です。この数値を見てみると、全体的に減少しています。たとえば、「趣味・習い事」「授業・部活・サークル」のオッズ比は約1・8であったものが、統制後のオッズ比になると約1・5になっています。また、「友人・知人の紹介」「合コン」のオッズ比は約1・4～1・5であったものが、統制後のオッズ比では約1・1です。加えて、統制後のオッズ比はどれも、統計的に有意ではありませんでした。すなわち、それぞれの活動自体には、婚活の効果がほとんどなく、「結婚活動で成果が上がっているようにみえるのは、活動へとコミットできるその人の性質によるものであって、活動自体が劇的な効果を約束するとは考え難い」（三輪 2010, p.31）と結論づけられています。

3．婚活の効果にかかわるその人の性質とは？

では、その人のどのような性質が婚活の効果にかかわるのでしょうか。山田・白河（2008）は、男性にとって重要なのはコミュニケーション能力、女性にとって重要なのは要求水準（理想の高さ）であると指摘しています。実際、中村・佐藤（2010）では男性においてのみ対人関係能力（「友人つきあいの頻度」）が恋人の有無にかかわっている（対人関係能力が高いほど恋人がいる割合が高い）ことが示されています。また、現在の婚活において流行っているのはマーケティング婚活といわれるものですが（佐藤 2019）、これは要するに、要求水準を現実的にマネジメントしていこう（身の丈に合う目標を立てよう）という発想です。婚活の支援者たちの中にはこのような発想（コミュニケーション能力が大事、要求水準を現実的にするのが大事）のもとで婚活当事者に接している人もおり、婚活当事者もこのような情報を意識しながら婚活をしています。その結果、婚活当事者の中には、コミュニケーション能力が低いことで悩んだり、自分の理想と「身の丈」との間で悩んだりします。

しかし、コミュニケーション能力が低いほど婚活がうまくいかないのか、あるいは、要求水準が高いほど婚活がうまくいかないのかに関しては十分に調べられていません。たしかに、対人関係能力が恋人の有無にかかわっているという結果が得られていますが（中村・佐藤 2010）、ここでの対人関係能力の指標とされたのは「友人つきあいの頻度」です。すなわち、コミュニケーション能力（対人関係能力）ではありません（そもそもコミュニケーション能力とは何なのかに関しては、貴戸 2011 が参考になります）。また、利益最大化傾向の高さは、結婚のしやすさと関連しないことも示されています（Ishiguro 2022）。利益最大化傾向とは、端的にいえば、自分の選択の結果として得られる利益を最大にしようとする傾向のことで、婚活でいえば、要求水準を高くすることに相当します。そのため、Ishiguro（2022）の結果は、要求水準が高くとも、結婚できないことはないと解釈できます。これらのような統計的なデータから端的に個人のケースを判断することはできませんが（Lamiell 2013）、少なくとも婚活当事者の多くが悩みとしている、コミュニケーション能力の低さや要求水準の高さが婚活のうまくいかなさと関連するかどうかは明確ではないことはうかがえます。

そうであれば、婚活がうまくいくことにとって、コミュニケーション能力の高さや、要求水準（理想の高さ）の調整が重要であるといわれるのはなぜなのでしょうか。ここではさしあたりコミュニケーション能力に限定して考えてみます。

4．婚活当事者のコミュニケーション能力が低いように見えるのはなぜか？

Nakamine（2021）は、婚活がうまくいかない人は本当にコミュニケーション能力が低いのかという疑問をもとに、婚活経験者5名に面接調査を行いました。その結果、婚活当事者のコミュニケーション能力が低いのではなく、そのように見えてしまう背景があることを示しました。簡潔に紹介します。

前述したように、婚活は基本的に同時並行的に行われます。たとえば、ある婚活パーティーに参加した次の日に別の婚活パーティーに参加したり、知人による紹介と婚活パーティーを同時に進めていたり、複数の人と同時期に連絡をとり合ったりします。近年はマッチングアプリも普及しているため、そのような出会いを求める活動の同時並行性は増しています。そして、婚活当事者自身がそのこと（互いに同時並行的に出会いを求めていること）を十分に認識しています。婚活当事者は、このような複数人の中から選ぶ／選ばれるという「競争状況」に身を置いており、その中で相手から選ばれなければなりません。そのため、婚活当事者はただ出会いを求めるだけでなく、さまざまな情報（たとえば、効果的なコミュニケーションの方法、第一印象を良くするためには、など）を収集し、それを踏まえたうえで活動を行おうとします。しかし、皮肉にも、得た情報に逆にとらわれてしまい、うまく関係を続けることができません。たとえば、ＬＩＮＥで日常的な他愛のない内容をやりとりしている際にも、良い印象を与えるにはどうしようなどと考えすぎてしまい、結果的に「何を答えていいのか」「これからどのように連絡を続けていくといいのか」わからず、連絡を途絶えさせてしまうこともあります。この点（連絡や会話が続かないなど）を受け止めて、婚活当事者の中には「自分のコミュニケーション能力が低い」と考えてしまう場合があるとともに、婚活の支援者も「婚活当事者はコミュニケーション能力が低い」と考えて、それを前提にした情報発信等を行います。そして、婚活当事者はその情報を受け止めて、それを踏まえた活動をしようとし、再び逆にとらわれてしまい、婚活がうまくいかなくなるという悪循環が起きていました。

以上から示唆されるように、婚活当事者は決してコミュニケーション能力が低いから婚活がうまくいかないのではなく、コミュニケーション能力が低く見えてしまう背景があり、それによって婚活がうまくいっていないと考えることができます。また、そもそもコミュニケーションとは二者間で行うものなので、コミュニケーションがうまくいかない原因を片方の人に帰すこと自体がおかしいと考えることもできるでしょう（貴戸 2011）。

なお、ここではコミュニケーション能力に限定して考えましたが、Nakamine（2021）では要求水準（理想の高さ）についても、そのように見えてしまう背景があることが論じられています。関心のある方はご覧ください。

5．婚活の効果はその人の性質のせいなのか？

三輪（2010）で示されたように、具体的な結婚活動単体で見ると、婚活にはそこまで大きな効果は見込めないと考えられます。実際、山田（2019b, p.120）でも、「婚活で成功するためには、数多くの人をデータで知った上で、ピンとくるまで出会い続けなくてはならない」と指摘されています。その際、活動自体に婚活の効果がないのであれば、婚活の効果はその人の性質によると考えるのは一見妥当であるように思えます。活動数が多いほど効果があるという結果（村上 2010）も、たくさん活動できるような性質によって婚活の効果が左右されると解釈することもできるかもしれません。

しかし、そこでいわれている「その人の性質」とは何を指すのでしょうか。少なくない論者や婚活の支援者が、婚活当事者の「コミュニケーション能力」や「理想の高さ」を指すと考えており、婚活当事者自身もそのように考えてしまう場合がありますが、では、「コミュニケーション能力」や「理想の高さ」の内実とはいったいどのようなものなのでしょうか。Nakamine（2021）が示したように、「コミュニケーション能力」や「理想の高さ」という「その人の性質」に見えるものは、そのように見える背景によって現れていると考えることもできます。

婚活がうまくいかないと悩むとき、コミュニケーション能力を改善することや「身の丈」に合わせて妥協することが必要なのではなく、むしろそのような周囲の情報は気にせずに「自然体」で婚活をすることが、婚活を続けていくうえでも、その後の結婚生活を見据えたうえでも、大事なのであろうと思います。

第3部

恋愛におけるジェンダー／セクシュアリティ

第10章　ジェンダーの視点から見る「恋愛」

渡邊　寛

突然ですが、みなさんは、「美しい人」とか「つよい人」と聞いて、どのような人を連想しますか。おそらく、人それぞれ、まったく違う人物像を思い描いたのではないかと思いますが、多くの人で共通している点もあるかもしれません。それは、イメージした人物の「性別」です。みなさんは、「美しい人」には「女性」を、「つよい人」には「男性」をそれぞれ思い浮かべなかったでしょうか。

私たちが生きている社会では、「女性は○○である（べき）」「男性は○○である（べき）」などと、性別によって望ましいとされたり期待されたりする性質や振る舞いが異なることがあります。このような社会文化的な規範のことをジェンダー規範といいます（規範とは、ある文化や集団の中でどのような性質や振る舞いが望ましいとされたり期待されたりするのかについての暗黙の基準やルール・マナーなどを指します）。前述した「美しい」「つよい」などの性質と「性別」の結びつきについての先行研究を以下で紹介しましょう。

湯川・清水・廣岡（2008）は、人間の性質を表す50の単語（たとえば、「活発な」「自信のある」「家庭的な」「愛情豊かな」など）を用意して、それらが女性にあてはまると思うか、男性にあてはまると思うか、どちらにもあてはまると思うかを男女大学生に回答してもらいました。その結果、１９７０年代の調査に比べて、１９９０年代の調査では、女性または男性のいずれかにあてはまると回答された単語が減り、どちらにもあてはまると回答された単語が増えていました。一方で、依然として「かわいい」「美しい」「気持ちのこまやかな」が女性にあてはまると回答され、「つよい」「経済力のある」「指導力のある」が男性にあてはまると回答されました。

この調査からは、男女どちらにもあてはまるとされる性質が増えてきている一方で、依然として女性と男性で違う性質を結びつけられやすいことがうかがえます。このような「男女の違い」は、恋愛においても顕著に見られます。この章では、恋愛における「男女の違い」を見たうえで、それが何を意味しているのかについて考えてみたいと思います。

1．恋愛における「男女の違い」

恋愛は一定の段階を経ながら進展していきます。会話をする、相談をする、プレゼントを贈る第1段階、デートをする、特別な用もないのに電話をする第2段階、ボーイフレンドやガールフレンドとして友人や周囲の人に紹介する、キスしたり抱き合ったりする第3段階、恋人として友人や周囲の人に紹介する第4段階、結婚してほしいと求める、結婚の約束をする第5段階です。松井（1990）は、大学生を対象として、このような恋愛の段階による男女の恋愛感情の差を調べました。その結果、男性は恋愛の初期に感情が高まる一方で、女性は恋愛の後期に感情が高まることがわかりました。

デートやキス、セックスといった具体的な性行動においても「男女の違い」は現れます。中学生、高校生、大学生を対象にした「第8回青少年の性行動全国調査」（日本性教育協会 2019）では、デートに誘ったり、デートの費用を支払った経験について、男性は「主に自分がする」、女性は「主に相手がする」という回答が多くなっていました。また、初めてのキスやセックスの経験について、男性は「自分から言葉や態度で」求めたという回答が多かった一方、女性は「相手から言葉や態度で」求められたという回答が多くなっていました。

恋愛がうまくいかない場合は別れを経験することになります。牧野・井原（2004）は、大学生を対象に調査を行いました。その結果、別れを経験した男性のうち、自分から別れを切り出した人が36％であった一方、別れを経験した女性では自分から別れを切り出した人が60％でした。別れを切り出した理由については、男女ともに「価値観の不一致」が最も多く選択されましたが、続いて多かったのは、男性で「他に好きな人ができた」、女性で「相手を嫌いになった」でした。

これらの調査結果から、多くの男性は、恋愛の初期に感情が高まり、性行動にも積極的・主導的になりやすい一方、多くの女性は、恋愛をしながら徐々に感情が高まり、別れる際に主導権を握ることが多いという「男女の違い」がありそうです。

加えて、恋愛が進展していくと結婚を視野に入れるようになっていきます。赤澤（2006）は、恋人または婚約者のいる大学生と社会人を対象に、結婚の可能性と行動の関連を分析しました。その結果、調査時点で付き合っている恋人または婚約者との結婚の可能性が高い男性ほど、重い荷物を持つ、相手をエスコートする、車の運転をするなどの行動が多く見られました。これらの行動は男性役割行動（男性に期待される役割に基づいた行動）といわれています。また、同じく結婚の可能性が高い女性は、恋愛感情が高まり、それによって食事や弁当をつくる、相手の部屋を掃除する、こまやかな世話をするといった行動をとっていました。これらの行動は女性役割行動（女性に期待される役割に基づいた行動）といわれています。

また、結婚相手の条件について、18歳以上50歳未満の独身者を対象に調査を行った「第15回出生動向基本調査」（国立社会保障・人口問題研究所 2015）によると、男女ともに「人柄」が最も多く選択され、続いて「家事・育児の能力」「自分の仕事への理解」が選択されていました。加えて女性では、「経済力」「職業」を重視する人が多く見られました。

この調査からは、結婚するうえで男性が仕事や稼ぎ手と結びつけられやすいことが考えられますが、男性自身も仕事や稼ぎ手といった男性らしさを意識していることがうかがえるデータもあります。五十嵐（2018）が働いている既婚者を対象に行った調査では、自身の収入が高い男性ほど、今のパートナー以外の人とセックスをしたことがありました。前述のとおり、男性には「経済力」が求められており、収入が多くジェンダー規範に合致した（つまり、男性らしい）男性ほど、交際相手を見つけやすいと考えられます。一方で、同調査では、配偶者より年収が低い男性ほど、今のパートナー以外の人とセックスをしていることも明らかになりました。家庭内で相対的に経済力の低い男性は、「男は仕事」「男が家庭の大黒柱」というジェンダー規範（つまり、男性らしさ）を満たしていないため、自身の男性らしさを回復するために、家庭外で恋愛をしていた（性的に活発になった）と考えられます。

これらから、多くの男性は、恋愛の初期から恋愛感情が高く、積極的・主導的に行動し、他に好きな人ができて別れたり、ある領域（たとえば、経済力）で男性らしさを保持できない場合は、別の領域（たとえば、性的な積極性）で男性らしくあろうとするかのように恋愛をする傾向が見えてきます。一方、多くの女性は、当初は消極的・受動的ですが、徐々に恋愛感情が高まっていき、結婚を見据えると相手に経済力を求めるという傾向が見えてきます。

では、このような「男女の違い」とは、いったい何を表しているのでしょうか。2節で考えてみましょう。

2. 恋愛における「男女の違い」とは何か？

1節では恋愛における「男女の違い」を説明しました。ここでは、そのような「男女の違い」とは何なのかについて、ちょっと立ち止まって、調査における「性別」、恋愛を「調べる」ということを議論しながら考えてみたいと思います。

（1）調査における「性別」

恋愛に限らず、一般的な調査では、「あなたの性別に○をつけてください」という設問があり、「男性、女性、そのほか」というような選択肢が設けられています。多くの人が、「男性」あるいは「女性」を選択し、「そのほか」はごく少数の人が選択します。一見すると、「男性」あるいは「女性」が多く、「そのほか」が少ないように見えます。しかし、ここで尋ねている性別は何を指しているのでしょうか。

昨今、性は多様であるということがいわれています。戸籍上の性別、出生時に割りあてられた性別以外にも、性にはさまざまな側面があるのです。たとえば、自分自身の性をどのように捉えているかという「性自認」、どのような性の人を恋愛やセックスの対象として見るかという「性的指向」、どのような性として振る舞うかという「性表現」、周りの人がどのような性として捉えているかという「性他認」などがあります（風間ほか 2018; 牧村 2013; 千田・中西・青山 2013）。また、たとえば、性的指向の中でも、性的に惹かれることと恋愛的に惹かれることを分け、どちらか一方のみをもっている人がいたり、そもそも特定の人に恋愛感情をもたない人がいるということも指摘されています（松浦 2021; 武内 2021）。

こうした性の多様性を踏まえると、調査で尋ね回答される性別とは何でしょうか。

たとえば、生物学的な性別や戸籍上の性別が「男性」で、性的対象が「男性」の場合、その人は「男性」と答えるでしょうか、それとも「そのほか」と答えるでしょうか。おそらく、自分のことを

「男性」と捉えていれば「男性」に○をつけるでしょう。一方で、自分のことを、男性同性愛者を指す「ゲイ」と捉えていれば「そのほか」に○をつけるかもしれません。すなわち、自分の性をどのように捉えているかが回答に影響するでしょう。また、別の例として、生物学的な性別や戸籍上の性別が「男性」で、性自認が「女性」の場合、どのように答えるでしょうか。自分の性を「女性」と捉えているので「女性」と回答するかもしれませんし、どのような回答が期待されているか（すなわち、調査者の設問意図）に配慮して「そのほか」と回答するかもしれません。つまり、周りの人が自分のことをどのように捉えているか、どのような性として振る舞うことを期待されているか、自分がどのような性として振る舞いたいかといったことも、回答に反映される可能性があります。

このように考えると、性別を尋ねる項目において、「女性」あるいは「男性」に○をつけることは、回答者が戸籍上の性・出生時に割りあてられた性について回答する行為とも捉えられますが、「女性は○○である（べき）」「男性は○○である（べき）」というジェンダー規範を参照しながら回答する行為とも捉えられます。したがって、調査で性別を尋ねる際には、どのような性を知りたいのかを明確にしておく必要がありますし、調査で示された「男女の違い」もどのような観点での違いなのかを十分に吟味しなければなりません（日本心理学会 2021）。さらに、そもそも、人間の性を細かく分類し、尋ねることができるのかどうかについては、慎重に検討する必要があるでしょう。

（2）恋愛を「調べる」ということ

恋愛には、誰・何を好きになり（ならず）、誰・何に性的な欲求をもち（もたず）、誰・何とセックスするか（しないか）といった性行動にかかわる情報が含まれています。このような特徴がある恋愛について調査で尋ねられたとき、素直に答えられるのはどのような人でしょうか。

一般的な調査でも、回答は無記名で、誰が回答したかがわからない状態で実施され、回収されます。それに加えて、恋愛や性を尋ねる調査では、回答用紙を封筒に入れたり、周りに人がいない状態で回答できるようにするなどの工夫も行います。もちろん、個人が特定されるかたちでデータを公表することはありません。つまり、ある程度匿名性は確保されています。

しかし、自分がしている恋愛が普通ではないかもしれない、変なのではないだろうかと悩んでいたり、自分自身の性のあり方に悩んだり疑問をもっている場合、素直に回答できない可能性が考えられます。そのような場合に回答者が回答しようとすると、「女性は○○である（べき）」「男性は○○である（べき）」あるいは「恋愛とは○○である（べき）」といった規範や社会的なイメージを参照して、（時に自分の考えとは合致しない）回答をすることも想像されます。このため、いくら事前に配慮を行ったとしても、恋愛を調べるという行為が、調査を受ける人の心身に、予期せぬダメージを与えてしまう可能性もあり（溝口ほか 2014）、注意が必要です。

翻って、性別を尋ねる項目に素直に回答できるということは、その人が「自分は女性である」「自分は男性である」とオープンにできるということを意味しているとも考えられます。すなわち、回答者から調査者へのアイデンティティの表明であるとも捉えられるでしょう（アイデンティティとは、自分とは何者であるかについての感覚のことを指します）。

このように考えてくると、1節で紹介したような「男女の違い」とは、何でしょうか。「女性」とされる人と「男性」とされる人にある実際の違いでしょうか。「女性は〇〇である（べき）」「男性は〇〇である（べき）」という規範の違い、あるいはそれぞれの性別に対して人々がもっている知識やイメージの違いでしょうか。それとも、回答者から調査者に対する、「（性別で「女性」に〇をつけた）自分は（十分に）女性らしいですよ」「（性別で「男性」に〇をつけた）自分は（十分に）男性らしいですよ」という表明や実践（行為）に伴う違いなのでしょうか。これらを判断するためには、恋愛を調べる方法を検討することのみならず、恋愛にかかわる人間の性とは何なのか、ということを十分に考える必要があります。ここに、恋愛における「男女の違い」を捉える難しさがあります。

3節では、性だけでなく、さらに「恋愛」そのものが多様なのではないかということを考えてみたいと思います。

3．「恋愛」の多様性

2節では恋愛における「男女の違い」とは何かを考えましたが、そもそも研究で対象とされてきた「恋愛」は暗黙のうちに特定の範囲に限定されてきました。それは、自分が所属している学校や職場といった、身近にいる若くて障害のない人（異性）に恋して将来的に結婚する、という前提です。ここでは、そのような「恋愛」の前提について考えてみましょう。

（1）若くて障害のない異性愛者という前提

多くの人は、「恋愛」と聞いて、男女が互いを好きになり、付き合い、将来的に結婚することを思い浮かべるのではないかと思います。しかし、2節で述べたように性は多様であると考えられています。自分のことを女性と認識している人が女性を好きになったり、自分のことを男性と認識している人が男性を好きになるといったこともありえます（詳しくは第11章）。あるいは、自分自身の性を決められない、わからない人や、自分のことを特定の性別として認識していない人、誰かを「好きになる」「性的に惹かれる」ことがわからない人もいます（そのような人も、誰かと付き合ったり、パートナーがいることも考えられます）。

こうした性の多様性を踏まえると、1節で明らかになっていた「男女の違い」というのは、あくまで自分のことを女性と認識している人が異なる性である男性を好きになり、自分のことを男性として認識している人が異なる性である女性を好きになる、という異性愛の「恋愛」を前提としていたことがわかります。

さらに、1節で紹介した調査は、基本的に若くて障害のない人を対象としていました。しかし、若年の（若い）人たちだけでなく、中高年の人たちも恋愛をしています。たとえば、日本性科学会セクシュアリティ研究会（2016）によれば、単身女性で交際相手のいる人は、40代から50代の49％、60代から70代の21%であり、単身男性で交際相手のいる人は、40代から50代の43%、60代から70代の63%であることが示されています。

また、松波（2005）は、障害をもった女性が、恋愛や結婚への強い憧れを抱く一方で、「この身体で」愛されるのかという自分の魅力への不安、あるいは恋人や妻としての役割が果たせるかという不安やあきらめの気持ちを抱いていること、そして、障害をもった男性に比べて、障害をもった女性の性欲やマスターベーションが語られにくいことを論じています。すなわち、障害をもった人も恋愛をしたり、性欲を感じたりしていることに加えて、障害をもっている人でも性別によって（すなわち障害をもっていることと性別が交差しながら）、恋愛や性にまつわる困難が生じていることがうかがえます。

このように、これまでの多くの研究は、若くて障害のない異性愛者に限られており、それ以外の人たちの恋愛や性のあり方は、あまり検討されてこなかったと考えられます。

(2) 一対一という前提

「恋愛」というと、誰かが誰かを好きになる、誰かと誰かが付き合うというように、一対一の関係を想定しがちです。しかし、それ以外のかたちの関係性も存在します。その一つが、特定のパートナーと恋愛あるいは結婚をしながら、他の人と付き合ったり、セックスしたりする関係です。実際、3割弱の男女大学生が浮気（自分が恋人以外の人を好きになったり恋人以外の人とデートしたりした、あるいは同様のことを恋人にされた）経験があると回答しています（船谷ほか 2006）。中高年においても、配偶者以外の異性と親密な付き合いがある人は40代から70代の各年代で15～30％前後いました（日本性科学会セクシュアリティ研究会 2016）。

このような、恋愛や結婚をしながら他の人と付き合ったりセックスしたりすることは、隠れてしていると考える人もいるでしょう。その一方で、親密な関係にあるすべての人に交際状況をオープンにし、合意のうえで複数人と関係をもつというあり方も存在します。そのような関係を「ポリアモリー（Polyamory）」といいます。ポリアモリーには、夫婦関係を営みながら、あるいは結婚せずに、互いに別の性的パートナーをもつことに合意しているかたちもあれば、3人以上で結婚と似た関係をもつかたち、3人以上で関係をつくり、性的関係をグループ内に限定するかたち、1人に2人のパートナーがいて、その2人には性的関係がないかたちなど、さまざまな形態が存在します（深海 2015）。

以上を踏まえると、一対一の関係以外にも、恋愛には多様な関係のあり方があると考えられます。

（3）身近な人に恋するという前提

これまで説明してきたように、「恋愛」には、若くて障害のない身近な異性に恋をするという暗黙の前提がありました。一方で、私たちが恋する対象はもっとたくさんあるかもしれません。

たとえば、「平成22年度結婚・家族形成に関する調査報告書」（内閣府 2011）では、20代から30代の男女にメディアに登場する有名人やキャラクターに恋した経験を尋ねています。「メディアの中のキャラクターや登場人物に恋をすることがある」にあてはまると回答した人の割合は、既婚者、独身で恋人がいる人、独身でいまは恋人がいない人、独身で交際経験がない人の順に、女性では13・5％、18・0％、18・1％、30・2％、男性では5・3％、7・5％、8・0％、14・6％でした。「身近にいないタレントやアイドルに恋をすることがある」にあてはまると回答した人の割合は、同じ順に女性では15・6％、18・3％、20・2％、25・3％、男性では7・3％、9・7％、10・3％、11・3％でした。

また、山田（2019）では、15歳から34歳の男女を対象に調査を行って、身近な人以外にどのような恋愛対象が選ばれているかを調べました。その結果、ペットについては、割合が高くはないものの、30代前半の未婚女性が多くなっていました。キャバクラやメイドカフェ、性的サービス産業のような、特定の人から実際にサービスを受ける関係を選んだのは女性より男性に多い一方で、アイドルやタレント、スポーツ選手のような、身近にいない有名人を選んだのは男性より女性に多く見られました。アニメやゲームのキャラクターのような実在しない対象を選んだのは、男女を問わず年齢が若く未婚の人で多いという結果でした。

これらの調査を踏まえると、身近な人に恋する以外にも、恋愛対象となる存在はたくさんあることが想像されます。また、性の多様性を踏まえると、自分がどのような性かということにかかわらず、恋愛対象の性も多様であり、恋愛対象の性がない（あるいは恋愛対象が人間ではない）ということもありえるでしょう。ここまでの議論を踏まえて、最後に「恋愛」のゆくえを考えてみたいと思います。

4．「恋愛」のゆくえ

1節で述べたように、恋愛は段階を経て結婚に至る（そして家庭を築く）と考えられていた時代がありました。恋愛、結婚、そして、性・生殖（セックスして子どもを設ける）をひとつながりのものとして考える（つまり、好きな人と付き合って、結婚して夫婦となり、夫婦間でセックスをし、子どもを産み育てる）ことを、ロマンティック・ラブ・イデオロギーとよびます。このロマンティック・ラブ・イデオロギーをどの程度信じているのかについて、谷本・渡邉（2016）は20歳から69歳の男女を対象に調査を行いました。「恋愛のゴールは結婚であるべきだ」という項目に対しては、20代から50代の半数以上、60代の4割以上が「反対」と答えました。この結果は、ロマンティック・ラブ・イデオロギーが弱体化していることを意味しています。一方で、「結婚するには、恋愛感情がなくてはいけない」という項目に対しては78・1％の人が「賛成」と答え、前述の「恋愛のゴールは結婚であるべきだ」に反対している人の大半が「賛成」と答えていました。谷本・渡邉（2016）はこうした結果から、恋愛をして結婚につながる（つまり、好きになった人と付き合って結婚する）ことが良いとされたロマンティック・ラブ・イデオロギーから、結婚した関係に恋愛感情がある（大雑把にいってしまえば、結婚した後も互いに「好き」でいる）ことが良いとされるロマンティック・マリッジ・イデオロギーに変化したと考察しました。

しかし、ここまで述べてきた「恋愛」を調べる難しさや「恋愛」における前提を踏まえると、ここでいう「恋愛」や「結婚」とは何を意味しているのでしょうか。どのような人が、どのような対象と、どのような関係性を結ぶことを「恋愛」あるいは「結婚」というのか、もしかすると、人それぞれまったく異なっている可能性があります。たとえば、特定の異性あるいは同性に恋して結婚するということを意味していることもあれば、メディアに登場するキャラクター（その性はどのようなものであれ）に恋し、本気で結婚を望んでいることもあるでしょう。また、恋愛において生じる「好き」「性的に惹かれる」といった気持ちも、人によってまったく異なっている可能性もあります。

そのため、これからの「恋愛」を考えていくためには、若くて障害のない異性愛者が身近な異性と一対一の関係を結ぶという狭いイメージのままとどまるのではなく、個別の経験を大切にし、固定的で画一的な「恋愛」を救う（牟田 2015）あるいは解き放つことが必要ではないでしょうか。そして、自分の恋する気持ちが良いのかどうかがわからない、自分の恋がヘンかもしれないと悩んでいる人には、多様な恋愛の中の一つのあり方だよ、と寄り添っていく、そういう姿勢が求められているように思えてなりません。

第11章　同性への恋

仲嶺　真／渡邊　寛

先日、某ファーストフード店で、たまたま次のような会話を耳にしました（名前はいずれも仮名です）。

リサ：リサさあ、最近、彼氏とうまくいってないんだよねぇ。
マキ：え、そうなんだ。なにかあったの？
リサ：なにかあったというか、なにもないというか。トキメキ消えた的な。
マキ：なに、その贅沢な悩み。
リサ：ははは。ところで、マキは？　彼氏できた？
マキ：いやー、なかなかできないねぇ。

細部は違うと思いますが、だいたいはこのような会話でした。
読者のみなさんは、これを読んで「女性」同士の会話だと思いませんでしたか。たしかに私が見た限り、この2人は「女性」のように見えましたが、外見が「女性」であることと、その人が女性であることとは実は別の話です。この話は、ジェンダー表現（gender expression：自分の性を外の世界に向けて表現すること）や性自認（gender identity：自分の性別が何であるかについての認識）というトピックで、セクシュアリティ・スタディーズやクィア・スタディーズという分野で検討されています（風間ほか 2018; 森山 2017）。これらのトピックの詳細は他書に譲り、ここでは恋愛において重要なある側面に着目したいと思います。

もう一度、冒頭の会話をご覧ください。仮に2人の性自認が女性であるとして（以降、「」がついていない女性あるいは男性はすべて、性自認が女性あるいは男性であることを指すこととします）、その他に注目すべきところはないでしょうか。気づいた人もいるかもしれませんが、注目すべき点は、好きになる相手が「男性」であると仮定されていることです（難しいことばでいうと、異性愛規範、あるいは、より批判性の強いことばでいえばヘテロノーマティヴィティ〈Heteronormativity〉といいます）。リサは「彼氏」と言っているので、「男性」を好きになるのであろうと考えられますが、マキが「男性」を好きになるのかどうかはわかりません。「いやー、なかなかできないねぇ」と言っているのは文字どおりの意味かもしれませんし、もしかしたら好きになる相手が「男性」ではないから、なかなか恋人ができないのかもしれません。このように、どのような性別を好きになるかは性的指向（sexual orientation）とよばれます。本章では、この性的指向という考え方について考えてみたいと思います。

1. 性的指向という考え方

性的指向とは、どのような性別を好きになるかであると先に書きました。これは少し大雑把です。きちんと定義すると、性的指向とは恋愛感情や性的欲望がどの性別の人に向かうかです（森山 2017）。この定義のポイントは、「個人の性別と、恋愛感情や性的欲望の向かう先の性別は連動していない、両者は独立したものだ、とはっきりさせたこと」です（森山 2017, p.39）。すなわち、男性であれば「女性」を好きになり、女性であれば「男性」を好きになるというような決まり（異性愛が当然であること）はなく、それ以外の性愛のかたちもあることが、性的指向という概念によって捉えられるようになりました。そのかたちの一つとしては、同性愛（自分の性別と「同じ」性別の人に惹かれる）があります。女性が「女性」を好きになる場合はレズビアン（女性同性愛者）、男性が「男性」を好きになる場合はゲイ（男性同性愛者）とよばれます。また、性的指向では、個人の性別と、恋愛感情や性的欲望の向かう先の性別は独立しているとだけ定義されており、好きになる性別が一つとは定義されていません。なぜなら、両方の性別に惹かれることもあるからです。このような性愛のかたち（男性あるいは女性が、「男性」「女性」ともに好きになること）はバイセクシュアル（両性愛）とよばれます。また、私たちの社会では、一般に性別は二つ（女性と男性）と考えられがちですが、井手上漠《いでがみばく》さんのように「性別がない」場合もあり、そのような人も含めてすべての性を好きになる性愛のかたちもあります。これをパンセクシュアル（全性愛）とよぶこともあります。また、ここまで説明してきた性愛のかたちは「誰かを好きになる」ことを前提にしています。しかし、「誰も好きにならない」こともあります。このような性愛のかたちはアセクシュアル（無性愛）とよばれます（三宅・平森 2021）。いろいろと名称があり、混乱するかもしれません。関心のある方は、「JobRainbow MAGAZIN」や「Magazine for LGBTQ+Ally PRIDE JAPAN」のウェブサイトにある用語解説を参考にしてください。

ここで覚えておいてほしいことは、いろいろな名称そのものではなく、このようなセクシュアルマイノリティ（性に関して社会の想定する「普通」ではないあり方を生きる人々：森山 2017, p.16）が社会の中に存在していることです。たとえば、18歳から59歳の大阪市民を対象にした無作為抽出調査（有効回収率28・6％）では、回答者の約3％が、同性愛者（0・7％）、両性愛者（1・4％）、無性愛者（0・8％）と回答しています（Hiramori & Kamano 2020＝郭・小西訳 2021）。「決めたくない・決めていない」（5・2％）も含めると約8％に達します。また、埼玉県在住の18歳から64歳を対象にした層化二段無作為抽出調査（有効回収率37・6％）でも、回答者の約6％が、同性愛者（0・3％）、両性愛者（1・6％）、無性愛者（0・7％）、決めたくない（3・6％）と回答していました（埼玉県 2021）。

このように、少なくとも性的指向に関しては、20人に1人から2人の割合でセクシュアルマイノリティとよばれる人々が存在しています。そのような人々の存在が無視され、社会から「普通」を押しつけられるとき、セクシュアルマイノリティの悩みは生まれます。セクシュアルマイノリティには、性的指向だけではなく、性自認や性的表現における「普通」ではないあり方を生きる人々も含まれますが、セクシュアルマイノリティ全員の悩みを同時に、一緒くたに考えることはできません。なぜなら、「普通」ではないあり方は多様であるからです。そこで、本章ではセクシュアルマイノリティの中でも同性愛を取り上げて、同性愛で生じる悩みについて考えたいと思います。まずは「同性愛」の悩みと歴史を見てみます。

2.「同性愛」の悩みと歴史

1920年代の性欲学の雑誌『変態性慾』には、「同性愛者」から以下のような手紙が寄せられていたそうです。

……此の自分の変態な恋に苦しむ『辛さ』を或は此方面としては有り触れた事かもしれませんが書き綴って、理解深き先生に打ち明けて、せめてもの心やりとしたいと思ひます……先生の科学的な立場から離れて、此不幸に生まれて来た自分を憐れんで下さい……先生何とかならないものでせうか。実に苦しいのです。（平田 2014, pp.74-75）

文面からは、手紙の投稿人物が、自分の恋心が変態で、自分は憐れむべき存在で、そのような私をなんとか治したいと願っていた様子がうかがえます。同性愛が異性愛と同じく性愛のかたちの一つとして認識されている現代において、同性愛は変態でも治療の対象でもありませんが、投稿人物がそのような悩みをかかえてしまったのは当時の時代背景とかかわっていました。

１９２０年代は、ホモセクシュアリティの訳語としての同性愛が定着した時期です（風間・河口 2010）。それ以前にももちろん女性同士あるいは男性同士の親密な関係（それぞれエスや男色などとよばれます）は存在しましたが（森山 2017）、そのような同性間の親密な関係は苦悩を生み出すものではなく、むしろ肯定的に捉えられることもありました（杉浦 2015：性愛に関してはジェンダー差や階層差も念頭に置く必要がありますが、ここでは話をわかりやすくするためごく単純化して書いています）。しかし、同時期に、同性愛は精神病理（変態性欲）の一つであるという西洋的価値観も輸入され、同性愛が病理用語として普及していきます（三成 2015）。すなわち、それまでとくに否定的に捉えられていなかった「同性愛」が、１９２０年代を境に病理（異常なこと）として捉えられるようになりました（ただし、１９２０年代以前の「同性愛」を現代の同性愛と同一視することはできません。詳しくは森山 2017 の第3章「レズビアン／ゲイの歴史」をご覧ください）。このように、同性愛を病気として捉える発想が当時の社会に普及したことによって、手紙の投稿人物のような悩み、すなわち、恋愛することそのものへの悩みをかかえました。

このような状況はその後１９７０年頃まで続きました。変わるきっかけとなった動きの一つが、学生運動に影響を受けた男性同性愛者の東郷健によるもので、東郷健は自分の考えを以下のように記していたそうです。

ホモは、自分たちを束縛している社会常識を受け入れるべきでなく、常識で自分を見ることを拒否し、堂々と自分がホモであることを認め、自分の立場に即したところで、自分を解放しなければならない。一方、常識の側にある人々は、真の人間性から自分を疎外している常識というものを、掘り崩していかなければならない。（風間・河口 2010, p.106）

簡潔にいえば、社会常識（同性愛＝病気）のほうが修正されるべきであり、同性愛は異常でも何でもないという主張です。今でこそこのような主張は広まってきているかもしれませんが、当時すぐに社会で受け入れられたわけではありませんでした。１９８０年代のエイズ（ＡＩＤＳ：後天性免疫不全症候群）の問題、１９９０年代の「府中青年の家事件」（日本初の同性愛者差別事件の裁判）や、当事者による運動（東京レズビアン・ゲイ・パレードなど：砂川 2001）など、地道で継続的な活動を経て今に至っています（風間ほか 2018; 三成 2015; 森山 2017）。

もちろん、このような主張が現在ほとんどの人に受け入れられているというわけではありません。たとえば、セクシュアルマイノリティに対する大学生の意識について、首都圏の医学系大学生４３９名に調査を行った研究（須長ほか 2017）によれば、「日本では同性愛は精神病とされる」という質問に対して、「正しい」（不正解の選択肢）と回答した人は6％、「正しくない」（正解の選択肢）と回答した人は73％で、「わからない」と回答した人が21％でした。たしかに過去と比べれば現在のほうが同性愛に対して寛容にはなっていますが（石原 2012）、須長ほか（2017）の調査でも約2割の人は「知人が同性愛であったら嫌だ」（どちらかといえば嫌を含む）と答えていますし、日本全国の20歳から79歳を対象とした層化二段無作為抽出調査（釜野 2017）でも、同性愛に対する嫌悪意識（釜野 2017では同性愛・両性愛フォビア度とよばれています）は全体として見ればやや嫌悪の側（どちらかといえば同性愛はおかしい／気持ちがわるい）にありました。このような情勢を反映するかのように、同性愛を含むセクシュアルマイノリティの人々は、そうでない人々に比べて、いじめを受けたり、自殺企図・自殺未遂の経験率が高かったり、強い精神的ストレスをかかえたりするなど、さまざまな生きづらさが生じています（釜野ほか 2020; 風間ほか 2018; 埼玉県 2021）。すなわち、同性愛を含めたセクシュアルマイノリティの存在は徐々に認識されつつも、いまだに同性愛を異性愛のように受容するには至っていないのが現状です。

このような状況のもとで生じている悩みとしてよく取り上げられるのが、同性愛者が異性愛者と同じように恋愛をできないことへの悩みです。

「普通に社会で出会う人の大抵はやっぱり異性愛者なので、どうしても（普通に社会で出会う同性を）好きになっても恋愛みたいな関係には発展しないだろうなという、まぁちょっと諦めにも近いような感覚があるので」

「僕がたとえば街で、それこそ（同性の好きな人と）手をつないだりとかは絶対できないし、やりづらさとかもどかしさは感じます」（島袋 2021, p.31）

これらの語りからは、異性愛が「普通」あるいは「当然」とみなされている社会において、同性間の恋愛関係に社会的承認が得られないことや、恋愛関係を隠さなければならないことへの悩みが見て取れます。すなわち、恋愛することを他者あるいは他者に認めてもらえないことへの悩みをかかえています。

以上をまとめると、同性愛が異常とされた時代には、同性愛者は恋愛することそのものに悩みました。すなわち、同性に恋する自分は病気であり、恋心そのものが否定（治療）の対象でした。時を経て、同性愛は異常ではないとされつつも異性愛が普通とされる現代では、同性愛者は恋愛することそのものに悩むことは少なくなったものの、自分たちの恋愛が社会から認めてもらえない（かもしれない）ことに悩んでいます。このように、一見すると個人的な出来事と思える悩みも、歴史（時代背景）と深くつながりながら生じています。

3．同性愛の悩みとコミュニティ

これまでは歴史を振り返りながら一般社会の中での同性愛の悩みを見てきました。しかし、一般社会のような大きな社会だけでなく、その中にある小さな社会においても同性愛の悩みは生まれます。そのような小さな社会には、いろいろなものがあります。その一つがコミュニティです。コミュニティとは「仲間」同士の集いを表し、同性愛者のコミュニティとして、ゲイ・コミュニティやレズビアン・コミュニティがあります。それらのコミュニティにおいては、同性愛が「普通」あるいは「通常」とみなされているので、恋愛することそのものや、恋愛が他者から認めてもらえないことに悩むことはありません（このような同性愛〈男性同性愛〉の位置づけの変化をゲイマンガから捉えた研究として、斉藤 2019があります）。しかし、コミュニティ内では、それらとは別の、コミュニティ特有の悩みが生まれます。

島袋（2021）によれば、ゲイ・コミュニティには、「ルックス至上主義」や「男らしくない人NG（ホゲてる人NG）」という価値観が支配的に存在しています。「ルックス至上主義」とは、ルックス以外に対する評価がルックスに比べると相対的に低く、ルックスの良さのみが恋愛相手の基準となることを指します。「ホゲる」とは女性性を誇張した「オカマ」のような会話や仕草をすることで、日常的にそのような行為をする人のことを「ホゲてる人」とよび、「ホゲてる人NG」とはそのような人との恋愛を避けたいことを指します。このような価値観がゲイ・コミュニティにおいて存在するため、同性愛者はルックスの良さや、自分がいかに「ホゲていない」かをアピールしなければならず（たとえば、マッチングアプリでの振る舞いを検討した研究として、木谷・河口 2021があります）、「自分を偽っているようで嫌だ」「『男らしくしろ』と異性愛社会で言われてきて、同じことをゲイ社会においても言われる」「ゲイを相手にしたときまで自分らしくいられないのはおかしい」（島袋 2021, p.33）と悩むそうです。

同様に、レズビアン・コミュニティには、性行為の際の役割（挿入側と被挿入側）によるマッチング（挿入側の人と被挿入側の人とが交際する）という考え方や、バイセクシュアルに対する否定的認識が存在しています（小田二 2015; 島袋 2021）。性行為の際の役割が日常生活の役割に結びつくこともあり（たとえば、ボイ〈男性的〉はフェム〈女性的〉におごるものだ）、そのような価値観に賛同できずに悩んだり、自分はどちらかというとバイセクシュアルであると自己認識しているにもかかわらず、コミュニティ内でバイセクシュアルへの否定的認識（簡潔にいえば、レズビアンになれていない「裏切り者」という認識）がある以上、バイセクシュアルであることは恋愛を進めるうえで不利になることから、バイセクシュアルであることを隠したり、男性と付き合った経験は「過去の自分」として意味づけたりすることもあるそうです（島袋 2021）。

異性愛が普通とされる現代、自分たちの恋愛が他者から認めてもらえない（かもしれない）ことに悩み、それを解消しうる場所として、コミュニティへの参加を求めたにもかかわらず、同性愛者は、今度はコミュニティに支配的な価値観に直面します。そのような価値観に違和感を抱きながらも、一般社会（異性愛がマジョリティ〈多数派〉で同性愛がまだまだ受け入れられていない現代社会）における支配的な価値観に沿った恋愛は難しいことから、同性愛者は恋愛をしようと思ったときにコミュニティ（ゲイ・コミュニティあるいはレズビアン・コミュニティ）の価値観に迎合しなければなりません。ちなみに、島袋（2021）は、このような状況を、同性愛者は「恋愛」（異性愛が普通とみなされる恋愛）から疎外され、〈恋愛〉（同性愛コミュニティの価値観を過剰に取り入れた恋愛）へと疎外されると表現しています。

このように見てみると、結局、大きな社会（一般社会）にしろ、小さな社会（たとえば、コミュニティ）にしろ、同性愛者の悩みは支配的な価値観、すなわち規範から生まれています。同性愛は異常という価値観が支配的になった（規範になった）からこそ「私の恋心は変態である」という悩みが生まれ、異性愛が普通という規範があるからこそ「自分たちの恋愛が社会から認めてもらえない（かもしれない）」と悩みます。同性愛が受け入れられたとしても、「ルックス至上主義」「男らしくない人ＮＧ（ホゲてる人ＮＧ）」、性役割規範、バイセクシュアル嫌悪という支配的な価値観（規範）があれば、それらに無理に迎合しようとして悩んだり、あるいは、その価値観（規範）に賛同できずに悩むことになります。

4．悩みの源泉としてのカテゴリー

規範とは私たちの判断、評価、行為等を決める規準のことを指すので、規範に縛られることによって悩みが生まれるのは実は当然のことです。「○○しなければならない」という規範があるからこそ、それができないことに悩んだり、苦しんだりします。しかし、規範がなければ、判断、評価、行為等ができなくなるので、悩みをなくすためとはいえ規範をなくすことはできません。では、規範に縛られて生じる悩みを解消することはできないのかというと、そうではありません。なぜなら、私たちは規範を改訂あるいは更新することができるからです。同性愛の歴史は、それを一般社会という大きな舞台で実践してきた歴史として捉えることもできます。そう考えたとき、今後改訂しうる規範としてはどのようなものがあるでしょうか。ここで、性的指向についてあらためて考えてみたいと思います。

1節で紹介したとおり、性的指向とは恋愛感情や性的欲望がどの性別の人に向かうかと定義されます（森山 2017）。性的指向という概念によって、個人の性別と、恋愛感情や性的欲望の向かう先の性別が連動しないことがはっきりとし、多様な性愛のかたちを捉えられるようになりました。しかし、ここで考えたいのは、恋愛感情や性的欲望は「性別」に向けられるのかという点です。すなわち、相手が女性あるいは男性だから好きになるのかということです。中村（2008）は、あるイベントでのレズビアンの方の話題提供を受けて、以下のように述べています。

私は、これはレズビアンの理解をうながすのにいい話ではないかと思った。一般にレズビアンといえば、「女が好きな女」といわれる。でも、どんな「女」でも好きなわけではない。逆に言えば、「好きになった人が、女だったのである」。これは、ヘテロ（セクシュアル）の女性についてもいえることだ。「男が好きだ」といっても、どんな男でもいいというわけではないだろう。
私たちの社会では、得てして「男とは」「女とは」と一括りにすることが多い。しかし、人が好きになるとき、「男だから」「女だから」好きになるのだろうか？　確かにそういう面もあるかもしれない。が、それは人を好きになる条件の何割ぐらいを占めているのだろうか？　また、そこで「男」や「女」が意味しているものとは、具体的に何なのだろうか。単に性器のことなのか。そうではないのか。（中村 2008, p.59）

ここで述べられているように、同性愛だけでなく、異性愛も含めて、私たちは「性別」に恋愛感情や性的欲望が向けられているのではなく、本来は目の前の人に恋愛感情や性的欲望が向けられているるのだと思います。たとえば、本章では詳しく触れませんでしたが、バイセクシュアル（両性愛）は、性別という枠組みから捉えているために、同性にも異性にも惹かれるというように思えますが、本来は性別にかかわらず目の前の人に恋愛感情や性的欲望が向けられていると考えられます。しかし、それが社会の規範により、あたかも「性別」に向けられているように感じ、性的指向という概念はそれを強化してしまうおそれがあると考えられます。そうであれば、性的指向という概念を使わない、すなわち、「性別」というカテゴリーを使わないで「誰を好きになるか」を語る方法を見つけなければなりません。

とはいえ、「性別」というカテゴリーを使わないで性愛のかたちを語るのは簡単なことではありません。抑圧されてきた多様な性愛のかたちを表現するために多様な概念やカテゴリーが生まれてきた歴史があり、性的指向もその一つなので、それを無碍にすることはできません。しかし、異性愛と同性愛という対立も「性別」が軸となっていますし、同性愛コミュニティ（ゲイ・コミュニティとレズビアン・コミュニティ）の支配的価値観も「性別」を拠り所にしている（たとえば、ホゲてる人NGは、過剰な女性的振る舞いへの嫌悪を指しているという点で「性別」を拠り所にしている）ことを踏まえると、「性別」というカテゴリーを使わない性愛のかたちの表現は、悩みを解消する大きな意味をもつと考えられます。

もちろん、カテゴリーを使わなくなったからといって、悩みがすべて解消するわけではありません。規範の改訂によってまた新しい悩みが生まれるでしょう。たとえば、中村（2021）は、「クワロマンティック宣言」として、性別だけでなく、恋人や友だちなどのカテゴリーを消失させてすら生じる悩みや葛藤について論じています。規範をなくせない以上、私たちは常に何かに悩まなければならないのかもしれません。

しかし、悩みからしか次の可能性は生まれてきません。たとえば、中村は、恋愛でもない、だからといって友情でもない、自分にとってとくに大切な関係にある人たちを、暫定的に「重要な他者」とよび、相手と自分の間にしかない固有の「歴史」（共通経験）を築いています（中村 2021）。しかし、そのような関係は周囲からは理解されにくく、甘えのような振る舞いをしていると「付き合っているの？」と揶揄され、恋人ではないと言うと「（ただの）友達」とみなされてしまう、そのような葛藤があります。そこで、関係に暫定的に名前（たとえば、親友氏、悪友氏、ばぁや）をつけることで、「重要な他者」との関係を恋愛や友情とは別の地平にある関係としてみなしてもらいやすくするような実践を中村は行っています。すなわち、悩み、葛藤をかかえながらも、あるいは、それらをかかえたからこそ、カテゴリーを道具的にうまく利用しながら、「重要な他者」との関係を一歩ずつ築いていくことによって、周囲からも理解されつつ自分たちにもふさわしい親密な関係を築いていこうと模索しています。その他にも、このような実践の一例として、ゲイの「夫（仮）」[*1]と、恋愛でも友情でもない2人の暮らしをつくり上げている能町の実践もあります（能町 2019）。そして、このような規範の改訂という実践が成功するためには、その実践の受け手（規範の改訂の実践者以外のその周囲の人々）が未知の規範に寛容になること、すなわち、自分の知らない規範が存在することを認識したり、そのような規範が存在することを意識したりすることが欠かせないことも忘れてはならないと思います。

リサ：リサさあ、最近、彼氏とうまくいってないんだよねぇ。
マキ：え、そうなんだ。なにかあったの？
リサ：なにかあったというか、なにもないというか。トキメキ消えた的な。
マキ：なに、その贅沢な悩み。
リサ：ははは。ところで、マキは？　彼氏できた？
マキ：彼氏というか、彼女はできたよ。
リサ：マキは彼女派か！　どんな人？　どこで知り合ったのー？

規範を改訂するとともに、未知の規範を受け止める、このような会話が気兼ねなくできるようになったとき、性愛のかたちは自由になると思いますし、このような会話を気兼ねなくできる状況を私たちはつくらなければならないと思います。

＊1　世間一般でいう夫ではないが、役割的には夫であるため、ここは「夫（仮）」という表記になっています。詳細については能町（2019）をご覧ください。

第12章　草食化？

松井　豊

「草食系男子」ということばをご存じでしょうか。

新明解国語辞典第八版では、「草食系」ということばを「恋愛に消極的でおとなしいこと」と定義しています。同辞書には、「草食系男子」と「肉食系女子」という用例が載っています。恋愛に消極的な男子と積極的な女子と比較されていますが、これは事実でしょうか。

本章では、「草食系男子」ということばを手がかりにして、恋愛や性行動が時代によってどう変化してきたかを説明します。

1．草食系男子

草食系男子ということばは、２００６年頃から使われ始め、２００９年頃には雑誌の特集などで取り上げられるようになりました。社会学者の森岡（2011）はその特徴を、心優しく、男らしさに縛られないで対等な女性観をもち、恋愛にガツガツしないで、傷つくのが嫌いな男子とまとめています。

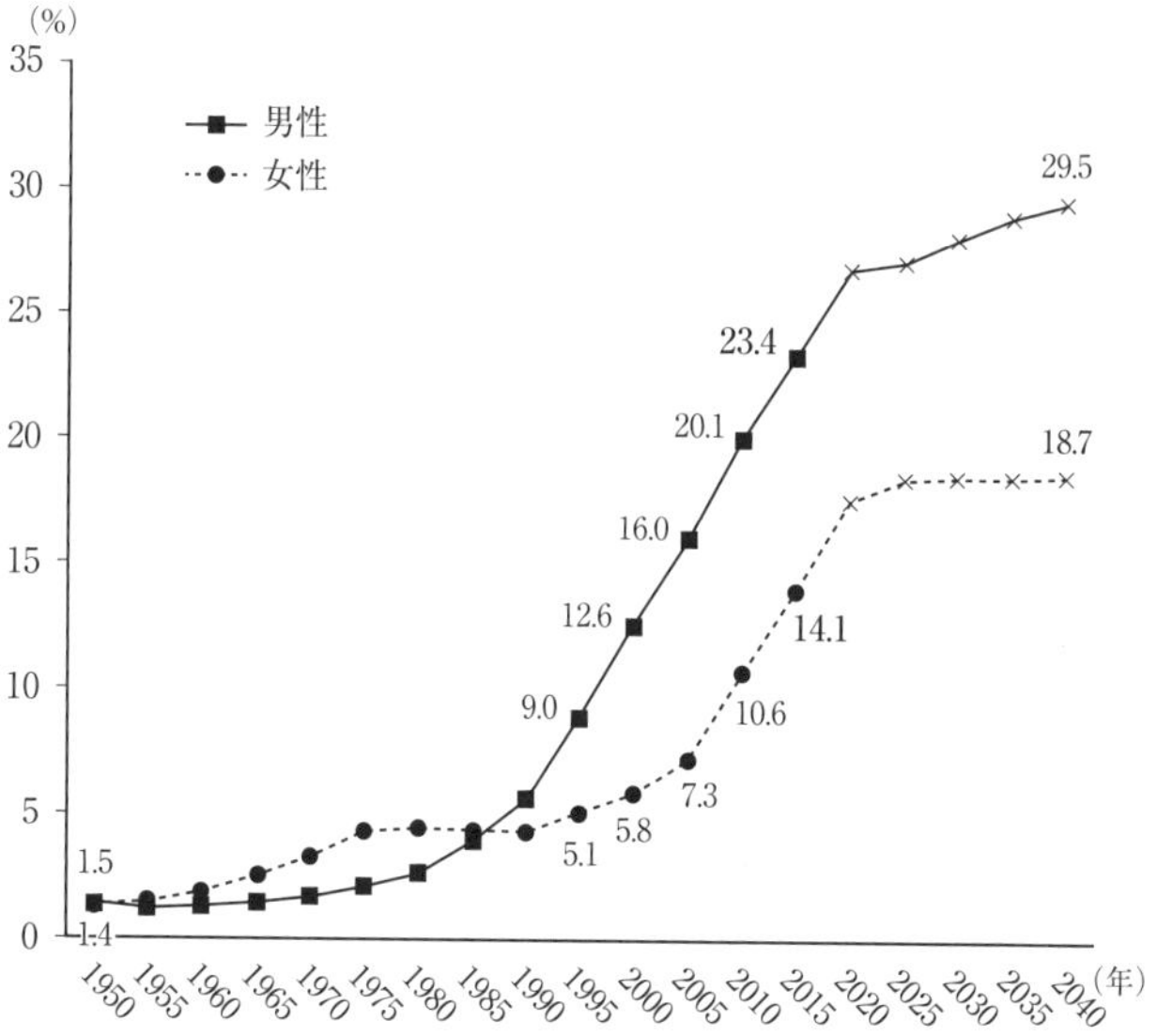

図12−1　生涯未婚率（内閣府 2015より作成）

注）2020年以降は推定値。

ただし、冒頭で紹介したように、一般には「恋愛に消極的でおとなしい」という特徴が知られています。

草食系男子が本当に増えているのかを、いくつかの調査で確認してみましょう。第9章でも述べられているとおり、現在の日本では未婚率が増加しています。図12－1は、生涯未婚率の推移と予測値を示しています（内閣府 2015）。生涯未婚率というのは、45～49歳と50～54歳の未婚率の平均値です。50歳まで一回も結婚していない人の比率と考えられます。グラフからわかるように、1950年から1990年までは男女とも生涯未婚率は5％以下でしたが、1995年以降は急増しており、2015年は男性が23・4％、女性が14・1％になっています。内閣府の推定値では、2040年には男性30％、女性19％に達しています。日本では結婚しない人が1995年頃から急に増えているのです。

2．性経験率や恋愛比率の変化

高校生の性経験率からも時代の変化を見ることができます。図12－2は高校生の性経験率を長年にわたって調べてきた二つの調査結果をまとめたグラフです。全国の高校生（日本性教育協会 2019）と東京都の高校2年生（東京都幼稚園・小・中・高・心障性教育研究会 2005）の性経験がある生徒の比率を示しています。いずれの調査でも、1980年代から2000年代にかけて性経験率が急激に上がっていますが、東京では2000年以降、全国では2005年以降、減少していることがわかります。大学生のデータは掲載していませんが、ほぼ同じ傾向が見られます。

結婚相手紹介サービス「オーネット」は、ネット調査会社に登録されている新成人を対象に調査をしています（オーネット広報グループ 2022）。その中で、「現在交際相手がいる」と回答した人の割合を、1996年から2022年まで示したのが図12－3です。図からわかるように、1996年当時は50％の新成人に交際相手がいましたが、2011年には23％と半減しました。その後徐々に増加し、2017～2020年には30％前後で安定していました。

これらの結果を見ると、1980年代から2000年にかけては恋愛や性行動が活発な青年が増加

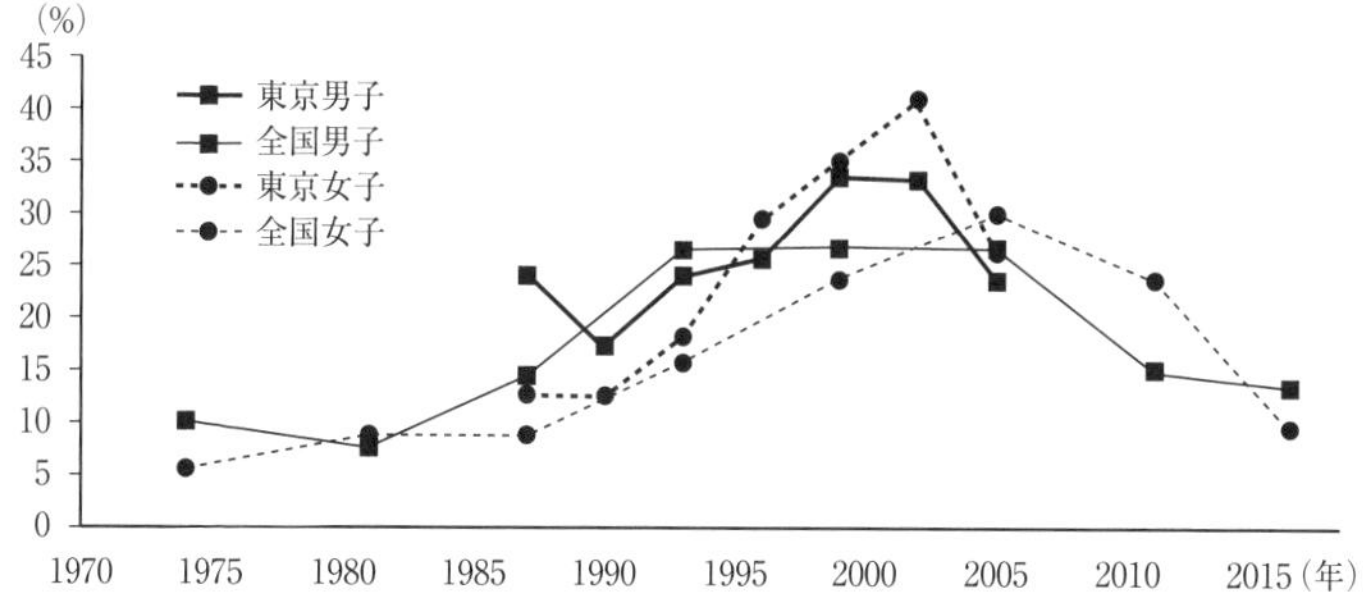

図12-2　高校生の性経験率の推移（松井 2016）

注）全国男子と全国女子は、性教育協会の全国調査による高校生の性経験率を示す。東京男子と東京女子は、東京都の性教育研究会の調査による高校2年生の性経験率を示す。

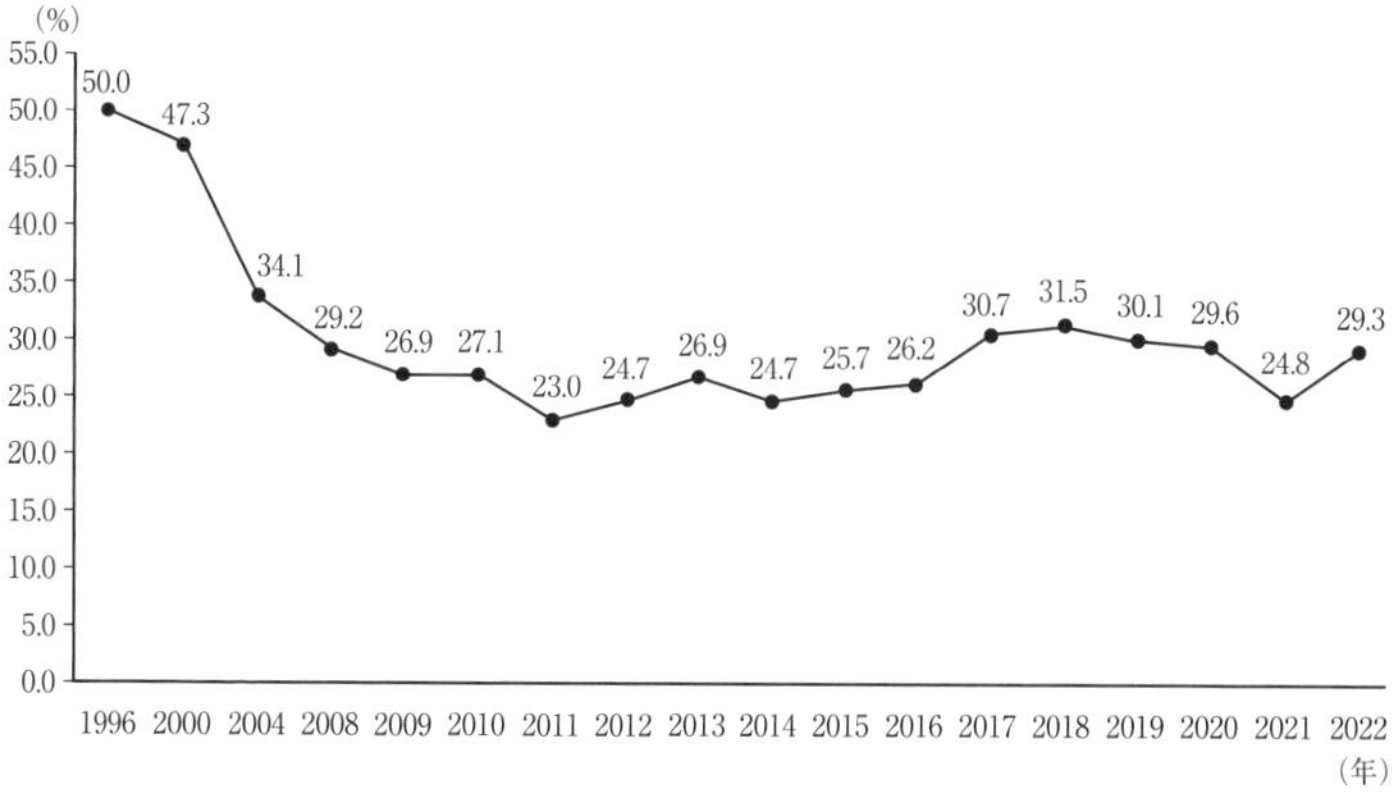

図12-3　新成人で「現在交際相手がいる」割合

注）1996〜2022年の年次推移（オーネット広報グループ 2022）による。

していましたが、２０００～２００５年頃から恋愛や性行動に不活発な青年が増えてきていることがわかります。この動向は、２００６年に「草食系男子」に関するマスコミ情報が多くなった現象と対応しています。たしかに、マスコミなどの情報と合致して、この時期に恋愛に消極的な男子が増えていました。ただし、この現象は男子（男性）だけでなく、女子（女性）にも起こっていました。男女とも「草食化」していたわけです。恋愛に消極的な青年の心理に関しては、高坂（2016）が詳細な心理学的研究を紹介しています。

なお、小林（2019）は全国データに基づいて、男性は草食化しているが、女性は肉食化しているという結論を導いていますが、この解析では20代の男女を解析から独立させていないため、異なる結果が出ている可能性があります。

この「草食化」に関して松井（2016）は、少し異なる見方を提唱しています。図12－2を見ると、２００５年以降の性経験率は、１９９３年頃以前の水準に戻ったと捉えることもできます。言い換えれば、１９９６年以降２００２年頃までの高校生は特異的に性経験率が高かったと見ることができます。この世代の人たちのコホート効果ではないかという見方です。

第6章でも紹介されたように、コホート（cohort）効果とは、ある時期に生まれた人々が同じような心理や行動をとる現象を指します。日本語では「世代効果」といいます。ＮＨＫ放送文化研究所（2015）は、日本人の性と結婚に関する考え方にコホート効果があることを明らかにしています。

図12－2をコホート効果の視点で捉えると、２０００年頃に草食化が始まったのではなく、１９９

6～2002年頃の高校生（だいたい1978～1984年生まれの世代）が性行動や恋愛に積極的なコホート（世代）であったと理解することができます。この世代より前の青年は恋愛や性にある程度の関心をもっていましたが、この世代が高校生・大学生になったときに、周囲の影響を受けて性行動が活発になり、恋愛に対しても積極的になった。しかし、この世代より後の青年たちはその傾向をもたなくなったと理解することができます。

本書の第6章では、このコホートの考え方に沿って、浮気の世代差を議論しています。

3．恋愛や性に積極的な世代が生まれたのはなぜ？

では、なぜこの世代は恋愛や性行動に積極的になったのでしょうか。社会全体の動きから見ると、「性の商品化」とよばれる性的なサービスや性にかかわる商品の氾濫が1980年代から多様化していました（浅野 1998）。性の商品化が高校生に影響した例として、松井（2016）は「援助交際」の流行に注目しています。「援助交際」とは、女子中学生や女子高校生が金銭と引き換えに見知らぬ成人とデートやセックスを行う現象です。2022年現在「パパ活」とよばれる現象と似ています。

菊島・松井・福富（1999）の雑誌分析によれば、「援助交際」に関する雑誌記事が最も多かったのは、1995年でした。1997年10月に実施された調査（福富 1998）によると、首都40㎞（だいたい南関東にあたります）内の女子高校生の5％が「援助交際」を体験していました。こうした調査では、社会的に望ましくない行動の経験は少し低めの結果になるので、実際の経験率はもう少し高かったと推定されます。同調査のデータを分析した櫻庭ほか（2001）では、「援助交際」を経験した女子高校生や「援助交際」に抵抗を感じない女子高校生は、友人と同じような行動をとりたいという友人同調欲求や流行に乗りたいという流行同調欲求が高いことも明らかになっています。

これらの結果から見ると、1995年頃の女子高校生は、「援助交際」に関する報道や評論を読み、友人たちの行動や流行に同調したいという欲求から、「援助交際」に対して心理的抵抗を感じなくなり、一部の生徒が経験したという心の動きが読み取れます。この「援助交際」の流行が、この世代の女子高校生の性への積極性につながった可能性を、松井（2016）は指摘しています。

4．もう一つの変化

2節で述べたように、2000年以降、性や恋愛に消極的な青年が増えているのですが、最近はさらに別の変化が生じています。

図12－4は東京都の梅毒の感染者数の推移を示しています。梅毒は性行為感染症で、性器などにできものが出現するなどの初期症状に始まり、全身の腫瘍発生などの症状を呈します。性行為感染症であるため、江戸時代には遊郭などで蔓延しました。また、母体から胎児に感染することもあり、それを先天梅毒といいます。『鬼滅の刃』（吾峠 2018）では、遊郭で生まれた上弦の陸が先天梅毒であるこ

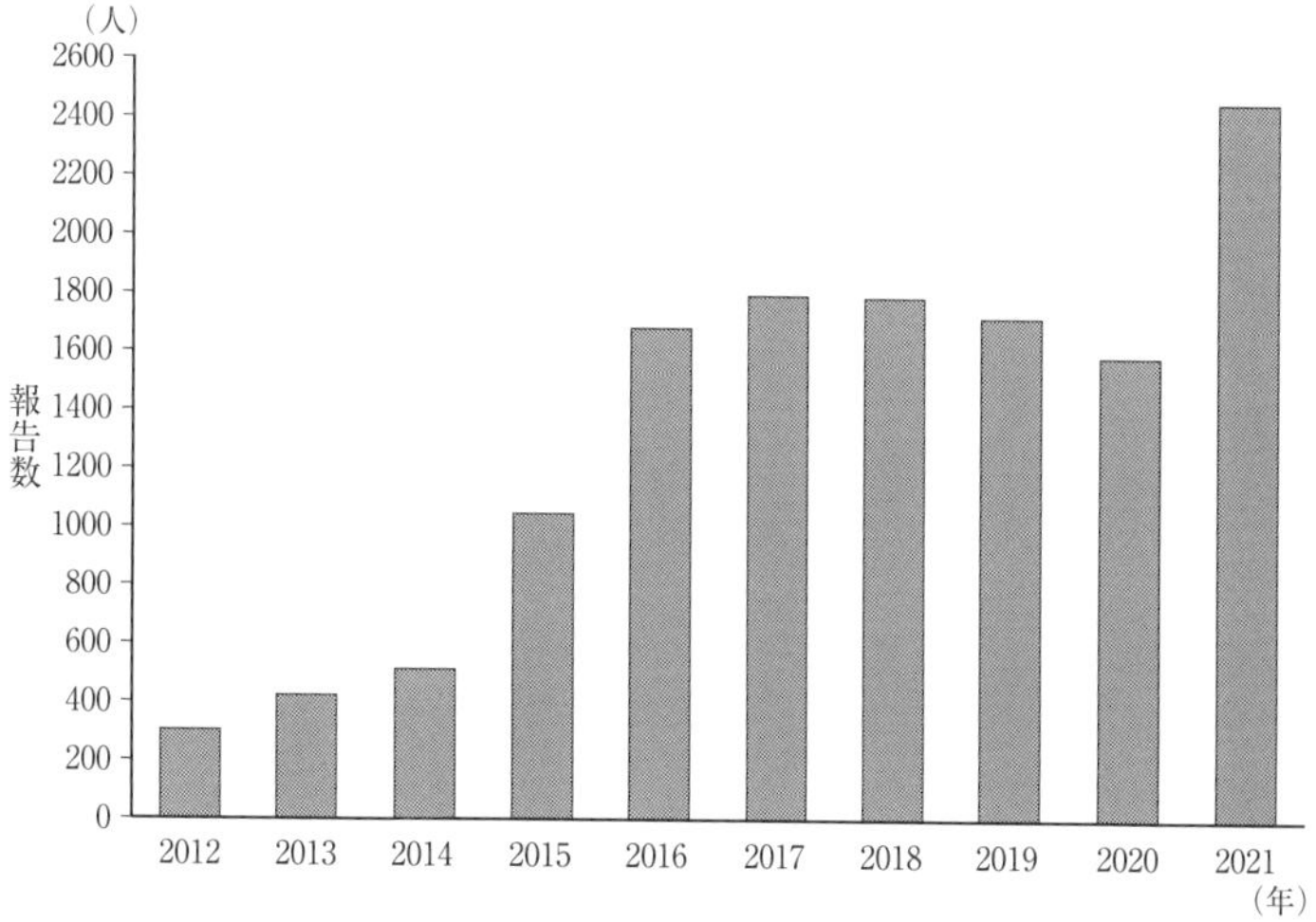

図12－4　東京都内の梅毒患者の報告数の推移
（東京都感染症情報センター 2022より作成）

とを示唆する記述があります。梅毒は抗生物質の普及などにより感染者が減少し、２０００年頃には年間の感染者が５００人以下に収まっていました。しかし、２０１３年頃から再び増加しています（第8章の図8－1）。

図12－4を見ると、２０１３年から２０１６年にかけて感染者が急増し、さらに２０２１年には爆発的な増加をしていることがわかるでしょう。

この２０２１年の感染者数を性年齢別に見たグラフが図12－5です。グラフからわかるように、男性の感染者は20代から40代に広がっていますが、女性の感染者は20代に集中しています。この性別による年代差は、２０１３年以降どの年でも一貫して見られています。梅毒が性行為感染症であるという事実を踏まえれば、20～40代男性と20代女性の間の性行為によって感染が

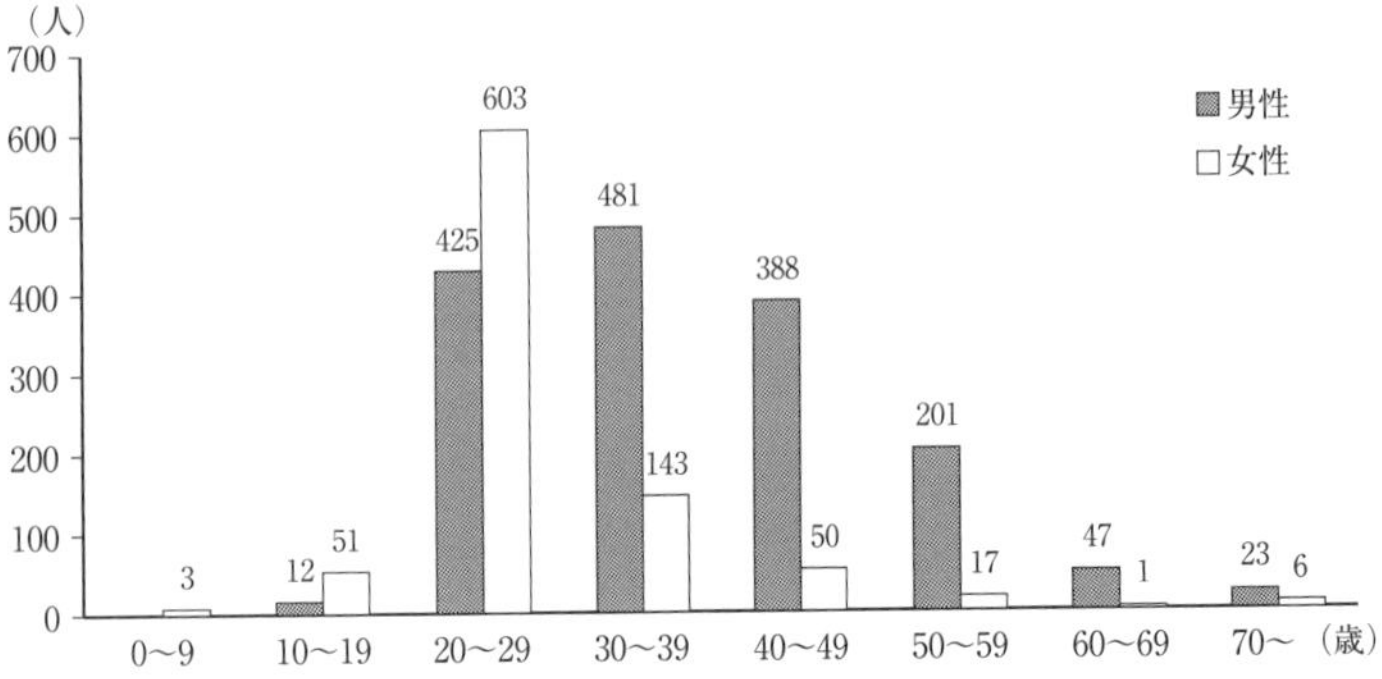

図12−5　性年齢別に見た東京都内の梅毒感染者数（2021年）
（東京都感染症情報センター 2022より作成）

広がっていると推定されます。

5．マッチングアプリの影響

こうした性行為感染症の広がりに関して、鈴木（2019）は、ソーシャル・ネットワーキング・サービス（SNS）のマッチングアプリ（出会い系アプリ）の流行が関連していることを示す疫学データを提示しています。マッチングアプリとは、インターネット上での出会いを仲介するアプリケーションで、これを利用しなければ知ることのできなかった相手と比較的簡単に知り合いになることができるSNSアプリです。マッチングアプリは、異性との出会いや性交のきっかけとなることが明らかになっています。たとえば、橋元ほか（2015）の調査によれば、15〜29歳の未婚女性のうち49％が「ネット上で異性と知り合いになった経験」をもち、そのうちの12％が「そういうつもりがないのに性的関係になった」と回答していました。

鈴木（2019）は、都道府県別のデータに基づいて分析を行い、マッチングアプリの都道府県別の利用率と10万人あたりの梅毒の感染率が高い相関関係を明らかにしています。一方、梅毒の感染率と都道府県への年間転入数や無店舗型性風俗特殊営業1号届出件数、海外旅行者数との間には高い相関は示されませんでした。この結果は、梅毒の流行が、人口流入や無店舗型性風俗への接触、海外旅行時の感染者への接触によるものではなく、マッチングアプリによる感染者への接触によるものであることを示唆しています。

鈴木（2019）の指摘を踏まえ、古村・松井（2020）は、18歳から29歳の未婚者を対象にしてウェブ調査を行いました。この調査では、浮気（恋人がいる人との性交や恋人以外の人との性交）や見知らぬ人との性交、既婚者との性交（不倫）、首絞めなどの危険な性交、買売春（金銭を受け取った性交、金銭を支払った性交）、性行為感染症（性病）の罹患経験と、マッチングアプリの利用経験との関連を分析しています。その結果を、表12－1に示しました。

マッチングアプリの利用経験による差を見ると、男女とも利用経験者は、「恋人がいる人との性交」「恋人以外との性交」が多くなっていました（統計的に有意な差がありました）。男性では「金銭を支払った性交」が多く、女性では「既婚者との性交」「首絞めなどの危険な性交」「金銭を受け取った性交」「性行為感染症の罹患経験」が多くなっていました。この結果は、マッチングアプリの利用経験が、浮気や男性の買春と女性の売春に結びついていることを示しています。さらに女性では首絞めなどの危険な性交や性行為感染症の罹患につながっていることを明らかにしており、鈴木（2019）の研究知

表12-1 マッチングアプリの利用経験の有無別に見たリスクのあるセックスの体験率（古村・松井 2020）

	N		恋人がいる人との性交		恋人以外との性交		見知らぬ人との性交		既婚者との性交	
	男性	女性	男性	女性	男性	女性	男性	女性	男性	女性
利用無	169	178	5.3%	5.0%	7.1%	7.3%	3.6%	1.1%	4.7%	3.9%
利用有	68	67	**23.5%**	**14.9%**	**35.2%**	**19.4%**	20.5%	7.5%	7.4%	11.9%

	首絞めなどの性交		金銭を受け取った性交		金銭を支払った性交		性病の感染経験	
	男性	女性	男性	女性	男性	女性	男性	女性
利用無	2.4%	0.0%	2.4%	1.7%	4.1%	0.0%	2.4%	2.8%
利用有	7.4%	**6.3%**	4.4%	**7.5%**	**33.8%**	0.0%	5.9%	13.4%

注）有意差のある数値を太字で示した。

見を裏づけています。

もちろん、マッチングアプリの利用がすべてこうした危険な性行動に結びついているわけではありません。多くの利用者は、恋人を得たい、良い結婚相手を探したいという目的でアプリを利用しています。しかし、一部の利用者はこうした危険な性行動を誘う手口としてアプリを利用していることにも注意をする必要があるでしょう。

6．恋愛や性行動の2極化とコロナの影響

以上のように、2000年以降、恋愛や性行動に消極的な青年が増えている一方で、2013年頃から危険性のある性行動をとる青年（とくに女子）が現れているという2極化現象が見られます。では、今後はどうなるのでしょう。

本章は、新型コロナウィルス感染症の流行（以下、コロナ禍）の第6波を迎えているとき（2022年4月）に執筆しています。2020年1月に始まったコロナ禍が、青年

の恋愛や性行動にどのように影響しているかをいくつかの調査データで探ってみましょう。

２０２０年５月に異性交際中の18～29歳の男女を対象にしたウェブ調査では、コロナ禍以降は直接会ってデートすること等が減り、音声通話等の非対面のコミュニケーションが増えていました（越智2021）。２０２１年９月に行われたウェブ調査では、コロナ禍前に比べ、恋愛意向がある人では「恋人が欲しくなった」人が多く、恋愛意向のない人では「恋人が欲しくない」人が多くなっていました（リクルートブライダル総研 2021）。図12－３のデータでは、２０２１年には「交際相手がいる」新成人は減りましたが、２０２２年には増加しています。また、図12－４のように都内の梅毒感染者の数は２０２１年に急増しています。

これらのデータから見ると、恋人がいる人は、コロナ禍で外出を自粛してＳＮＳなどの通信を通した交際をしているようです。コロナ禍当初は恋愛も控えられていましたが、２年もたつとむしろ恋愛したい気持ちが高まっています。一方で、性行為感染症はさらに広がっています。

あなたが本書を手に取っている今、恋愛や性行動はどうなっているでしょうか。

おわりに――時代で変わる恋愛と変わらない恋愛

本書では、第9章、第11章、第12章で、恋愛や性行動の時代的な変化を説明してきました。本コラムでは、恋愛にかかわる心理や行動の中で、時代を経て変化する部分（流行）と変化しない部分（不易）についてまとめてみます。

歴史的に見れば、性や恋愛のあり方は、時代によって変わってきました。日本の歴史学や民俗学の知見を一部紹介すると、明治時代までは次のような変遷が見られます。

古代（8世紀から11世紀頃まで）では、日本では対偶婚という結婚形態が一般的でした。対偶婚とは一応一対の夫婦関係は成立しているが、必ずしも夫以外の男性との性関係を妨げず、当事者の気が向いているときだけ関係を継続する結婚のかたちです。この時代の恋愛は、性に結びついており、相手に対する好みが広く、好みが長続きしない傾向が見られました（関口 1998）。この対偶婚は、貴族・豪族層では9世紀頃から、一般庶民層では12世紀初頭に、単婚（一夫一婦制）に移行します。

中世（鎌倉時代・室町時代）においては、武家などの支配層で家父長制度が浸透していきますが、実際には、一人の男性が複数の女性と夫婦になることができる一夫多妻（妾）制で、全般的に性に対しておおらかな社会でした（服藤 1992）。

江戸時代になると、支配層（武士）も庶民も一夫一婦制になりますが（鈴木 1992）、庶民層では、おおらかな性的な習俗が見られました。たとえば、農村漁村においては、夜這いの習俗が長く続いていました。夜這いとは、夜に異性の寝室に忍び込んで、性交を行う習俗です。辞書には「男性が女性宅に忍び込む」と説明されていますが、実際には女性が男性宅に忍び込む例も多く見られたそうです（森栗 1993）。このような自由な性のあり方は農漁村だけでなく、都市でも見られました（森栗 2000）。こうしたおおらかな性風俗は、明治以降に縮小していきました。ただし、農漁村では夜這いなどの習俗が、昭和まで残りました。これらの歴史的な変化は、関口ほか（1998）が詳しく論じています。

今から100年ぐらい前の日本を現代と比べると、結婚や性風俗がかなり異なっていることがおわかりいただけるでしょう。

話を現代に移しましょう。

1960年代末に結婚のきっかけが見合いではなく、恋愛に替わっていました（第3章）。恋人をもつ青年の比率を見ると、2000年代から恋人をもつ青年が減少していました（第1章）。恋愛行動の発展段階は、1980年代と比較すると、2000年代では性行動や通信機器に関する行動にやや変化が見られました。ただし、恋愛行動の進展の全体的な様相は、1980年代から2020年代まで一貫していました（第4章）。第12章では、1990年代から2022年現在までに、恋愛への関心や性行動がどのように変化したかを紹介しました。

これらの結果から、筆者は「性や恋愛にかかわる行動は、時代や文化の影響を受けて変化する」と、理解しています。

恋愛や性にかかわる意識を見ると、2000年頃に提唱された恋愛幻想は、2020年前後にも存在していますが、やや弱まっていました。コラムで紹介したリーの色彩理論は、1970年代に発表された理論ですが、現代の大学生が類型の例をあげられるほど、古びていません。恋愛に関する書籍やインターネットでよく紹介されている対人魅力に関する「吊り橋効果」や「単純接触効果」は、1960〜1970年代に発表された研究に基づいています。しかし、2020年に対人魅力に関する研究を大学の講義で紹介し、感想を尋ねてみると、「自分の気持ちがなぜそうなるのかがわかった」とか「自分の恋愛の仕方はヘンじゃないと安心した」などの回答が得られました。

これらから、筆者は、「恋愛中の感情や恋愛で働く心理がある程度時代を超えて共通している」のではないかと考えています。心理学からは離れますが、源氏物語のような1000年以上昔に執筆された文学を読んで、読者が恋愛の描写に共感するのは、恋愛中の心理が時代を超えた普遍性をもっているからではないかと推測しています。

流行（変化するもの）と不易（変化しないもの）ということばで表現すれば、恋愛への関心や性行動のあり方は、それぞれの時代の影響を受けて流行するが、恋愛中の心理には時代を超えた不易的な要素が多く含まれている、と考えています。ただし、不易の部分はデータに基づいた検証を行っていませんので、あくまでも筆者の仮説です。

本書はデータに基づいて恋愛を考えることをめざしていましたが、最後にデータに基づかない議論をしてしまいました。

2022年12月

松井　豊

森栗 茂一（1993）．夜這いの解体・村の崩壊　国立歴史民俗博物館研究報告，*48*, 277-304.
森栗 茂一（2000）．性と子育ての民俗学　明石書店.
関口 裕子（1998）．古代　関口 裕子・服藤 早苗・長島 淳子・早川 紀代・浅野 富美枝　家族と結婚の歴史（pp.1-53）　森話社.
関口 裕子・服藤 早苗・長島 淳子・早川 紀代・浅野 富美枝（1998）．家族と結婚の歴史　森話社.
鈴木 ゆり子（1992）．結婚と離婚　総合女性史研究会（編）　日本女性の歴史　性・愛・家族（pp.120-140）　角川書店.

髙坂 康雅（2016）．恋愛心理学特論——恋愛する青年／しない青年の読み解き方——　福村出版．

松井 豊（2016）．恋愛とカップル形成の実証研究　家族療法研究，*33*，171-177．

森岡 正博（2011）．「草食系男子」の現象学的考察　The Review of Life Studies, *1*，13-28．

内閣府（2015）．平成26年度版「結婚・家族形成に関する意識調査」　内閣府．

NHK放送文化研究所（編）（2015）．現代日本人の意識構造［第八版］　日本放送出版会．

日本性教育協会（編）（2019）．「若者の性」白書——第8回青少年の性行動全国調査報告——　小学館．

越智 啓太（2021）．新型コロナ緊急事態宣言下における恋愛関係とデートバイオレンス　法政大学文学部紀要，*812*，145-154．

オーネット広報グループ（編）（2022）．2022年「新成人の恋愛・結婚に関する意識調査」　Retrieved from chrome-extension://efaidnbmnnnibpcajpcglclefindmkaj/https://onet.co.jp/company/release/2022/pdf/20220104.pdf（2022年11月17日）　※調査方法の記述は同社に問い合わせた

リクルートブライダル総研（2021）．恋愛結婚調査2021　リクルートブライダル総研．

櫻庭 隆浩・松井 豊・福富 護・成田 健一・上瀬 由美子・宇井 美代子・菊島 充子（2001）．女子高校生における『援助交際』の背景要因　教育心理学研究，*49*，167-174．

鈴木 陽介（2019）．SNSによる「出会いの変化」が梅毒増加の原因か？　現代性教育研究ジャーナル，*98*，1-5．

東京都感染症情報センター（2022）．梅毒の流行状況（東京都 2006～2021年まとめ）　Retrieved from https://idsc.tmiph.metro.tokyo.lg.jp/diseases/syphilis/syphilis2006/（2022年11月17日）

東京都幼稚園・小・中・高・心障性教育研究会（編）（2005）．2005年調査 児童・生徒の性——東京都小学校・中学校・高等学校の性意識・性行動に関する調査報告——　学校図書．

おわりに

服藤 早苗（1992）．時代をみる——中世|平安後期の家の成立と結婚・性愛——　総合女性史研究会（編）　日本女性の歴史　性・愛・家族（pp.64-67）　角川書店．

埼玉県 (2021). 埼玉県 多様性を尊重する共生社会づくりに関する調査報告書 Retrieved from https://www.pref.saitama.lg.jp/a0303/2020lgbtqchousa.html (2021年10月18日)
斉藤 巧弥 (2019). 恋愛からみるゲイ男性のアイデンティティ――ゲイマンガに描かれる悩みと社会―― 国際広報メディア・観光学ジャーナル, *29*, 37-53.
島袋 海理 (2021). 恋愛からの疎外, 恋愛への疎外――同性愛者の問題経験にみるもう一つの生きづらさ―― 現代思想, *49*(10), 31-38.
杉浦 郁子 (2015).「女性同性愛」言説をめぐる歴史的研究の展開と課題 和光大学現代人間学部紀要, *8*, 7-26.
須長 史生・小倉 浩・堀川 浩之・倉田 知光・正木 啓子 (2017). セクシュアル・マイノリティに対する大学生の意識と態度：第1報――インターネットを活用した調査研究―― 昭和学士会雑誌, *77*, 530-545.
砂川 秀樹 (2001). パレード――東京レズビアン&ゲイパレード2000の記録―― ポット出版.

第12章

浅野 富美枝 (1998). 現代――多様化する家族と結婚のかたち―― 関口 裕子・服藤 早苗・長島 淳子・早川 紀代・浅野 富美枝 家族と結婚の歴史 (pp.179-218) 森話社.
福富 護 (編) (1998).『援助交際』に対する女子高校生の意識と背景要因 女性のためのアジア平和国民基金.
吾峠 呼世晴 (2018). 鬼滅の刃 第11巻 集英社.
橋元 良明・千葉 直子・天野 美穂子・堀川 裕介 (2015). ソーシャルメディアを介して異性と交際する女性の心理と特性 東京大学大学院情報学環情報学研究 調査研究編, *31*, 115-195.
菊島 充子・松井 豊・福富 護 (1999).『援助交際』に対する態度――雑誌や評論の分析と大学生の意識調査から―― 東京学芸大学紀要 第1部門 教育科学, *50*, 47-54.
小林 盾 (2019). 若者の恋愛――だれが草食化したのか―― 小林 盾・川端 健嗣 (編) 変貌する恋愛と結婚――データで読む平成―― (pp.13-29) 新曜社.
古村 健太郎・松井 豊 (2020). マッチングアプリの利用とリスクのある性交経験との関連 地域未来創世センタージャーナル, *6*, 15-25.

けた準備調査における項目の検討と本調査の結果――　人口問題研究, *77*, 45-67）
平田 俊明（2014）. 日本における「同性愛」の歴史　針間 克己・平田 俊明（編著）　セクシュアル・マイノリティへの心理的支援――同性愛, 性同一性障害を理解する――（pp.73-82）　岩崎学術出版社.
石原 英樹（2012）. 日本における同性愛に対する寛容性の拡大――「世界価値観調査」から探るメカニズム――　相関社会科学, *22*, 23-41.
釜野 さおり（2017）. 同性愛・両性愛についての意識と家族・ジェンダーについての意識の規定要因――性的マイノリティについての意識：2015年全国調査から――　家族社会学研究, *29*, 200-215.
釜野 さおり・石田 仁・岩本 健良・小山 泰代・千年 よしみ・平森 大規…吉仲 崇（2020）. 大阪市における無作為抽出調査からみたセクシュアル・マイノリティのメンタルヘルス　セクシュアルマイノリティと医療・福祉・教育を考える全国大会2020.
風間 孝・河口 和也（2010）. 同性愛と異性愛　岩波書店.
風間 孝・河口 和也・守 如子・赤枝 香奈子（2018）. 教養のためのセクシュアリティ・スタディーズ　法律文化社.
木谷 幸広・河口 和也（2021）. マッチングアプリ「9monstersナインモンスターズ」におけるゲイの身体変容――リアル・スペース「ゲイバー」への影響――　広島修大論集, *61*, 1-17.
三成 美保（2015）. 尊厳としてのセクシュアリティ　三成 美保（編著）　同性愛をめぐる歴史と法――尊厳としてのセクシュアリティ――（pp.21-68）　明石書店.
三宅 大二郎・平森 大規（2021）. 日本におけるアロマンティック／アセクシュアル・スペクトラムの人口学的多様性――「Aro / Ace調査2020」の分析結果から――　人口問題研究, *77*, 206-232.
森山 至貴（2017）. LGBTを読みとく――クィア・スタディーズ入門――　筑摩書房.
中村 香住（2021）. クワロマンティック宣言――「恋愛的魅力」は意味をなさない！――　現代思想, *49*(10), 60-69.
中村 美亜（2008）. クィア・セクソロジー――性の思いこみを解きほぐす――　インパクト出版会.
能町 みね子（2019）. 結婚の奴　平凡社.
小田二 元子（2015）. セクシュアリティの多様性と変容――大阪界隈のレズビアン・バーの調査から――　関西学院大学先端社会研究所紀要, *12*, 49-59.

溝口 彰子・岩橋 恒太・大江 千束・杉浦 郁子・若林 苗子（2014）．クィア領域における調査研究にまつわる倫理や手続きを考える――フィールドワーク経験にもとづくガイドライン試案―― Gender and Sexuality, *9*, 211-225.
牟田 和恵（2015）．愛する――恋愛を〈救う〉ために―― 伊藤 公雄・牟田 和恵（編） ジェンダーで学ぶ社会学［全訂新版］（pp.66-79） 世界思想社.
内閣府（2011）．平成22年度結婚・家族形成に関する調査報告書 Retrieved from https://www8.cao.go.jp/shoushi/shoushika/research/cyousa22/marriage_family/mokuji_pdf.html（2022年10月28日）
日本性科学会セクシュアリティ研究会（編）（2016）．セックスレス時代の中高年「性」白書 harunosora.
日本性教育協会（編）（2019）．「若者の性」白書――第8回青少年の性行動全国調査報告―― 小学館.
日本心理学会（2021）．心理学における多様性尊重のガイドライン 第1版草案 Retrieved from https://psych.or.jp/wp-content/uploads/2021/11/guideline.pdf（2022年10月28日）
千田 有紀・中西 裕子・青山 薫（2013）．ジェンダー論をつかむ 有斐閣.
武内 今日子（2021）．恋愛的/性的惹かれをめぐる語りにくさの多層性――「男」「女」を自認しない人々の語りを中心に―― 現代思想, *49*(10), 39-49.
谷本 奈穂・渡邉大輔（2016）．ロマンティック・ラブ・イデオロギー再考――恋愛研究の視点から―― 理論と方法, *31*, 55-69.
山田 昌弘（2019）．恋愛・結婚の衰退とバーチャル関係の興隆 生活福祉研究, *97*, 20-33.
湯川 隆子・清水 裕士・廣岡 秀一（2008）．大学生のジェンダー特性語認知の経年変化――テキスト・マイニングによる連想反応の探索的分析から―― 奈良大学紀要, *36*, 131-150.

第11章

Hiramori, D., & Kamano, S. (2020). Asking about sexual orientation and gender identity in social surveys in Japan: Findings from the Osaka city residents' survey and related preparatory studies. *Journal of Population Problems, 76*, 443-466.（平森 大規・釜野 さおり 郭 水林・小西 優実（訳）（2021）．性的指向と性自認のあり方を日本の量的調査でいかにとらえるか――大阪市民調査に向

山田 昌弘（1996）．結婚の社会学――未婚化・晩婚化はつづくのか―― 丸善．
山田 昌弘（2019a）．結婚不要社会　朝日新聞出版．
山田 昌弘（2019b）．婚活――婚活と出会いをめぐって―― 小林 盾・川端 健嗣（編） 変貌する恋愛と結婚――データで読む平成――（pp.107-121） 新曜社．
山田 昌弘・白河 桃子（2008）．「婚活」時代　ディスカヴァー・トゥエンティワン．
山田 昌弘・白河 桃子（2013）．「婚活」症候群　ディスカヴァー・トゥエンティワン．

第10章

赤澤 淳子（2006）．青年期後期における恋愛行動の規定因について――関係進展度，恋愛意識，性別役割の自己認知が恋愛行動の遂行度に及ぼす影響―― 仁愛大学研究紀要，*5*，17-31．
深海 菊絵（2015）．ポリアモリー 複数の愛を生きる　平凡社．
船谷 明子・田中 洋子・橋本 和幸・高木 秀明（2006）．大学生における浮気観と浮気・被浮気経験との関連　横浜国立大学教育人間科学部紀要 1 教育科学，*8*，99-117．
五十嵐 彰（2018）．誰が「不倫」をするのか　家族社会学研究，*30*，185-196．
風間 孝・河口 和也・守 如子・赤枝 香奈子（2018）．教養のためのセクシュアリティ・スタディーズ　法律文化社．
国立社会保障・人口問題研究所（2015）．第15回出生動向基本調査（結婚と出産に関する全国調査） Retrieved from http://www.ipss.go.jp/ps-doukou/j/doukou15/doukou15_gaiyo.asp（2022年10月28日）
牧村 朝子（2013）．百合のリアル　星海社．
牧野 幸志・井原 諒子（2004）．恋愛関係における別れに関する研究（1） 別れの主導権と別れの季節の探求　高松大学紀要，*41*，87-105．
松井 豊（1990）．青年の恋愛行動の構造　心理学評論，*33*，355-370．
松波 めぐみ（2005）．戦略，あるいは呪縛としてのロマンチックラブ・イデオロギー――障害女性とセクシュアリティの「間」に何があるのか―― 倉本 智明（編著） セクシュアリティの障害学（pp.40-92） 明石書店．
松浦 優（2021）．アセクシュアル/アロマンティックな多重見当識＝複数的指向――仲谷鳰『やがて君になる』における「する」と「見る」の破れ目から―― 現代思想，*49*(10)，70-82．

づらさを考える―― 岩波書店.
国立社会保障・人口問題研究所（2021）．人口統計資料集（2021） Retrieved from https://www.ipss.go.jp/syoushika/tohkei/Popular/P_Detail2021.asp?fname=T06-23.htm（2022年3月15日）
Lamiell, J. T. (2013). Statisticism in personality psychologists' use of trait constructs: What is it? How was it contracted? Is there a cure? *New Ideas in Psychology*, *31*, 65-71.
明治安田生活福祉研究所（2016）．20～40代の恋愛と結婚――第9回結婚・出産に関する調査より―― Retrieved from https://www.myri.co.jp/research/report/pdf/myilw_report_2016_01.pdf（2022年3月15日）
明治安田生活福祉研究所（編）（2019）．結婚白書 きんざい．
三輪 哲（2010）．現代日本の未婚者の群像 佐藤 博樹・永井 暁子・三輪 哲（編著） 結婚の壁――非婚・晩婚の構造――（pp.13-36） 勁草書房．
茂木 暁・石田 浩（2019）．結婚への道のり――出会いから交際そして結婚へ―― 佐藤 博樹・石田 浩（編） 出会いと結婚（pp.44-75） 勁草書房．
村上 あかね（2010）．若者の交際と結婚活動の実態――全国調査からの分析―― 山田 昌弘（編著）「婚活」現象の社会学――日本の配偶者選択のいま――（pp.43-64） 東洋経済新報社．
内閣府（2020）．都道府県の結婚支援の取り組みについて Retrieved from https://www8.cao.go.jp/shoushi/shoushika/kekkon_ouen_pref.html（2020年4月27日）
Nakamine, S. (2021). Challenges marriage-hunting people face: Competition and excessive analysis. *Japanese Psychological Research*, *63*, 380-392.
中村 真由美・佐藤 博樹（2010）．なぜ恋人にめぐりあえないのか？――経済的要因・出会いの経路・対人関係能力の側面から―― 佐藤 博樹・永井 暁子・三輪 哲（編著） 結婚の壁――非婚・晩婚の構造――（pp.54-73） 勁草書房．
大瀧 友織（2013）．自治体の「婚活」事業 国民生活，*7*，16-17.
佐藤 信（2019）．日本婚活思想史序説――戦後日本の「幸せになりたい」―― 東洋経済新報社．
総務省統計局（2021）．令和2年国勢調査 人口等基本集計結果【結果の概要】 Retrieved from https://www.stat.go.jp/data/kokusei/2020/kekka/pdf/outline_01.pdf（2022年3月15日）
杉浦 康広（2020）．ブライダル市場の現状と今後の課題 目白大学短期大学部研究紀要，*56*，27-42.

須賀 朋子・森田 展彰・齋藤 環（2013）．中学生のためのDV予防教育プログラム開発と効果研究　思春期学，*31*，384-393.
須賀 朋子・森田 展彰・齋藤 環（2014）．高校生へのDV予防に向けての介入研究　思春期学，*32*，404-412.
Takahashi, T., Arima, Y., Yamagishi, T., Nishiki, S., Kanai, M., Ishikane, M., ... Oishi, K. (2018). Rapid increase in reports of syphilis associated with men who have sex with women and women who have sex with men, Japan, 2012 to 2016. *Sexually Transmitted Diseases*, *45*, 139-143.
東京都教育委員会（2019）．性教育の手引き　東京都教育委員会.
土田 陽子・キム ハリム（2022）．学校で包括的性教育を行う必要性とその課題――NPO団体に対する学校性教育についてのインタビュー調査から――　林 雄亮・石川 由香里・加藤 秀一（編）　若者の性の現在地――青少年の性行動全国調査と複合的アプローチから考える――（pp.145-168）　勁草書房.
Wolfe, D. A., Crooks, C., Jaffe, P., Chiodo, D., Hughes, R., Ellis, W., ... Donner, A. (2009). A school-based program to prevent adolescent dating violence: A cluster randomized trial. *Archives of Pediatrics and Adolescent Medicine*, *163*, 692-699.
湯川 進太郎・泊 真児（1999）．性的情報接触と性犯罪行為可能性――性犯罪神話を媒介として――　犯罪心理学研究，*37*(2)，15-28.

第9章

有薗 隼人（2020）．［婚活ビジネス］急成長のカラクリ　扶桑社.
Ishiguro, I. (2022). Maximizing tendency predicts delayed marriage among Japanese adults. *Japanese Psychological Research*, *64*, 53-63.
岩澤 美帆（2010）．職縁結婚の盛衰からみる良縁追求の隘路　佐藤 博樹・永井 暁子・三輪 哲（編著）　結婚の壁――非婚・晩婚の構造――（pp.37-53）　勁草書房.
岩澤 美帆・三田 房美（2005）．職縁結婚の盛衰と未婚化の進展　日本労働研究雑誌，*47*(1)，16-28.
神林 龍・児玉 直美（2018）．平成29年度結婚情報サービス業調査に関する報告書　一橋大学経済研究所 Discussion Paper Series A，*687*，1-107.
加藤 彰彦（2011）．未婚化を推し進めてきた2つの力――経済成長の低下と個人主義のイデオロギー――　人口問題研究，*67*(2)，3-39.
貴戸 理恵（2011）．「コミュニケーション能力がない」と悩むまえに――生き

（Intimate Partner Violence）関係継続・終結の意思決定に関する性差の検討――投資モデルの観点から―― パーソナリティ研究, *29*, 94-96.
上野 淳子・松並 知子・青野 篤子（2018）．大学生におけるデートDV被害の男女差――恋人による被支配感と自尊感情に与える影響―― 四天王寺大学紀要, *66*, 91-104.

第*8*章

赤澤 淳子・井ノ崎 敦子・上野 淳子・下村 淳子・松並 知子（2021）．デートDV第1次予防プログラムの開発と効果検証　心理学研究, *92*, 248-256.
Foshee, V. A., Bauman, K. E., Arriaga, X. B., Helms, R. W., Koch, G. G., & Linder, G. F. (1998). An evaluation of Safe Dates, an adolescent dating violence prevention program. *American Journal of Public Health*, *88*, 45-50.
橋本 紀子・篠原 久枝・田代 美江子・鈴木 幸子・広瀬 裕子・池谷 壽夫…森岡 真梨（2011）．日本の中学校における性教育の現状と課題　教育学研究室紀要：「教育とジェンダー」研究, *9*, 3-20.
樋口 匡貴・中村 菜々子（2010）．コンドーム使用・使用交渉行動意図に及ぼす羞恥感情およびその発生因の影響　社会心理学研究, *26*, 151-157.
樋口 匡貴・中村 菜々子（2018）．ビデオ視聴法によるコンドーム購入インターネットトレーニングの効果　日本エイズ学会誌, *20*, 146-154.
木原 雅子（2006）．10代の性行動と日本社会――そしてWYSH教育の視点―― ミネルヴァ書房.
国立感染症研究所（2022）．日本の梅毒症例の動向について　Retrieved from https://www.niid.go.jp/niid/ja/syphilis-m-3/syphilis-idwrs/7816-syphilis-data-20180105.html（2022年11月4日）
厚生労働省（2022）．日本の梅毒症例の動向について　Retrieved from https://www.niid.go.jp/niid/ja/syphilis-m-3/syphilis-idwrs/7816-syphilis-data-20180105.html（2022年11月4日）
中澤 智惠（2019）．知識・態度・行動の観点から見た性教育の現状と今後の課題　日本性教育協会（編）「若者の性」白書――第8回青少年の性行動全国調査報告――（pp.89-104） 小学館.
日本性教育協会（2019）．「若者の性」白書――第8回青少年の性行動全国調査報告―― 小学館.
志賀 くに子（2015）．秋田県内の中学生・高校生を対象とした性教育講座の実際　日本赤十字秋田看護大学・日本赤十字秋田短期大学紀要, *20*, 77-80.

data elements (Version 2.0). Atlanta, GA: Centers for Disease Control and Prevention National Center for Injury Prevention and Control.

Exner-Cortens, D., Eckenrode, J., & Rothman, E. (2012). Longitudinal associations between teen dating violence victimization and adverse health outcomes. *Pediatrics*, *131*, 71-78.

Johnson, M. P. (2008). *A typology of domestic violence: Intimate terrorism, violent resistance, and situational couple violence*. Lebanon, NH: Northeastern University Press.

金政 祐司・荒井 崇史・島田 貴仁・石田 仁・山本 功（2018）．親密な関係破綻後のストーカー的行為のリスク要因に関する尺度作成とその予測力　心理学研究，*89*，160-170.

警察庁（2021）．令和2年におけるストーカー事案及び配偶者からの暴力事案等の対応状況について　Retrieved from https://www.npa.go.jp/bureau/safetylife/stalker/R2_STDVkouhousiryou.pdf（2022年11月4日）

古村 健太郎（2015）．恋人からの心理的暴力被害の段階——潜在ランク理論による検討——　日本パーソナリティ心理学会第24回大会発表論文集，PB19.

古村 健太郎（2022）．デートDV被害の構造——被害経験の分類，友人関係や性教育との関連——　林 雄亮・石川 由香里・加藤 秀一（編）　若者の性の現在地——青少年の性行動全国調査と複合的アプローチから考える——（pp.69-88）　勁草書房.

髙坂 康雅・澤村 いのり（2017）．大学生が恋人とセックス（性行為）をする理由とセックス（性行為）満足度・関係満足度との関連　青年心理学研究，*23*，29-42.

松井 豊（2006）．恋愛の進展段階と時代的変化　齋藤 勇（編）　イラストレート恋愛心理学——出会いから親密な関係へ——（pp.62-71）　誠信書房.

内閣府男女共同参画局（2021）．男女間における暴力に関する調査報告書　内閣府.

日本性教育協会（2013）．「若者の性」白書——第7回青少年の性行動全国調査報告——　小学館.

日本性教育協会（2019）．「若者の性」白書——第8回青少年の性行動全国調査報告——　小学館.

島田 貴仁（2017）．日本における若年女性のストーキング被害　犯罪社会学研究，*42*，106-120.

寺島 瞳・竹澤 みどり・宮前 淳子・松井 めぐみ・宇井 美代子（2020）．IPV

断基準と浮気に対する態度　経営情報研究：摂南大学経営情報学部論集，*19*(1)，41-56.
牧野 幸志（2012）．青年期における恋愛と性行動に関する研究（3）大学生の浮気経験と浮気行動　経営情報研究：摂南大学経営情報学部論集，*19*(2)，19-36.
増田 匡裕（1994）．恋愛関係における排他性の研究　実験社会心理学研究，*34*，164-182.
増田 匡裕（1998）．排他性　現代のエスプリ（松井 豊（編）恋愛の心理――データは恋愛をどこまで解明したか――），*368*，141-150.
松本 健輔（2010）．婚外恋愛継続時における男性の恋愛関係安定化意味付け作業――グランデッド・セオリー・アプローチによる理論生成――　立命館人間科学研究，*21*，43-55.
NHK「日本人の性」プロジェクト（2002）．データブックNHK日本人の性行動・性意識　日本放送出版協会.
Shackelford, T. K., & Buss, D. M. (1997). Cues to infidelity. *Personality and Social Psychology Bulletin*, *23*, 1034-1045.
Shakespeare, W. (1602). *Othello*.（シェイクスピア，W.　福田 恆存（訳）（1973）．オセロー　新潮社）
杉山 匡（2015）．通学キャンパス立地環境の違いが大学生の浮気に対する態度に与える影響の検討　生活科学研究，*37*，77-87.
和田 実（2019）．現代青年の異性間恋愛関係における浮気――性，浮気および恋愛に対する態度，浮気願望との関連――　応用心理学研究，*44*，171-182.
Wiederman, M. W., & Hurd, C. (1999). Extradyadic involvement during dating. *Journal of Social and Personal Relationships*, *16*, 265-274.
Yarab, P. E., Sensibaugh, C. C., & Allgeier, E. R. (1998). More than just sex: Gender differences in the incidence of self-defined unfaithful behavior in heterosexual dating relationships. *Journal of Psychology & Human Sexuality*, *10*, 45-57.

第7章

Arriaga, X. B., Capezza, N. M., & Daly, C. A. (2016). Personal standards for judging aggression by a relationship partner: How much aggression is too much? *Journal of Personality and Social Psychology*, *110*, 36-54.
Breiding, M. J., Basile, K. C., Smith, S. G., Black, M. C., & Mahendra, R. (2015). *Intimate partner violence surveillance: Uniform definitions and recommended*

関係崩壊からの立ち直りとの関連　教育心理学研究, *56*, 57-71.

コラム

栗林 克匡 (2006). カップルの恋愛類型と相性に関する研究　北星学園大学社会福祉学部北星論集, *43*, 13-21.

Lee, J. A. (1973). *Colours of love: An exploration of the ways of loving.* Toronto: New Press.

Lee, J. A. (1977). A typology of styles of loving. *Personality and Social Psychology Bulletin*, *3*, 173-182.

Lee, J. A. (1988). Love-styles. In R. J. Sternberg & M. L. Barnes (Eds.), *The psychology of love* (pp.38-67). New Haven, CT: Yale University Press.

松井 豊 (1993a). 恋ごころの科学　サイエンス社.

松井 豊 (1993b). 恋愛行動の段階と恋愛意識　心理学研究, *64*, 335-342.

松井 豊・木賊 知美・立澤 晴美・大久保 宏美・大前 晴美・岡村 美樹・米田佳美 (1990). 青年の恋愛に関する測定尺度の構成　東京都立立川短期大学紀要, *23*, 13-23.

第6章

Atkins, D. C., Baucom, D. H., & Jacobson, N. S. (2001). Understanding infidelity: Correlates in a national random sample. *Journal of Family Psychology*, *15*, 735-749.

船谷 明子・田中 洋子・橋本 和幸・高木 秀明 (2006). 大学生における浮気観と浮気・被浮気経験との関連　横浜国立大学教育人間科学部紀要 1 教育科学, *8*, 99-117.

林 雄亮 (2018). 青少年の性行動・性意識の趨勢　林 雄亮 (編著)　青少年の性行動はどう変わってきたか――全国調査にみる40年間――(pp.10-40)　ミネルヴァ書房.

加藤 司 (2013). 浮気の行動学　大坊 郁夫・谷口 泰富 (編)　現代社会と応用心理学2　クローズアップ恋愛 (pp.106-114)　福村出版.

Luo, S., Cartun, M. A., & Snider, A. G. (2010). Assessing extradyadic behavior: A review, a new measure, and two new models. *Personality and Individual Differences*, *49*, 155-163.

牧野 幸志 (2011). 青年期における恋愛と性行動に関する研究 (2)　浮気の判

メント欲求が関係崩壊後の反応段階の移行を遅らせる　心理学研究, *90*, 231-241.
厚生労働省（2020）．令和元年中における自殺の状況　Retrieved from https://www.mhlw.go.jp/content/R1kakutei-01.pdf（2022年11月4日）
牧野 幸志（2013）．関係崩壊における対処方略とその効果（1）　親密な人間関係の崩壊時における対処方略の探索　経営情報研究：摂南大学経営情報学部論集, *21*(1), 19-33.
Masuda, M. (2006). Perspectives on premarital postdissolution relationships: Account-making of friendships between former romantic partners. In M. A. Fine & J. H. Harvey (Eds.), *Handbook of divorce and relationship dissolution* (pp.113-132). Mahwah, NJ: Lawrence Erlbaum Associates Publishers.
松井 豊（2006）．恋愛の進展段階と時代的変化　齋藤 勇（編）イラストレート恋愛心理学――出会いから親密な関係へ――（pp.62-71）誠信書房.
内閣府男女共同参画局（2021）．男女間における暴力に関する調査報告書　内閣府.
中山 真・橋本 剛・吉田 俊和（2017）．恋愛関係の崩壊によるストレス関連成長――愛着スタイルおよび崩壊形態の関連――　パーソナリティ研究, *26*, 61-75.
Rollie, S. S., & Duck, S. W. (2006). Divorce and dissolution of romantic relationships: Stage models and their limitations. In M. A. Fine & J. H. Harvey (Eds.), *Handbook of divorce and relationship dissolution* (pp.223-240). Mahwah, NJ: Lawrence Erlbaum Associates Publishers.
Slotter, E. B., Gardner, W. L., & Finkel, E. J. (2009). Who am I without you? The influence of romantic breakup on the self-concept. *Personality and Social Psychology Bulletin*, 36, 147-160.
Sprecher, S., Zimmerman, C., & Abrahams, E. M. (2010). Choosing compassionate strategies to end a relationship: Effects of compassionate love for partner and the reason for the breakup. *Social Psychology*, *41*, 66-75.
和田 実（2000）．大学生の恋愛関係崩壊時の対処行動と感情および関係崩壊後の行動的反応――性差と恋愛関係進展度からの検討――　実験社会心理学研究, *40*, 38-49.
山口 司（2011）．恋愛関係崩壊後の関係における交際内容に関する研究――Post-dating relationshipと恋愛関係, 異性友人関係との比較――　北星学園大学大学院論集, *2*, 47-59.
山下 倫実・坂田 桐子（2008）．大学生におけるソーシャル・サポートと恋愛

244-251.
外山 美樹（2002）．大学生の親密な関係性におけるポジティブ・イリュージョン　社会心理学研究，*18*，51-60.
山田 順子・鬼頭 美江・結城 雅樹（2015）．友人・恋愛関係における関係流動性と親密性——日加比較による検討——　実験社会心理学研究，*55*，18-27.
Yamada, J., Kito, M., & Yuki, M. (2017). Passion, relational mobility, and proof of commitment: A comparative socio-ecological analysis of an adaptive emotion in a sexual market. *Evolutionary Psychology*, *15*(4), 147470491774605.

第5章

Dailey, R. M., Middleton, A. V., & Green, E. W. (2012). Perceived relational stability in on-again/off-again relationships. *Journal of Social and Personal Relationships*, *29*, 52-76.
Dailey, R. M., Pfiester, A., Jin, B., Beck, G., & Clark, G. (2009). On-again/off-again dating relationships: How are they different from other dating relationships? *Personal Relationships*, *16*, 23-47.
Dailey, R. M., Zhong, L., Pett, R., Scott, D., & Krawietz, C. (2020). Investigating relationship dispositions as explanations for on-again/off-again relationships. *Journal of Social and Personal Relationships*, *37*, 201-211.
Fleming, C. B., White, H. R., Oesterle, S., Haggerty, K. P., & Catalano, R. F. (2010). Romantic relationship status changes and substance use among 18- to 20-year-olds. *Journal of Studies on Alcohol and Drugs*, *71*, 847-856.
Furukawa, T. A., Kawakami, N., Saitoh, M., Ono, Y., Nakane, Y., Nakamura, Y., … Kikkawa, T. (2008). The performance of the Japanese version of the K6 and K10 in the World Mental Health Survey Japan. *International Journal of Methods in Psychiatric Research*, *17*, 152-158.
加藤 司（2005）．失恋ストレスコーピングと精神的健康との関連性の検証　社会心理学研究，*20*，171-180.
加藤 司（2006）．失恋の心理　齊藤 勇（編）　イラストレート恋愛心理学——出会いから親密な関係へ——（pp.113-123）　誠信書房.
警察庁（2021）．令和2年におけるストーカー事案及び配偶者からの暴力事案等への対応状況について　Retrieved from https://www.npa.go.jp/bureau/safetylife/stalker/R2_STDVkouhousiryou.pdf（2022年11月4日）
古村 健太郎・戸田 弘二・村上 達也・城間 益里（2019）．元恋人へのアタッチ

合センター研究紀要, *14*, 5-10.
山田 昌弘（1996）. 結婚の社会学——未婚化・晩婚化はつづくのか—— 丸善.

第4章

羽成 隆司・河野 和明（2013）. 恋愛対象者への熱愛度と肯定および否定的感情——日本語版熱愛尺度を用いて—— 椙山女学園大学 文化情報学部紀要, *12*, 65-69.
Hatfield, E., & Sprecher, S. (1986). Measuring passionate love in intimate relationships. *Journal of Adolescence*, *9*, 383-410.
Jankowiak, W. R., & Fischer, E. F. (1992). A cross-cultural perspective on romantic love. *Ethnology*, *31*, 149-155.
金政 祐司・大坊 郁夫（2003）. 愛情の三角理論における3つの要素と親密な異性関係 感情心理学研究, *10*, 11-24.
河野 和明・羽成 隆司・伊藤 君男（2015）. 恋愛対象者に対する接触回避 パーソナリティ研究, *24*, 95-101.
古村 健太郎（2014）. 恋愛関係における接近・回避コミットメント尺度の作成 パーソナリティ研究, *22*, 199-212.
古村 健太郎（2016）. 恋愛関係における接近・回避コミットメントと感情経験, 精神的健康の関連 心理学研究, *86*, 524-534.
古村 健太郎・仲嶺 真・松井 豊（2013）. 投資モデル尺度の邦訳と信頼性・妥当性の検討 筑波大学心理学研究, *46*, 39-47.
髙坂 康雅（2014）. 大学生の恋愛行動の進展 和光大学現代人間学部紀要, *7*, 215-228.
Liu, J., Ludeke, S., & Zettler, I. (2018). Assumed similarity in personality within intimate relationships. *Personal Relationships*, *25*, 316-329.
松井 豊（1990）. 青年の恋愛行動の構造 心理学評論, *33*, 355-370.
松井 豊（2006）. 恋愛の進展段階と時代的変化 齋藤 勇（編） イラストレート恋愛心理学——出会いから親密な関係へ——（pp.62-71） 誠信書房.
Rusbult, C. E. (1983). A longitudinal test of the investment model: The development (and deterioration) of satisfaction and commitment in heterosexual involvements. *Journal of Personality and Social Psychology*, *45*, 101-117.
相馬 敏彦・浦 光博（2009）. 親密な関係における特別観が当事者たちの協調的・非協調的志向性に及ぼす影響 実験社会心理学研究, *49*, 1-16.
立脇 洋介（2007）. 異性交際中の感情と相手との関係性 心理学研究, *78*,

第3章

相羽 美幸（2007）．青年の恋愛スキルの探索的検討　日本社会心理学会第48回大会発表論文集，250-251.

相羽 美幸（2009a）．日本の雑誌・ホームページにおける恋愛スキルに関わる記述の内容分析　読書科学，*52*，38-48.

相羽 美幸（2009b）．恋愛における問題状況での異性の行動に対する好ましさの評価　日本心理学会第73回大会発表論文集，201.

相羽 美幸（2010）．恋愛のスキルを磨く　松井 豊（編）朝倉実践心理学講座 対人関係と恋愛・友情の心理学（pp.73-85）朝倉書店.

相羽 美幸・松井 豊（2007）．異性関係スキル研究の動向と問題　筑波大学心理学研究，*34*，17-26.

相羽 美幸・松井 豊（2013）．男性用恋愛スキルトレーニングプログラム作成の試み　筑波大学心理学研究，*45*，21-31.

別府 志海・中村 真理子（2017）．夫婦の結婚過程　国立社会保障・人口問題研究所（編）現代日本の結婚と出産――第15回出生動向基本調査（独身者調査ならびに夫婦調査）報告書――（pp.37-38）国立社会保障・人口問題研究所.

Galassi, J. P., & Galassi, M. D. (1979). Modification of heterosocial skills deficits. In A. S. Bellack & M. Hersen (Eds.), *Research and Practice in social skill training* (pp.131-187). New York: Plenum Press.

堀毛 一也（1994）．恋愛関係の発達・崩壊と社会的スキル　実験社会心理学研究，*34*，116-128.

泉 光世（2021）．日本人の若者・大学生のための「恋愛教育」の必要性――米国恋愛教育プログラム "LOVE NOTE 3.0" の活用の検討――　岩手大学教育学部研究年報，*80*，1-14.

小谷野 敦（2008）．恋愛の昭和史　文藝春秋.

諸橋 泰樹（1993）．雑誌文化の中の女性学　明石書店.

諸橋 泰樹（2002）．ジェンダーの語られ方，メディアのつくられ方　現代書館.

桶川 泰（2016）．恋愛ハウトゥが提供する純粋な関係性をめぐる自己知――1985年から2007年までの女性誌を分析資料として――　社会学評論，*67*，2-20.

谷本 奈穂（1998）．現代的恋愛の諸相――雑誌の言説における社会的物語――　社会学評論，*49*，286-301.

豊田 弘司（2005）．大学生における異性関係スキル　奈良教育大学教育実践総

Guerrero, L. K., Trost, M. R., & Yoshimura, S. M. (2005). Romantic jealousy: Emotions and communicative responses. *Personal Relationships*, *12*, 233-252.
比嘉 さやか・中村 完（2003）．恋愛の嫉妬において原因帰属と感情が対処行動に及ぼす影響　日本社会心理学会第44回大会発表論文集，590-591.
岩澤 美帆・三田 房美（2012）．異性との交際　国立社会保障・人口問題研究所（編）　平成22年第14回出生動向基本調査――第Ⅱ報告書　わが国独身層の結婚観と家族観――（pp.34-47）　国立社会保障・人口問題研究所.
髙坂 康雅（2009）．恋愛関係が大学生に及ぼす影響と，交際期間，関係認知との関連　パーソナリティ研究，*17*，144-156.
髙坂 康雅（2010）．大学生及びその恋人のアイデンティティと“恋愛関係の影響”との関連　発達心理学研究，*21*，182-191.
髙坂 康雅（2013）．大学生におけるアイデンティティと恋愛関係との因果関係の推定――恋人のいる大学生に対する3波パネル調査――　発達心理学研究，*24*，33-41.
松井 豊（1990）．青年の恋愛行動の構造　心理学評論，*33*，355-370.
三浦 香苗・奥山 紗世（2003）．女子大学生の恋愛関係における嫉妬感情およびそれへの対処――性差および恋愛関係・恋愛観との関連の分析――　昭和女子大学生活心理研究所紀要，*6*，1-16.
大野 久（1995）．青年期の自己意識と生き方　落合 良行・楠見 孝（編）　講座生涯発達心理学4　自己への問い直し――青年期――（pp.89-123）　金子書房.
大野 久（2021）．「アイデンティティのための恋愛」研究と方法論に関する理論的考察　青年心理学研究，*33*，1-20.
澤田 匡人（2006）．子どもの妬み感情とその対処――感情心理学からのアプローチ――　新曜社.
立脇 洋介（2005）．異性交際中の出来事によって生じる否定的感情　社会心理学研究，*21*，21-31.
坪田 雄二・深田 博己（1991）．嫉妬感情に関する実証的研究の動向　広島大学教育学部紀要 第1部，*39*，167-173.
和田 実（2015）．恋愛関係嫉妬時の情動とコミュニケーション反応――嫉妬の強さおよび性との関連――　応用心理学研究，*40*，213-223.
山際 勇一郎（2007）．嫉妬の感情と行動の関連について　日本心理学会第71回大会発表論文集，125.

小谷野 敦（1999）．もてない男——恋愛論を超えて—— 筑摩書房．
仲嶺 真（2019）．【結果報告】恋愛普及幻想について note Retrieved from https://note.com/na_3/n/nda593c7cec79?magazine_key=m04d924002068（2022年1月7日）
NHK放送文化研究所（編）（2004）．現代日本人の意識構造［第6版］ NHK出版．
日本性教育協会（編）（2013）．「若者の性」白書——第7回青少年の性行動全国調査報告—— 小学館．
日本性教育協会（編）（2019）．「若者の性」白書——第8回青少年の性行動全国調査報告—— 小学館．
大出 彩・松本 文子・金子 貴昭（2013）．流行歌から見る歌詞の年代別変化 じんもんこん2013論文集，*4*，103-110．
杉浦 康広（2020）．ブライダル市場の現状と今後の課題 目白大学短期大学部研究紀要，*56*，27-42．
梅原 猛・岸田 秀・島森 路子・森 瑤子・残間 里江子（1992）．1億総恋したい時代——日本人の恋愛観を斬る—— 朝日ジャーナル，*34*(1)，92-97．
牛窪 恵（2015）．恋愛しない若者たち——コンビニ化する性とコスパ化する結婚—— ディスカヴァー・トゥエンティワン．
若尾 良徳（2003）．日本の若者にみられる2つの恋愛幻想——恋人がいる人の割合の誤った推測と，恋人がいる人へのポジティブなイメージ—— 東京都立大学心理学研究，*13*，9-16．
若尾 良徳（2006）．日本における恋愛の位置づけ——若者の精神的健康に及ぼす影響—— 齊藤 勇（編） イラストレート恋愛心理学——出会いから親密な関係へ——（pp.36-45） 誠信書房．
山田 昌弘・白河 桃子（2008）．「婚活」時代 ディスカヴァー・トゥエンティワン．

第2章

相羽 美幸（2011）．大学生の恋愛における問題状況の特徴 青年心理学研究，*23*，19-35．
相羽 美幸（2017）．大学生の恋愛における問題状況の構造的枠組みの構築 応用心理学研究，*42*，234-246．
Erikson, E. H. (1950). *Childhood and society*. New York: W. W. Norton.（エリクソン，E. H. 仁科 弥生（訳）（1977・1980）．幼児期と社会1・2 みすず書房）

引用文献

第1章

赤川 学（2002）．恋愛という文化／性欲という文化　服藤 早苗・山田 昌弘・吉野 晃（編）　恋愛と性愛（pp.149-172）　早稲田大学出版部．

有薗 隼人（2020）．［婚活ビジネス］急成長のカラクリ　扶桑社．

林 理（2006）．排他性規範という現代恋愛上の難問　齊藤 勇（編）　イラストレート恋愛心理学――出会いから親密な関係へ――（pp.104-112）　誠信書房．

樋口 耕一（2014）．社会調査のための計量テキスト分析――内容分析の継承と発展を目指して――　ナカニシヤ出版．

神林 龍・児玉 直美（2018）．平成29年度結婚情報サービス業調査に関する報告書　一橋大学経済研究所 Discussion Paper Series A, *687*, 1-107.

川喜田 二郎（1967）．発想法――創造性開発のために――　中央公論社．

木村 絵里子（2019）．恋愛の価値は，もうなくなったのか？――歴史研究の視点から――　第92回日本社会学会大会．

国立社会保障・人口問題研究所（1983）．昭和57年 第8次出産力調査（結婚と出産力に関する全国調査）――独身青年層の結婚観と子供観――　Retrieved from https://www.ipss.go.jp/syoushika/bunken/DATA/pdf/101844.pdf（2022年1月7日）

国立社会保障・人口問題研究所（1999）．平成9年 第11回出生動向基本調査（結婚と出産に関する全国調査）第Ⅱ報告書――独身青年層の結婚観と子ども観――　Retrieved from chrome-extension://efaidnbmnnnibpcajpcglclefindmkaj/https://www.ipss.go.jp/syoushika/bunken/data/pdf/122367.pdf（2022年1月7日）

国立社会保障・人口問題研究所（2017）．現代日本の結婚と出産――第15回出生動向基本調査（独身者調査ならびに夫婦調査）報告書――　Retrieved from https://www.ipss.go.jp/ps-doukou/j/doukou15/NFS15_reportALL.pdf（2022年1月7日）

髙坂 康雅（2011）．“恋人を欲しいと思わない青年”の心理的特徴の検討　青年心理学研究，*23*, 147-158.

仲嶺　真（なかみね　しん）　　執筆：第1章・第9章・第11章
東京未来大学モチベーション行動科学部特任講師
筑波大学大学院人間総合科学研究科博士後期課程修了。博士（心理学）。高知大学教育研究部人文社会科学系人文社会科学部門講師を経て現職。専門：恋愛論、心理学論。主要業績：F・ニューマン／L・ホルツマン『パフォーマンス・アプローチ心理学——自然科学から心のアートへ』（共訳、ひつじ書房、2022年）、D・ボースブーム『心を測る——現代の心理測定における諸問題』（監訳、金子書房、2022年）など。

渡邊　寛（わたなべ　ゆたか）　　執筆：第1章・第10章・第11章
昭和女子大学人間社会学部助教
筑波大学大学院人間総合科学研究科博士後期課程修了。博士（学術）。専門：社会心理・ジェンダー。主要業績：『発達科学ハンドブック11　ジェンダーの発達科学』（責任編集、新曜社、2022年）など。

■編著者紹介

松井　豊（まつい　ゆたか）　執筆：はじめに・第12章・おわりに
筑波大学名誉教授
東京都立大学大学院人文科学研究科博士課程修了。博士（文学）。専門：社会心理学。主要業績：『恋ごころの科学』（サイエンス社、1993年）、『朝倉実践心理学講座8　対人関係と恋愛・友情の心理学』（編著、朝倉書店、2010年）、『惨事ストレスとは何か――救援者の心を守るために』（河出書房新社、2019年）、『三訂版 心理学論文の書き方――卒業論文や修士論文を書くために』（河出書房新社、2022年）など。

■著者紹介（50音順）

相羽美幸（あいば　みゆき）　執筆：第2章・第3章・コラム・第6章
東洋学園大学人間科学部准教授
筑波大学大学院人間総合科学研究科博士後期課程修了。博士（心理学）。筑波大学医学医療系助教などを経て現職。専門：社会心理学、社会精神医学。主要業績：「人間関係」（湯川進太郎・吉田富二雄編『ライブラリ スタンダード心理学8　スタンダード社会心理学』サイエンス社、2012年）、「向社会的行動（ソーシャル・サポート、社会的スキル）」（松井豊・宮本聡介編『新しい社会心理学のエッセンス――心が解き明かす個人と社会・集団・家族のかかわり』福村出版、2020年）など。

古村健太郎（こむら　けんたろう）　執筆：第4章・第5章・第7章・第8章
弘前大学人文社会科学部准教授
筑波大学大学院人間総合科学研究科博士後期課程修了。博士（心理学）。新潟大学教育・学生支援機構特任助教を経て現職。専門：社会心理学。主要業績：「恋愛関係の維持」（松井豊監修『対人関係を読み解く心理学――データ化が照らし出す社会現象』サイエンス社、2019年）、「助け合いとしてのアタッチメント」（『心理学評論』63(3)、2021年）、「デートDV被害の構造」（林雄亮・石川由香里・加藤秀一編著『若者の性の現在地――青少年の性行動全国調査と複合的アプローチから考える』勁草書房、2022年）など。

恋《こい》の悩《なや》みの科学《かがく》
——データに基《もと》づく身近《みぢか》な心理《しんり》の分析《ぶんせき》

2023年3月5日　初版第1刷発行

編著者　松井　豊
著　者　相羽美幸
古村健太郎
仲嶺　真
渡邊　寛

発行者　宮下基幸
発行所　福村出版株式会社
〒113-0034　東京都文京区湯島2-14-11
電　話　03（5812）9702
FAX　03（5812）9705
https://www.fukumura.co.jp

印刷・製本　中央精版印刷株式会社

 Printed in Japan　ISBN978-4-571-25061-3 C3011